教育人間学的視座から見た
「特別活動と人間形成」の研究

― 新しい教育学研究への試み ―

加澤　恒雄　著

大学教育出版

はじめに

　日本における現在の一連の教育改革は、「第3の教育改革」と呼ばれているように、今や「教育大改革」の時代である。「臨時教育審議会」、「中央教育審議会」、「教員養成審議会」、「教育課程審議会」、「大学審議会」、さらには「教育再生会議」や「教育国民会議」などがそれらの一連の教育改革に関わった。
　しかしながら、改革につぐ改革にもかかわらず現代日本の学校教育現場では、さまざまな病理現象が頻発し、学校教育の荒廃を指摘されることも少なくない。現代日本の学校と教師が、時代と社会の急激な変化、学校を取り巻く環境の変化に対応しきれていないというのが実情である。その意味において、一連の教育「改革」は、教育の「改善」につながっていないというべきであろうか。
　いまこそ私たちは、教育における「不易と流行」という観点から、重視されるべき教育の理念や教育の本質とは何か、学校教育の使命・役割とは何か、について根本的に問わなければならない。本書は、教育研究における人間学的な視点と臨床教育学的な視点に立脚して、人間形成に関わる教育活動、教育のあり方について探究しようとするものである。ちなみに、著者は、ここ数年の間に、5つの国・公・私立の大学で、「特別活動の研究」、「教職（教師）入門」、「教育学入門」、「進路指導」、「生徒指導」、「教育社会学」、その他の科目を集中講義の形式で担当した。その際に作成した「講義ノート」や「配布資料」を整理したり、加筆したりして、本書を編んだ。これらの教職課程科目を講義するに当たっての基本的スタンスすなわち、本書の方法論的立場は、人間学的な視点からの教育学研究であり、これは、著者が40年以上も前に駆け出しの教育学研究学徒としてスタートした大学院時代から今日まで一貫しており変わっていない。
　現代社会における学校の存在それ自体の価値ないし意義を回復するためには、人間の存在それ自体への問いを通じて、児童・生徒が成長・発達する場所として、学校を捉え直し蘇生させなければならない。学校教育によって独占されている教育機能を、学校から地域や家庭に開放すること、弱体化しつつある地域や家庭の教育力を回復し強化することによって、学校・地域・家庭の連携・協力体制

を再構築する努力こそが、今、正に必要不可欠とされているのである。この努力なしには、学校の形骸化、形式化を脱却し、学校教育現場の荒廃にストップをかけることは不可能であるといわなければならないであろう。

　主として知識の習得に関わる「教科学習」の活動ももちろん重要であり、本書でも、それは「学力」の問題として取り上げたが、「特別活動」学習や「総合的学習の時間」の活動は、人間形成においてより直接的に関わるので、本書では、後者についてより詳細に言及した。学級活動、児童会活動ならびに生徒会活動、クラブ活動・部活動、学校行事という4つの特別活動は、学校の教育課程全体、すなわち各教科、道徳、総合的学習の時間を含む教育活動全体の中で正当な位置づけがなされ、実践されなければならない。ちなみに、特別活動によって形成される「人間力」の中身をキーワードで示すならば、たとえば、「判断力」、「決断力」、「企画力（計画性）」、「倫理・道徳（善悪の判断力）の発達」、「常識の発達」、「人間関係力（コミュニケーション力）」など、換言すれば、将来、社会人として生き抜くための総合的な諸能力である。

　周知の通り、新任の教師は、4月の始業式や入学式、あるいは学級担任などの特別活動の場面から教職活動を開始することになる。教科の授業による指導よりも先に、登校指導などの生徒指導や生活指導の場面にも臨むし、また、学級・ホームルーム活動にも携わることになるだろう。十全なる教育実践活動によって、児童・生徒の人間形成を志向するならば、これらの指導を雑用として手抜きしたり、教師の副次的な仕事として軽視したりすることはできないであろう。教職課程を履修し、将来、教職を志望する学生の皆さんが、学校の教育課程における「教科」教育と並ぶ3領域の1つである「特別活動」の意義を正しく認識し、その実践指導に際し、教育学的知見に立脚した確固たる信念と自信を持って当たってくれることを切に念願している次第である。

2009年早春

　　　　　　　　　　　　　　　　　　　　　　　　　　　　　　著　者

教育人間学的視座から見た「特別活動と人間形成」の研究
―新しい教育学研究への試み―

目　次

はじめに ……………………………………………………………… i

第1章 「特別活動」の教育人間学的考察
―「特別活動」における人間形成の意義― …………………… 1

第1節 現代日本の学校教育の現状　2
第2節 教育学における人間学的な見方　4
第3節 現代日本の学校教育における「特別活動」の教育的意義　5
　（1）「特別活動」の新設　5
　（2）「特別活動」新設の背景　6
　（3）人間形成の契機としての特別活動　6
　（4）現代日本の核家族化・少子化問題と特別活動　8
　（5）現代の情報化社会と特別活動　8
　（6）「特別活動」の指導の現状　9
第4節 人間形成の契機としての出逢い　10
第5節 「祝祭」と「徒歩旅行」の人間学的考察―「学校行事」への示唆―　14
　（1）祝祭・祝典の人間学的意味　14
　（2）徒歩旅行の人間学的意味　17

第2章 生徒指導ならびに進路指導と「特別活動」との関係 ……… 21

第1節 進路指導とは何か　22
　（1）進路指導の歴史的変遷　22
　（2）進路指導と生徒指導の定義　26
　（3）進路指導の現状と課題　27
第2節 これからの生徒指導と進路指導　28
　（1）進路指導の改善の方向　28
　（2）教育課程における諸活動の連関性　30

第3章 キャリア形成活動と進路指導 …………………………… 35

第1節 日本の教育改革の現状　36
　（1）「第3の教育改革」の流れ　36

（2）一連の教育改革　*36*
　第2節　全教育の中核としてのキャリア教育と生徒指導　*38*
　　　（1）教育病理現象の多発化　*38*
　　　（2）進路指導概念の拡大としてのキャリア教育　*39*
　　　（3）日本におけるキャリア教育の導入とその背景　*40*
　第3節　キャリア教育の現状と課題　*42*
　　　（1）行政サイドにおけるキャリア教育のための施策　*42*
　　　（2）大学におけるキャリア教育　*46*
　　　（3）キャリア教育の内容と方法　*47*

第4章　生徒指導のための生徒理解の方法　……………………… *51*
　第1節　教師の生徒理解の意義　*52*
　　　（1）生徒理解の目的　*52*
　　　（2）生徒理解の視点と内容　*54*
　　　（3）他者についての正しい判断・理解を妨げる要因　*54*
　　　（4）問題行動の理解　*57*
　　　（5）近年の少年・少女の犯罪とその特徴　*60*
　第2節　生徒理解のさまざまな方法と技術　*62*
　　　（1）一般的理解と個別的理解　*62*
　　　（2）生徒理解のための諸方法　*63*

第5章　学級活動・ホームルーム活動と人間形成　……………… *71*
　第1節　学習指導要領における学級・ホームルーム活動の目標と内容　*72*
　　　（1）学級活動の目標　*72*
　　　（2）学級活動の内容と時数　*72*
　第2節　学級活動の実践　*74*
　　　（1）「係活動」の意義　*74*
　　　（2）「係活動」の組織づくりにおける留意事項　*75*
　第3節　学級活動と学級文化　*75*
　　　（1）学級集団と学級文化　*75*

　　　　（2）学級文化づくりとその教育的意義　*76*
　第4節　学級崩壊とその対処法ないし克服策　*77*
　　　　（1）学級崩壊現象の頻発化とその特質　*77*
　　　　（2）学級崩壊の背景的要因　*78*
　　　　（3）学級崩壊への対処法・克服策　*78*
　第5節　学校・教師への理不尽な要求の現状と対応策　*79*
　　　　（1）学校や日本の社会で、現在、起こっていること　*79*
　　　　（2）クレーマー社会の背景　*80*
　　　　（3）学校、教師へのクレームや苦情の実例　*81*
　　　　（4）要求する親、地域住民への対応　*83*

第6章　さまざまな学校行事と人間形成 ……………………… *89*
　第1節　教育課程における学校行事の位置づけ　*90*
　第2節　近代日本の学校制度における学校行事の導入の歴史的経過　*91*
　　　　（1）運動会、遠足の起源　*92*
　　　　（2）儀式的行事　*93*
　　　　（3）「学芸会」の起源　*94*
　　　　（4）戦後の学校行事、特別活動　*94*
　第3節　学校行事の活動内容　*95*
　第4節　学校行事の指導上の留意事項　*96*
　　　　（1）学校行事の授業時数　*97*
　　　　（2）指導上の留意点　*97*

第7章　児童会・生徒会活動と人間形成 ……………………… *105*
　第1節　児童会・生徒会活動の意義　*106*
　　　　（1）児童会・生徒会活動の内容　*106*
　　　　（2）児童会・生徒会活動の相違点　*106*
　第2節　生徒会活動の内容──学習指導要領に明示されている4つの活動──
　　　　　　　　　　　　　　　　　　　　　　　　　　　　　　108
　第3節　児童会・生徒会活動の現状と課題　*109*

（1）　自治性、自発性、協働性の問題　*109*
　　　（2）　児童・生徒の人間関係の希薄化、自己中心主義化　*109*
　　　（3）　生徒会役員の選出と選挙のあり方　*112*

第8章　クラブ活動・部活動と人間形成　……………………　*115*
　第1節　クラブ活動と部活動の歴史的変遷
　　　　―学習指導要領の改訂とクラブ活動・部活動の変遷―　*116*
　第2節　必修クラブ廃止をめぐる諸問題　*117*
　　　（1）　必修クラブ活動廃止の背景要因　*117*
　　　（2）　部活動とクラブ活動の本質　*119*
　第3節　クラブ活動・部活動による人間形成の視点　*121*
　　　（1）　異年齢集団における人間的交流　*121*
　　　（2）　社会性の涵養　*122*
　　　（3）　「生」の充実と再創造　*122*
　第4節　学校教育における今後の部活動とクラブ活動のあり方の方向　*123*

第9章　人間形成における「総合的な学習の時間」と「特別活動」の関係
　　……………………………………………………………………　*125*
　第1節　「総合的な学習の時間」の新設のねらい　*126*
　　　（1）　「総合的な学習の時間」創設の経緯　*126*
　　　（2）　現行カリキュラムにおける「総合的な学習の時間」の授業時間数　*127*
　第2節　「総合的な学習の時間」の学習内容と学習活動　*128*
　　　（1）　「総合的な学習の時間」の学習活動内容　*128*
　　　（2）　「総合的な学習の時間」の学習方法　*129*
　　　（3）　新しい評価方法の導入　*129*
　第3節　「総合的な学習の時間」の具体的な学習活動の実践　*131*
　第4節　「総合的な学習の時間」と「特別活動」の関連　*132*
　　　（1）　「総合的な学習の時間」と「特別活動」の相違点　*132*
　　　（2）　「総合的な学習の時間」と「特別活動」の類似点ないし共通点　*133*
　　　（3）　「総合的な学習の時間」と「特別活動」との関係　*134*

　　　　　（4）学力低下論争と「総合的な学習の時間」　*136*

第10章　「教科学習」と「特別活動における学習」の補完関係　………　*141*
　第1節　教科と教科課程　*142*
　　　　　（1）「教科課程」の名称変更　*142*
　　　　　（2）「教科」の種類　*142*
　　　　　（3）教科指導の方法　*143*
　　　　　（4）教育方法の変遷と今後の展望　*145*
　第2節　学習指導要領における教育課程の3領域　*150*
　第3節　特別活動と教科指導　*151*
　　　　　（1）特別活動の教育課程化　*151*
　　　　　（2）各教科と特別活動の相補的関係　*152*
　　　　　（3）集団の2つの機能　*153*
　　　　　（4）特別活動の目標―望ましい集団活動―　*155*

第11章　「特別活動」の歴史的変遷と現代の「特別活動」の問題状況　…　*159*
　第1節　特別活動の源流　*160*
　　　　　（1）ペスタロッチの「生涯教育」の思想　*160*
　　　　　（2）教科外活動の教育課程化への動き　*161*
　第2節　戦前の日本の「特別活動」　*161*
　第3節　第2次大戦後の日本の「特別活動」　*163*

第12章　日本における教員養成改革の動向と特別活動　………………　*167*
　第1節　「教育職員養成審議会」答申を中心として　*168*
　　　　　（1）臨教審第2次答申から教養審答申へ　*168*
　　　　　（2）「教養審第1次答申」の概要　*169*
　　　　　（3）大学の教職課程の役割について　*172*
　第2節　中央教育審議会答申
　　　　　―「今後の教員養成・免許制度のあり方について」の骨子―　*173*
　　　　　（1）改革の経緯　*173*

（2）改革の基本的考え方　　174
　　　（3）改革の具体的方策　　175
　　　（4）答申を受けて　　178
　第3節　教育職員免許法改正における「教員免許更新制」導入に関わる
　　　諸問題　　178
　　　（1）「教員免許更新制」とは何か　　180
　　　（2）「免許更新制」導入の背景要因　　181
　　　（3）「免許更新制」の問題点　　181
　　　（4）「講習」の内容　　182
　第4節　新設「教職実践演習」科目とは何か　　182
　　　（1）「教職実践演習」新設のねらい　　182
　　　（2）「教職実践演習」の具体的な到達目標とその内容　　183

資料編 ………………………………………………………………… *189*

事項ならびに人名索引 ………………………………………………… *218*

第1章　「特別活動」の教育人間学的考察
―「特別活動」における人間形成の意義―

　現代日本の学校教育の現場においてさまざまな病理現象が頻発している。たとえば、「校内暴力」、「いじめ」による「自殺」、「不登校（学校嫌い、登校拒否）」、あるいは「学級崩壊」等によって、教育現場の荒廃が深刻化している。

　学校の存在それ自体の価値、意義、有用性を回復させるためには、人間の存在それ自体への問いを通じて、生徒たちの成長・発達する場所として、学校を捉え直す必要がある。そのためには、学校教育に独占されている教育機能を学校から地域や家庭に開放しなければならないだろう。地域や家庭の教育力を回復し、強化することによって、学校・地域・家庭の連携・協力へ向けての努力をしなければならないのである。学校の形骸化、形式化を脱却しなければ、学校教育現場の荒廃を防止することはできない。

　本章では、教育課程の領域の1つである特別活動の指導の改善のために、まず、教育学における人間学的なアプローチとは何かについて学ぶ。教育人間学の方法論的特質は、その「開放性」と「厳密性」とにある。

　特別活動は、人間形成の観点からいえば、教育活動としての授業形態においてよりも、その「直接性」や「衝撃性」の度合いにおいて、より強大である。特別活動の1つである学校行事に関わる人間学的ないし教育学的考察による論及は、これまであまりなされていない。O. F. ボルノウが論及した「祝祭」や「徒歩旅行」についての優れた洞察は、学校教育においてとかく軽視されがちな「学校行事」などを含む特別活動について、その重要性の認識に大いに寄与するものである。

第1節　現代日本の学校教育の現状

　周知の通り、現代日本の学校教育の現場においてさまざまな病理現象が頻発している。たとえば、「校内暴力」、「いじめ」による「自殺」、「不登校（学校嫌い、登校拒否）」、教師による体罰、あるいは「落ちこぼし（落ちこぼれ）」さらには「学級崩壊」等によって、教育現場の荒廃が深刻化している。このような青少年の発達過程に顕著な「歪み」や諸々の問題的行動を誘発している学校とは何か。

　ここで「学校」とは、「近代学校教育制度」が成立して以降の「学校」を指すのであるが、学校制度が整備されて社会に普及してきた結果、学校の存在は、青少年期の生活の中で、きわめて大きな部分を占拠するようになった。学校教育は、時代の進展とともに教育期間の延長や分化を重ねながら、発展してきたのである。教育機能は、学校に集約され、教育とはすなわち学校教育を指すくらいに、学校教育が教育の中核であると認識されるようになった。このような過大認識により、学校は、社会の各方面からさまざまな要請を受け、自らの能力を超えた過大な要求に応じられない状況も出来している。そして、学校教育それ自体が、生徒たちの人間疎外を惹起する根本的な要因となっているのである。

　それゆえ、学校の存在それ自体の価値、意義、有用性を回復させるためには、人間の存在それ自体への問いを通じて、生徒たちの成長・発達する場所として、学校を捉え直す必要がある。そのためには、学校教育に独占されている教育機能を学校から地域や家庭に開放しなければならないだろう。つまり、地域や家庭の教育力を回復し、強化することによって、学校・地域・家庭の連携・協力へ向けての努力をしなければならないのである。学校教育において「価値」が制度化されたことによって出来している学校の形骸化、形式化を脱却しなければ、学校教育現場の荒廃を防止することはできない。

　特別活動は、教員の適切な指導・支援を前提として、児童・生徒が自主的・実践的活動を行うものである。すなわち、児童・生徒自らが主体性をもって積極的に自分たちで計画立案し、実行するものであるがゆえに、彼らの達成感、充実感あるいは自己現実の満足感が得られるのである。このような特別活動を通じて、

彼ら児童・生徒たちは、自らの存在感や自信を身に付け、学校を成長・発達の場、楽しい学びの場とし、やる気や明日への希望を育成することができるのである。

ところで、学校も当然ながら社会内存在の1つの機関であるわけで、学校の現状を社会的な背景の視点から見ることも必要不可欠である。学校で行われる教育活動は、児童・生徒一人ひとりの調和的、全体的な人格の形成を目指しているが、教育の文化伝達や維持機能、さらに現実社会への適応機能も有している。教育社会学の重要なテーマである人間の「社会化」（socialization）は、教育の社会的機能を重視するものである。教育の社会的機能といえば、学校は現実社会からさまざまな要請を突きつけられ、その時代の児童・生徒たちを教育し、また、選別・配分する機能をも担わされているのである。それゆえ、その社会、その時代の児童・生徒たちのさまざまな問題行動や病理現象も、学校それ自体よりも社会全体の歪みや世相の反映であるかもしれない。

たとえば、「いじめ」は、力のアンバランスの上に立って行われる「力の乱用」であり、無視や暴言や閑職ポストへの配転など、大人社会の職場でも頻発していることは周知の事実である。また、現代の学校が管理主義的傾向を指摘され、また、閉鎖的傾向を強めていることや、さらにまた、アメリカ発のネオ・リベラリズム（：新自由主義）に由来する効果主義的効率化を求められていることなども、現代の一般社会の傾向と呼応しているといえよう。学校が管理的、閉鎖的、競争的、効率的、市場主義的にならざるをえない背景として、現代日本の社会が急激に発展し、情報化、複雑化、多様化、国際化したことなどによって、今や生涯学習の時代であるとしても、学校段階でも次世代に伝達すべき知識・教養・技術あるいは情報等々が膨大に増加していることなどの諸要因を挙げることができよう。

周知のように、イリッチ（Illich, I）やライマー（Reimer, E.）は、現代の産業化社会と諸制度を批判し、「脱学校論」（deschooling）を展開した。彼らは、学校の巨大化・肥大化、そしてそこから出来する教育的価値の制度化や教育制度の神話化あるいは教育内容の貧弱化ないし偏重、等々の問題点を際立たせることによって、現代の学校教育の構造的・原理的欠陥ないし本質を解明したのである。彼らが提唱している最大のポイントは、教育の人間的再構築であり、きわめ

て示唆に富むものであるといえよう。学校の本来的機能である人間性を育成するためには、「学校の人間化」が重要な課題となる。具体的にいえば、いかにして教育内容の全体的統合を図り、いかにして主知主義的・知育偏重の傾向を是正し、個々の生徒の人間としての成長・発達の場として、学校を蘇生させることができるかということこそ、取り組むべき緊要な課題となる。このような問題意識を彼らと共有しながら、本章では、人間形成のために、教育課程の領域としての「特別活動」の重要性について、人間学的な視点から論及してみたい。

第2節　教育学における人間学的な見方

　教育課程の領域の1つである特別活動の指導の改善を志向して、まず、教育学における人間学的なアプローチとは何かについて、明らかにしておきたい。われわれは、ここでボルノウ（Bollnow, O. F., 1903-1991）の所論を手がかりにすることにしよう。彼は、人間学的な視点に立脚して、教育学の具体的かつ個別的な諸々の現象について、解釈学的ならびに現象学的方法で解明し、教育学の新しい地平を切り開いた学者としてつとに有名である。すなわち、彼は、従来の伝統的な古典的教育学理論においては研究対象として正面から取り上げられ、論及されることのまったくなかった教育的諸現象へのアプローチを試み、実りある成果を上げたのである。

　ボルノウは、その長期にわたる研究生活を通じて、多くの著作を発表したが、その中のいくつかで、教育人間学の方法論的原理の確立と体系化について考究している。彼が定式化した方法論的原理を、以下に整理して概述してみよう。

　第1の原理は、「人間学的な還元の原理」と呼ばれ、これは、時代を超えた「文化」の意味を歴史の担い手、主役としての人間から把握しようとする原理である。第2の原理は、「道具の原理（das Organon-Prinzip）」と呼ばれるが、これは、最初の原理とは逆に、人間によって産み出された客観的な形象から「人間の生」（das Leben）を理解しようとする方法である。それから第3の原理として、「個別諸現象の人間学的解釈の原理」がある。これは、「人間の生」の個々の現象を人間の本質との関連において、すなわち、人間学的観点から必然的な現象とし

て、有意義に解釈しようとする原理である。

　ところで、さらにこれら3つの基本的原理とは区別される第4の原理を挙げて、彼は、「開かれた問いの原理」（das Prinzip der offenen Frage：未決の問いの原理）と呼称している。この原理が他の3つのそれと決定的に異なる点は、これが直接的に問題を設定しないで、さまざまな弊害を惹き起こす「単純化」を防止し、それを拒否しようとするところにあると思われる。彼は、プレッスナー（Pressner, H.）の所論からこの第4の原理を受け継いだと自ら述べているのであるが、人間学的な問いは、本来、人間の「測り難さ」（die Unergründlichkeit）に対して開かれていなければならないのである。別言すれば、「人間の全体」は、本来、決して1つの完結したテキストのようなものとして固定されるものではないということである。「人間の本質」は、本来、不可測であり、永遠に未知なるものであり、それゆえに開かれた、未決の問いである。これと関連して、フランスの大哲学者であるサルトル（Sartre, Jean-Paul, 1905-1980）は、かつて「実存は本質に先立つ」という哲学的命題を措定したのであった。したがって、あらゆる人間的現象に新たに関わることにより、われわれは、人間の本質に関わる何か新たな事柄を常に教えられ、新しい知見が得られるのである。以上述べた通り、ボルノウにおける教育人間学の方法論的特質は、その「開放性」と「厳密性」とにあると指摘してもよいだろう。

第3節　現代日本の学校教育における「特別活動」の教育的意義

（1）「特別活動」の新設

　最初に「特別活動」とは何かを明らかにしておきたい。周知の通り、日本の学校教育における教育活動は、「学校教育法」などの教育関係法規や規則によって規定されている。各学校の教育課程は、「学校教育法施行規則」に基づいて、小学校・中学校ならびに高等学校などの「学習指導要領」によって示された内容に立脚して展開されることになる。

　従来の教育課程は、「各教科」「道徳」「特別教育活動」ならびに「学校行事等」の4つの領域から構成されていた。1967（昭和42）年に、教育課程審議会は、

教育課程の改訂に向けて、「各教科および道徳とあいまって、人間形成のうえから重要な活動を総合して、新たに特別活動を設ける」ように、答申を行った。これを踏まえて、1968（昭和43）年に成立した教育課程にしたがって、1971（昭和46）年から、改訂学習指導要領による指導が、小学校から順次開始された。1968年の教育課程改訂における最大の特徴は、「特別教育活動」と「学校行事等」の両者を統合して、「特別活動」を新設したことである。つまり、教育課程は3領域から構成されることになったのである。そして、この改訂に当たって、「人間形成における調和と統一」が重要事項の1つとして挙げられている。現代に続く調和と統一のとれた人間形成の理念は、不変的な教育の中心的課題である。それゆえ、従来の「特別教育活動」ならびに「学校行事等」の2つの領域でそれぞれ別個に行われていた活動を、統合・強化した形で新設の「特別活動」を実施することによって、「調和と統一のある人間形成」を志向したのである。

（2）「特別活動」新設の背景

この改訂の背景について簡単に述べると、1960年代後半、当時、日本では教育に対する関心が急激に高まり、その後ますます過激になる上級学校への進学熱が、「入試地獄」や「受験戦争」あるいは「灰色の青春」や「四当五落」なる言葉に象徴されるような熾烈な競争をもたらした。各学校は、上級学校への合格・進学に向けて、「知識偏重」の詰め込み教育に力を注ぎ、有名校への進学実績によって世間からランクづけされる風潮が広まったのであった。そこで、学歴主義社会の弊害の一端としてのこうした風潮、いわゆる偏差値至上主義の世相に歯止めをかけ、バランスのとれた知育・徳育そして体育や情操教育を行うことによって、学校教育の本来的な使命である「人間形成」を目指さなければならないという批判が強まってきたのである。それゆえ、新設された特別活動は、小学校・中学校そして高等学校のすべての段階において指導されることになった。

（3）人間形成の契機としての特別活動

先にも触れたように、学校における全教育活動は、児童・生徒の人間形成を志向するものである。特別活動は、人間形成の観点からいえば、教育活動としての授業形態においてよりも、その「直接性」「衝撃性」あるいは「濃縮性」の度合

いにおいて、より強大であるといわねばならない。なぜなら、特別活動は、他の教育諸活動と比較して、児童・生徒自身の興味、関心、ニーズ、選択ならびに決断において、彼ら自身の「主体性」と「自主性」に基づく活動の機会が多いからである。人間は、1つの生命体として、個体として成長するさまざまな可能性を生来的に具備しているが、その1つが「主体性」ないし「自主性」である。人間（児童・生徒）の持っている自主性という能力は、環境との関わりの中で、徐々に顕現するものである。それゆえ、それを促進したり妨害したりする要因は「環境」であり、その意味で、学校という環境の整備こそ、重要な課題なのである。この環境を提供する可能性が、特別活動には潜在しており、かつ、そのようになることを期待されているのである。

　ここで重要なのは、特別活動がそのような機会を提供することができるかどうかは、この活動に対する教師の認識と態度・姿勢に大きく影響されるということである。特別活動の重要性に対する教師の正しい認識に基づいて、人間的な交流、触れ合いが行われる学校という環境（場）の中でこそ、先に述べた児童・生徒の具備している主体性や自主性の能力が育成され、発揮されて人間として成長していくであろう。このような環境としての学校という場所を提供していく努力が、学校とすべての教師の不変的な使命でなければならない。

　ところで、1998（平成10）年版の教育課程の基準に基づく現行の学習指導要領によって編成された教育課程の構成要因として、①各教科、②道徳、③特別活動それから、④総合的な学習の時間が挙げられている。④は「〜の時間」なので領域ではなく、現行の教育課程は、(1) 〜 (3) の3領域から構成されており、教育課程全体の中で、特別活動は、「教科外教育」活動の主要な「領域」の1つとして、位置づけられているのである。その内容としては、①学級活動（小・中学校）、ホームルーム活動（高等学校）、②児童会活動（小学校）、生徒会活動（中学校・高等学校）、③クラブ活動（小学校）、部活動（中学校・高等学校）、④学校行事という4つの活動が含まれている。つまり、教育課程の中で特別活動が明示されていることの意味は、それが教師の教育活動という職務の1つであるということである。

(4) 現代日本の核家族化・少子化問題と特別活動

変化した家庭環境、たとえば核家族化や少子化によって、日本の家庭の教育力は著しく低下した。「独りっ子」家庭で、兄弟・姉妹がおらず、発達段階で人間関係を学ぶチャンスを奪われた子どもたちは、自己中心的な性向を身に付けやすい。また、親の側の問題として、子どもへの過保護や甘やかし、あるいは過干渉に走りやすく、昨今のいわゆる「モンスターペアレント」の遠因の1つともなっているのではないだろうか。

家庭環境の変化によって弱体化したり失われたりしたものとして、①人間関係力の衰退、②倫理観の欠如、③社会性の未発達、④自主自立の精神の発達の遅れ、⑤他者への配慮心の欠如、⑥基本的生活習慣の未形成、等が指摘されるであろう。従来は、家庭の教育力で身に付けていたこれら諸々の面の育成をも、これからは学校教育の役割として担わざるをえないとすれば、「集団的教育活動」、「自主的・実践的教育活動」、「個性的育成的活動」、ならびに「社会的適応力と公民的資質の向上を図る教育活動」を基本的目標としている特別活動は、特にその重要性を増すであろう。

(5) 現代の情報化社会と特別活動

まず、情報化社会とは何かについて考えてみよう。社会変動について鋭い洞察に基づいて展開したベル（Bell, D.）の情報化理論は、「理論的知識の偏重、集権、科学技術優先、生産活動の情報化、公共中心、コンピュータの大型化」等を中心としており、これを「第1段階の情報化」とすれば、トフラー（Toffler, A.）のそれは、その後の「第2段階の情報化」への移行の特徴を示す「理論的知識と芸術的、宗教的、情緒的コミュニケーションのバランス回復、分権、科学技術と心のバランス回復、生活の情報化、民間活力の重視、コンピュータの超小型化」等を中心として論じられている。

この第2段階の情報化は、「高度情報化」のことであるが、高度な情報化社会の特徴として、文部省（『情報教育に関わる手引』ぎょうせい、1991）は、①情報のデジタル化、②情報の処理と通信の一元化（ネットワーク化）、③情報のデータベース化、④メディアの統合、総合化（マルチメディア化）の4つを挙げている。以上において情報化社会とは何かについて見てきたが、このような社

会の中で現代の子どもたちの生活状況はどのようになっているのだろうか。物質的な豊かさを追求し実現した現代社会に生まれた子どもたち、さらに少子化の中で、彼らは、自分の個室や諸種の電子機器類たとえば携帯電話、パソコン、TV等々を与えられ、自由に駆使することができる状況にある。戸外で近所の子どもたちと遊ぶよりも自分の部屋で独りで居る時間の方が多くなり、対面的な人間関係が少なくなりがちなので、いわば「引きこもり」的な生活をするために、適正な「社会性」が身に付かない危惧がある。また、マスメディアの一方的な情報提供の中では、一般に、人間は生活や思考が画一化される傾向があるので、子どもたちの主体性や独自性、個性の育成・発達を阻害するようなTVなどの弊害が指摘されている。子どもたちが調和的な全人的成長・発達を遂げるために必要な、子どもたち同士の直接的、ダイナミックな人間関係を築ける「場としての学校」の存在意義は、あらためて強調されなければならないであろう。特に、児童・生徒たちの直接的な関係の場と機会を提供する特別活動は、そのような意味で学校教育の不可欠な領域の1つであるといえよう。

　付言するならば、現行学習指導要領において特別活動の目標として次のように明示されている。「望ましい集団活動を通して、心身の調和のとれた発達と個性の伸長を図り、集団や社会の一員として、よりよい生活を築こうとする自主的・実践的な態度を育てるとともに、人間としての生き方についての自覚を深め、自己を生かす能力を養う」。教室での教科学習が一般的には個人活動の側面が強いのに比べて、ここに述べられているように、特別活動は、「集団」活動を通して人間形成に関わる点に大きな特徴があるといえよう。

（6）「特別活動」の指導の現状

　しかしながら、一般に各教科の授業と比べて、特別活動は、配分されたその時間数も多くはないので、教師の意識として特別活動は、学校教育活動の周縁的部分とみなされ、軽視されやすい傾向があるのではないだろうか。教師が自らの仕事として、教科の授業にかける時間や努力、エネルギーと同等のそれらを、特別活動にも注ぎ実践するという、教師の意識改革ないし認識を改めることが、現場の教師たちに必要とされているのではないだろうか。すなわち、著者は、特別活動や広い意味での生徒指導活動ならびに進路指導の活動は、各教科指導の活動

に対して序列的に下位にあるものとしてではなく、それらの相互補完的な関係こそ重要であるという立場から、本稿を執筆した。

なお、特別活動の指導と生徒指導ないし進路指導活動とは、それぞれ独自の機能や方法を有しているが、その共通性は、これらが主体性に基づく児童・生徒の成長、自己形成を側面から援助しようとする点に求められるであろう。そして、日常の教育現場における生徒指導ならびに進路指導は、各教科・道徳・特別活動、それから総合的な学習の時間を含む、学校における全教育活動の指導の場面で行われるべきものであり、ここではこの点に関してこれ以上詳論することはできないが、それは、決して各教科の学習等の他の活動とは別個に行われるものではないことを、ここで指摘しておかなければならない。

第4節　人間形成の契機としての出逢い

ボルノウは、「出逢い」(Begegnung) の概念を、「出逢いと陶冶」(1955年) という注目すべき論文で、従来の伝統的教育学の中心概念である「陶冶」(Bildung) との対立概念として導入した。その後、「実存哲学と教育学」(1959年) において、人間学的な観点からさらにさまざまな考察の成果を付け加えて「出逢い」の概念を「教育における非連続的諸形式」の特に重要な概念の1つとして位置づけるために詳論している。また、「教育と生」(1963年) においても、同様の観点から「出逢い」の問題に言及している。そこで、われわれは、ボルノウの諸説を手がかりにして考察することにしたい。

彼自身も指摘するように、新しい「出逢い」の概念は、1920年代のブーバー (Buber, M., 1878-1965) とともに始まる。周知の如く、ブーバーの現代への思想的影響はきわめて広い範囲にわたっている。たとえば、ムスターカス (Moustakas, C.) は、社会心理学的観念から、真の自我と隣人との真実の出逢いという問題を取り扱っているし、トリューブ (Trüb, H.) は、医学的、精神療法的見地から「出逢い」の有効性について論究している。また、新しい「出逢い」概念の第2段階は、第2次世界大戦後のシュタインビュッヒェル (Steinbüchel, Th., 1888-1949) とともに始まる。ただし、このシュタイン

ビュッヒェル自身の指摘するところによれば、先に挙げたブーバーとはまったく別個に、ローゼンツヴァイク（Rosenzweig, F., 1886-1929）とエーブナー（Ebner, F., 1882-1931）が、それぞれ独自の仕方で「出逢い」の思想に到達していたのであった。すなわち、ローゼンツヴァイクは２度にわたる世界大戦の真っ只中で思索を続け、旧約聖書に導かれながら「出逢い」の思想を展開し、また、エーブナーは、自己の生涯の課題である「孤独の克服」への道として、「出逢い」の思想に到達したのであった。そして、シュタインビュッヒェル自身は、ブーバーとエーブナー、それにローゼンツヴァイクの思想的影響を受けながら（特にエーブナーからの影響が強いようである）、神学的な立場に立って「出逢い」の概念を力説・強調したのであった。

ここで、彼らの諸説が軌を一にする点を指摘するならば、彼らにとって「出逢い」とは、「わたくし」（Ich）と「あなた」（Du）との相互的な人格的関係であり、この生き生きした「出逢い」における人格的応答関係の中にこそ、人間の「現実」（Wirklichkeit）があらわれるということを、彼らが確認したことであった。彼らのこのような思想的立場は、虚無主義的実存主義を乗り越えた「間実存論」（Interexistentialismus）として注目されるべきである。

さて、「出逢い」の主体としての「わたくし」と「あなた」は、シュタインビュッヒェルにおいては「人格」（Person）と呼ばれ、それはランゲマイヤー（Langemeyer, B.）も指摘するように、人間の単なる精神的なあり方のことではなくて、全体的な人間のことである。シュタインビュッヒェルによれば、「人格」の本質的な特徴として、「本来的自己保持」（Selbstbesitz）と「超越性」（die Transzendenz）の２つが挙げられる。前者は、自己に対する誠実さの能力であり、「人格」の不可侵的な、代替不可能な固有存在の根拠である。それと同時に、「人格」は他者に対して開かれている。つまり、「人格」は自己自身ではないところの者、他者へ向かって自己を超え出る能力をも有している。それが、「人格の超越性」という言葉でもって意味されている事柄である。このことは、ドイツの哲学者ヤスパース（Jaspers, K., 1883-1969）の"Kommunication"（交わり）論の基底にもなっている。それはともかく、シュタインビュッヒェルにとって重要なことは、「人格」が自己自身を超え出ることを通じて、かつ自己と他者との結びつきを通じて、真の自己となることができるという、「対話」に方

向づけられた本質を有するということである。「人格」は、その本質ならびに行為において決して「独話的存在」ではなくて「対話的存在」なのである。

ところで、「間実存論」としての「出逢い」の思想は、近代ヨーロッパ思想の出発点となったデカルトにおける「自我の発見」（cogito ergo sum という原理）に対して、「他者の発見」という画期的な意義を獲得する。精神史的に見るならば、「出逢い」の思想は、正に「自我思考」から「他者思考」への転換なのである。このような思想史的背景との関連を度外視して、ボルノウの「出逢い」（Begegnung）の概念を論ずることは正当ではない。

さて、ボルノウは、「出逢い」の日常的な用語法を分析し、「出逢い」の性格を浮き彫りにする。その際、彼は好んで次のような具体的な例を引いて説明する。2隻の船が海上で「出逢う」（sich begegnen）という場合、あるいはまた、私がある人に街路上で「出逢う」という場合、「出逢い」には予期しない「衝突」という性格が含まれている。すなわち、「出逢い」とは、人間の「企て」には依存しないもの、偶発的なもの、予見しえないものである。そして、この簡単な引例からも明らかなように、「出逢い」の主体である両者は互いに「運動性」を有している。

このような本来的な「出逢い」から、さらに、比喩的な用語法が生じた。たとえば、「神との出逢い」とか「文学や歴史との出逢い」という場合のように、精神的な「出逢い」ということがいわれる。しかしながら、どのような場合でも、ボルノウが「出逢い」について語る時、それは彼にとって常に次のことを意味する。「人間は、出逢いにおいて、まだ見たこともなく、前もって予測することもできず、それどころか運命的に彼に向かって立ち現れたもの、彼が従来の観念で予期していたのとはまったく異なったもの、したがって新たに立場を定めるように彼に迫り、強いるところのものに突き当たる」ということである。それゆえ、「出逢い」は、「際立って引き立たせられた出来事」なのであり、真の決断などを迫られることのない安易な日常性とははっきり区別されるのである。そして出逢うものの強力さの前で、人間において真正なるものが決断され、「出逢い」における「震撼」（Erschütterung: 動揺）の真っ只中で、人間は自らを検証しなければならないという意味で、ボルノウは、グァルディーニ（Guardini, R.）の主張に関連して、「出逢いは、人間自身の真正性の吟味（Probe）である」と

強調している。これを換言すれば、人間は、他者との「出逢い」においてのみ、「本来的自己＝実存」に立ち返ることができるということである。この場合、「本来的自己」としての「実存」は、ボルノウにとって人間の最内奥にある究極的な「核」（der Kern）として考えられている。その意味において、「出逢い」は、ブーバーが深い感謝の念をもって、それを「恩寵」（die Gnade）と呼んだように、ボルノウにおいても確かに、「出逢い」は「恩寵」によって生ずるといってもよいように思われる。そして、「愛する出逢い」だけが、「自我の孤独」の壁を打ち破ることができるのである。すなわち、従来の古典的な教育学の中心概念である「陶冶」（Bildung）において展開される「主観性」（Subjektivität）や実存主義において見られる「自我の絶望的な孤独への陥落」を積極的に乗り越えて行くべき道を、正にボルノウは、「実存と実存との出逢い」の思想に見いだしているのである。

　ところで、厳密に実存的な意味における「自己」（Selbst）は、「陶冶」思想において展開される「主観性」（die Subjektivität）とはまったく異なるものである。「出逢い」においては、個々の精神生活を展開して完成した形態へとつくり上げることが問題なのではなくて、これと根本的に異なったこと、すわなち、厳密な意味で「人間が自己となること」（Die Selbstwerdung）が問題である。一切の「出逢い」は「運命的」（schicksalhaft）であり、「出逢い」が人間を捉える時、それは、その人間を全体的に捉えるのである。それゆえ、「多方面にわたる出逢い」などということは形容矛盾である。別言すれば、「陶冶」における他方面的な一切の調和的形成は、「出逢い」に面して意味を失うということである。しかしながら、ボルノウにとって重要なのは、単純に「陶冶」に対する「出逢い」の優位を強調することではなくて、「陶冶」の原理と「出逢い」の概念の相互関係を正しく規定することである。われわれはこの点に特に注意を払わなければならない。

　「出逢い」を可能にする基礎的な陶冶、これをボルノウは「陶冶」の不変的な課題であると考えている。ただし、その際、「陶冶」はもはや教育の究極的な目標ではなくて、単に前段階的な性格を持つに過ぎないのであるが。

第5節 「祝祭」と「徒歩旅行」の人間学的考察
―「学校行事」への示唆―

(1) 祝祭・祝典の人間学的意味

　特別活動の内容の1つである学校行事に関わる人間学的ないし教育学的考察による論及は、これまであまりなされていない。哲学者でかつ教育学者でもあるボルノウが論及した「祝祭」や「徒歩旅行」についての優れた洞察は、学校教育においてとかく軽視されがちな「学校行事」などを含む特別活動について、その重要性の認識に大いに寄与するといわなければならない。以下において、ボルノウの所論のポイントをまとめて概述してみよう。

　彼は、かつてその優れた著書において一般的・持続的な根本「気分」（Stimmungen）と、そこに根差す人間的態度とに関わる思索を展開した。その一般的・持続的な根本気分に対して、一時的な性質の気分に関係する領域である「祝い」（die Feier）や「祭り」（das Fest）についても、別の著書で解明している。「祝い」と「祭り」とはそれぞれ別の性質を持つものであるが、両者は、日常的な生活すなわち平日とははっきりと区別される、特殊な機会に顕現する気分が問題となるという意味で、共通していると彼は考える。それゆえ、彼は、「祝祭」と「祝典」という用語を駆使して、それのより深い理解への通路を開くものとして「気分」について言及する。

　後述するように、その理解への通路とは、"Feier"や"Fest"の「華やいだ気分」（die Festlichkeit）であり、また、「荘重さ」（die Feierkeit）が重要な概念として強調される。ところで、西欧における教育学の歴史を振り返れば、祝祭は、学校生活において既に早い時期から重要な役割を演じてきた。彼が指摘しているように、中世の学校生活において、「学校祭」は驚くほど多彩な領分を占めていた。そして、祝典において、われわれ人間は、人間の歴史的生（Leben）を支えている基底の上に、新たに自己を打ち立てるのである。それゆえに、祝祭の経験は、もっとも深遠な意味において歴史的な経験なのである。このことは、超個人的な歴史を祝う大きな共同の祝典にも、さらにまた、個人の生活において決定的な「区切り」や新しい生活段階への移行を示す小さな祝いにも同じように当

てはまるのである。こうした区切りの重要性は、祝いにおいては、単に抽象的に意識されるだけではなく、厳粛な祝いの気分に心底から揺り動かされる中で、身をもって経験されるのである。

　先に触れた「荘重さ」は、その中に力強いものが含まれている「気分」である。祝典において、日常から脱出して、祝いの荘重な気分の世界へ没入するということ、それこそが正に人間にとって決定的に重要なのである。つまり、荘重・厳粛な祝いの経験は、それ自体、決定的なことである。なぜなら、ある具体的なきっかけから、一般的に人生のいっそう深い意義、つまり、人間がそれによって生きる歴史的な基底が、祝いの荘重さの中で経験されるからである。そして、祝典は、そのような経験が開かれる唯一の機会を与えるものである。祝典において「畏敬の念」（die Ehrfurcht）に身がひきしまることにおいてこそ、偉大なるものがその偉大さにおいて直接に経験されるのである。

　しかしながら、残念なことに、彼が指摘するように、現代の学校生活においては、祝祭の意義は著しく衰退してしまった。たとえば、クリスマスや復活祭は、教会の祝祭として、学校生活から除外され、学校行事ではなく、家庭の行事になっているし、現在残っているのは、卒業式やドイツ国創建の祝日などだけである。だが、祝祭は、人間の娯楽欲の充足でもなく、また、何かの業績に対する報償でもなく、それは、人間の生活に不可欠な要素なのであり、それなしには、人間の生活がその完全性に至りえないものなのである。その意味で、祝祭は、学校においても教育の不可欠な要素であるといえよう。

　祝典という「生の形式」（Lebensformen）は、歴史的意識の「覚醒」（die Erweckung）と「強化」を目指す教育的努力の中に、意図的・計画的に取り入れられなければならない。祝典は、教育的に構成されるべき重要な学校行事の1つである。というのも、厳粛なるものは、「生」の深い意義がそこにだけ顕現してくる大きな人生経験として、適切な仕方で子どもたちにも経験の機会が与えられなければならないからである。

　次に、「祭り」の人間学的意義について見てみよう。彼は、この場合も祭りに特有な「気分」の形態から考察を進める。祭りは、「舞踏」においてその完成を求めようとする。舞踏こそは、祭典のもっとも純粋な、全体としてもっとも高揚された形態だということができる。祭りの華やいだ気分から生じるものの中で、

人間は、祭りの意味と機能をもっともよく経験することができるのである。そして、祭りの華やかな気分こそが、「現実」（die Wirklichkeit）を開示する固有の力を持っている。祭りの高揚した状態が、人間に初めて「共同感」を経験させてくれるのである。

　ここから以下のような祭りの一定の教育学的意義が導き出される。祭りの意味は、なによりも時間の流れを一定期間中断し、それによって時間の流れを律動化する点に見いだされる。より深い意味において、人はそこで時間から開放された存在への立ち戻りを、直接的に経験するのである。祭りは、「時を」分節し、それによって「時」は、単調な日々の系列たることを止めるのである。人は、祭りを期待して平日を過ごし、祭りによって元気を取り戻して再び平日に立ち返ってゆく。換言すれば、人間は祭りの中で、若返り、祭りによって「時」の経過が秩序のある全体となる。そのような「全体」の中でのみ、健全な人間的生もまた可能なのである。

　祭りの典型的な特徴としての「陽気さ」によって、人は、祭りの中で日常生活の窮屈な諸々の制約から解放され、その感情を表現することを欲するのである。学校は、そのような時のリズムを自らの営みの中に取り入れ、それを生徒に経験させるよう、然るべき努力が要求されるのである。そして、彼が鋭く指摘しているように、祭りの経験にとって重要なことは、祭りが祝いとは異なり、受身の態度では体験されえないものであり、自発的、主体的、積極的な参加を必要とするということである。そして、祭りにおいては、あらゆる「動的なもの」がきわめて大きな意義を持っている。それゆえ、愉快な「演劇」や「輪舞」、あるいは「華やいだ行列」などの諸々の形態が生じるのである。

　完成に達した祭りの不変的な特質は、人間が孤立した日常的存在の狭い限界を超えて高められ、個人の生と、より深い生の基盤との一致を経験するということである。祭りの重要性において強調されるべきことは、人間と人間とのより深い「共同感」を経験するということである。人びとは、お互いによりいっそう親密になり、相互に結ばれ合っているのを感得する。その場合、以前の「よそよそしさ」が突然消えて、内面的な「共属感情」ないし内的な「共同感」が生じる。それは、祭りを終了した後までずうっと持続する「共同感」なのである。それゆえ、学校の共同生活にとっても、祭りは大きな意義を持っており、祭りには直接

的な教育的機能があるのである。ただし、彼は祭りのこのような役割、意味を失わないために決定的な条件をつけている。それは、集団の規模の問題である。すなわち、祭りが共同性を陶冶する効果をもたらすことができるためには、祭りの後もお互いが結びついていると感じられる程度の小さな範囲内で、祭りは催されなければならないということである。このような指摘は、きわめて示唆に富んでいるといえよう。

近年しばしば見られるように、学校が統廃合されたりすることによって、あまりにもマンモス校になってしまうと、以上において、ボルノウが述べた祭り（学校の場合は、たとえば文化祭や体育祭やマラソン大会などの行事）の効果が、大きすぎたり小さすぎたりしない適正な規模の学校におけるよりも、薄弱化してしまうことを暗示しているように思われる。

（2） 徒歩旅行の人間学的意味

それでは次に、「徒歩旅行」についてのボルノウの人間学的・教育学的な考察の成果をまとめて見よう。彼によれば、徒歩旅行の意義は、人が徒歩旅行において経験する、意識のきわめて深い変化と画期的な更新にある。自分の足で歩くのんびりとした本物の徒歩旅行は、人間が完全に自分をその状態に委ねる時に、ある種の内面的な「気分」を経験する。われわれは、その場合、日常携わっている職業や労働生活または学校生活の、いつもせかせかとした目的の追求から離脱し、時間を超越した、日常に捉われない、純粋な人間としての現存在を、無限の深い幸福感をもって経験することができる。このような仕方で、われわれは、徒歩旅行において、まだ混濁されていない「現存在」（Dasein）の根源への立ち返りと、合理性によって硬直化した生の「蘇り」とを深く経験するのである。

徒歩旅行の価値とは、その経験が時代を超えて、人間の本質に基礎を持ち、文明の進歩とともにその意義をさらに高めるものであるということである。正にこの点にこそ、なによりも学校が行う遠足や小旅行の意義を看取することができる。それらは、単調なる日常生活の流れを中断するものとして、堅苦しい「形式からの解放」として、あるいは体力を発散させるチャンスでもある1つの「冒険」として、さらにまた、何の煩わしさもない自由な状態への「精神的高揚」として、考えられなければならない。しかしながら、徒歩旅行は、実際に今日の子

どもたちにとってはかなり縁遠いものであり、また、引率などに関わる多くの教師には、多忙な日常の業務に追われている中で、厄介な義務と感じられているので、遠足の意義を真摯に考え、子どもたちにとって真に魅惑的で、感動的な目標を見つけること、特に時間を惜しまないことが実施に際して重要である、という点も彼は指摘している。なぜなら、徒歩旅行の楽しい気分に実際に浸り込むという純粋な経験は、時間を惜しんでは得られないものであるからである。

　学校の遠足は、共同意識の成立に対しても、上述した祭りの場合と同じ帰結をもたらす。すなわち、幸福感と満足感とを共に経験したことによって、期せずして既に「共同意識」（共同感）ないし「連帯感」が生み出されているであろう。しかしながら、学校の遠足は、本来的な意味での徒歩旅行であるとはいえない。なぜなら本来の徒歩旅行には、静かな「瞑想性」が必要であるが、それは唯独りで歩くか、あるいはごく少数の親密な仲間だけで旅行をする場合だけ可能であるからである。それゆえに、彼も、本来の徒歩旅行は、本来の祭りと同様に、学校教育の本来の課題ではありえないことに言及している。だがしかし、重要なことは、子どもたちに対し、徒歩旅行への理解と愛好心を目覚めさせ、そのような旅行へのきっかけをつくり、それに対する意欲を高めることは可能であり、その点にこそ、学校は、それなりの寄与をすることが可能である、と彼は鋭く指摘しているのである。

　特別活動における人間形成の方法は、具体的には「望ましい集団活動」を通じて行われるが、その際、社会体験や自然体験、あるいは生活体験を重んじる。生徒集団づくりは、これからの学校教育における重要な課題の1つである。小・中・高等学校の学習指導要領においても、特別活動の目標として共通しているのは、「望ましい集団活動を通じて、心身の調和のとれた発達と個性の伸長を図り、集団や社会の一員としてよりよい生活を築こうとする自主的、実践的な態度を育てるとともに、人間としての生き方についての自覚を深め、自己を生かす能力を養う」ことである。

　これからの学校は、「生き方・在り方」を学び、「生きる力」を育成する場として、知識のみ偏重して教えるのではなく、生活を重視し、教師や仲間たちと共に学び、人間的な成長につながる共生の場であることを目指さなければならない。その意味において、特別活動は、教科の学習よりも人間形成教育として、学校教

育における重要度がますます高まっているのである。本章において、特別活動の人間学的意味について探るために、ボルノウの示唆に富む所論、特に、出逢いの思想や行事としての祝祭、小旅行（遠足）などを手がかりとして考察した。というのも2006年12月に、現行学習指導要領において必修である「世界史」の未履修問題が、全国の公立・私立高等学校で露見したことに象徴されるように、進学・受験勉強偏重主義を強制されている現代日本の学校が、人生にとってもっとも大切なものとしての「生きる力」——これは現行学習指導要領の主眼であるが——の育成、全人的な教育、人間力の形成教育へと転換するためにも、特別活動理論の根拠となる知見が最も必要とされているからである。

参考文献

杉峰英憲「学校の人間化と学習指導」（松井春満編『生きる力を培う教育』学術図書出版社、2003年所収）

加澤恒雄、石河内伸枝共著「現代日本の教育病理現象とその解決の方向」『広島工業大学研究紀要』第30巻第1号、1996年

Illich, I., Deschooling Society, 1970（東洋、小澤周三共訳『脱学校の社会』東京創元社、1977年）

加澤恒雄「非連続的教育形式の提唱―ボルノウ教育学の中心的課題―」『教育思想』第2号、1973年

Bollnow, O. F., Pädagogik in Anthropologischer Sicht, 1971（浜田正秀訳『人間学的にみた教育学』玉川大学出版部、1969年）

Clerk Moustakas, Individuality and Encounter, 1968

Bollnow, O. F., Existenzphilosophie und Pädagogik, 4. Aufl., 1968（峰島旭雄訳『実存哲学と教育学』理想社、1966年）

Bollnow, O. F., Die Anthropologische Betrachtungsweise in der Pädagogik, 1965（岡本英明『教育学における人間学的な見方』玉川大学出版部、1977年）

Theunissen, M., Der Andere, 1965

Bollnow, O. F., Erziehung und Leben, IDE : Institute of Democratic Education, 1963

Langemeyer, B., Der Dialogische Personalismus, 1963

Bollnow, O. F., Begegnung und Bildung in : Zeitschrift für Pädagogik. 1. Jg. 1955（加澤恒雄訳「出逢いと陶冶」『広島工業大学研究紀要』第19巻、1985年）

Trüb, H., Heilung aus der Begegnung, 1951

Steinbüchel, Th., Christliche Lebenshaltungen, 1949

Buber, M., Das Problem des Menschen, 1948（児島洋訳『人間とは何か』理想社、1961年）

Bollnow, O. F., Das Wesen der Stimmungen, 1941（藤縄千艸訳『気分の本質』筑摩書房、1973年）

Steinbüchel, Th., Der Umbruch des Denkens, 1936

Romano Guardini, Grundlegung der Bildungslehre, 1935

Buber, M., Ich und Du, 1923（野口啓祐訳『孤独と愛―我と汝の問題』創文社、1958年）

Ferdinand Ebner, Der Wort und die geistigen Realitäten, 1921

第2章　生徒指導ならびに進路指導と「特別活動」との関係

　本章では、生徒指導と進路指導の関係について、両者の重なり合う点や、独自の意義について学ぶ。現行の学習指導要領において、両者のより良い改善のためには、どのような留意が必要なのか、そしてまた、両者が十全なる成果を上げるためには、どうあるべきか、などについて学んでいただきたい。進路指導と生徒指導は、それぞれ広義と狭義に解釈した場合に、その関係が逆転するが、いずれにしても、両者は、その本質上、学校教育全体すなわち、教科目の学習指導や特別活動の指導と共に、実行されるべきものである。それゆえ、両者にとって、学校組織の整備こそ必要不可欠な前提条件となる。換言すれば、両者とも、生徒の「生き方・在り方」の指導に関わる学校教育全体の中心に位置づけられるべき活動である。

　すべての学校は、校内組織を整備・確立し、全教職員による適切な校務分掌を実行しなければならない。高等学校の場合、その組織は中学校よりも多様である。なぜなら高等学校には、全日制、定時制、通信制や、普通科、専門学科、総合学科など、種々のコースや学科があるので、それぞれにふさわしい組織のもとに校務分掌が行われなければならないからである。しかしながら、一般的には、教務部、進路指導部、生徒指導部、総務部、厚生部などが設置され、また、その下に各種の係が置かれたり、別に各種委員会などがあり、それらから校内組織が構成されているところが多い。

第1節　進路指導とは何か

（1）進路指導の歴史的変遷

　日本における現在の教育改革は、1996（平成8）年から始まった。それは、同年7月19日に公表された第15期中央教育審議会の第1次答申「21世紀を展望したわが国の教育の在り方について」が発端であった。本答申は、1980年代以降にスタートした一連の教育改革の流れの中に位置づけられる重要な答申の1つである。

　現代日本における社会の変化のスピードは、ますます加速しており、新時代に向けた学校教育の変革は、避けがたい社会的な要請である。特に、フリーターやニートの急増などに関連して、学校における進路指導のあり方が根本から問われており、政府も率先してキャリア教育を提唱し推進しようとしている。これからの進路指導のより良いあり方とより良き発展のために、ここで、進路指導のルーツやその後の変遷について、概観してみよう。

　まず、「職業指導」（「進路指導」の起源）の登場とその推移について見てみよう。職業指導は、20世紀に入ってアメリカにおいて、「運動」（movement）として始まった。その背景としては、当時のアメリカは、先進諸国の1つとして政治的・経済的・社会的に激動期を迎えており、社会、経済、産業、職業、教育などの諸側面で、大きな変化・変動に対応する要請に合わせ、特に、工業化を急がなければならなかった。

　そこで、職業指導の重要性が高まり、最初は主として都市圏の学校外の機関において、この「運動」が展開されたのである。社会改良主義者として知られているアメリカのパーソンズ（Parsons, F.）は、1908年、ボストンに青少年を対象とする「職業相談所」を創設し、その所長として組織的な「相談」事業をスタートさせた。彼は、青少年や成人求職者に対する職業相談（ガイダンス）に熱心に取り組み、その活動成果による知見が、彼の没後1909年に、『職業選択法』として出版された。

　この書物は、職業指導に関わる最初の体系的な文献である。その基本的な指導方法は、後年、「特性・因子説」（パーソンズモデル）として、世界中の職業指導の普及と発展に多大なる影響を与えた。彼は、正しい職業選択方法として、①正

確な自己理解、②正確で十分な職業情報、③両者の関連性についての合理的な推論が必要である、と強調している。これは、パーソンズの3段階方式による職業選択法として、それ以降の職業指導の理論と実践に多大な影響を与えた。職業指導（vocational guidance）という用語を初めて使ったのも、パーソンズであり、彼は、「職業指導の創始者」と呼ばれている。また、世界における職業指導の発祥地は、彼が相談活動を展開したアメリカのボストンとされている。

　以上のようにアメリカにおいて20世紀初頭に始まった職業指導は、工業化の進展とともに、世界の先進諸国においても普及し発展した。第2次世界大戦終結（1945年）頃までの職業指導の推移をごく簡潔にまとめると、以下のようになる。①職業指導の主要な分野が、初期の学校外でのソーシャルワーク分野から、学校教育に移った。②そこでガイダンス教師やカウンセラーの養成・訓練が始まったが、適格者の採用や配置は不十分であった。③職業指導の理論面では、パーソンズモデルが整備され、「特性・因子理論」として確立された。④社会における職業教育の充実とともに、学校における職業指導が飛躍的に発展した。

　それでは次に、日本における職業指導の導入と展開について、概観してみよう。日本においては、大正末期までの職業指導は、職業紹介機関が中心で、青少年に対する職業相談活動から出発し、社会政策的な職業指導が行われたが、学校における職業指導は、まだ開始されていなかった。1927（昭和2）年の文部省訓令を契機として、学校教育における職業指導の重要性が認識され、全国的に普及したのである。つまり、それまでの職業紹介機関主導型の社会政策的な職業指導から、個性重視の適切な進路選択のための職業指導へと転換したのである。

・1938（昭和13）年に、「国家総動員法」が公布され、戦時動員体制に入った。厚生省と文部省は、合同で「小学校卒業者の職業指導に関する件」の訓令を出した。この訓令は、小学校卒業後の児童の職業指導をより強化・徹底し、国家の要請に適合させることを強調した。
・1941（昭和16）年以降、ますますナショナリズム的な風潮が強まった。
・1943（昭和18）年に、女子の勤労動員が強化された。
・1946（昭和21）年に、日本国憲法が発布された。その第22条第1項では、「何人も、公共の福祉に反しない限り、居住、移転及び職業選択の自由を有する」と規定されている。

・1947（昭和22）年に、日本国憲法の規定を受けて、「教育基本法」と「学校教育法」が公布された。前者は、その第1条で、勤労を尊ぶことを教育の目的の1つとして挙げている。また、後者は、その第36条第2項で、「社会に必要な職業についての基礎的な知識と技能、勤労を重んずる態度及び個性に応じて将来の進路を選択する能力を養うこと」を、中学校教育の目標の1つとした。

その第42条第2号では、高等学校教育の目標の1つとして、「社会において果たされなければならない使命の自覚に基き、個性に応じて将来の進路を決定させ、一般的な教養を高め、専門的な技能に習熟させること」を挙げている。このように、学校教育法によって、中学校ならびに高等学校教育における職業指導の目標が明示されたのである。

・1949（昭和24）年に、「教育職員免許法」が制定されて、「職業指導」が中学校ならびに高等学校の免許科目として設けられた。

・1953（昭和28）年に、「学校教育法施行規則」の一部改訂によって、「職業指導主事」が制度化された。なお、この名称は、1971（昭和46）年に「進路指導主事」に変更された。また、この年に、文部省は、「職業指導の手引き」を刊行し、指導の指針を明示した。

・1954（昭和29）年に、高等学校の職業教科の免許の取得において、「職業指導」4単位は必修となった。

・1958（昭和33）年に、中学校学習指導要領が全面的に改訂され、「職業・家庭科」が廃止され、「技術・家庭科」が新設された。なお、この年から「職業指導」は、「進路指導」と名称が変更された。

・1975（昭和50）年に、全国高等学校進路指導連絡協議会が発足した。なお、中学校のそれは、1977（昭和52）年に発足した。

・1978（昭和53）年に、1953年にスタートした日本職業指導学会を発展的に再編して、日本進路指導学会と名称を変更した。

・1990（平成2）年に、文部省は、「中学校および高等学校進路指導に関する総合的実態調査報告」を公表した。

・1993（平成5）年度より、中学校は、新しい学習指導要領を全面的に実施し、高等学校では、1994年度より学年進行で新学習指導要領が実施される

ことになった。これらの新しい学習指導要領は、進路指導の教育課程上の位置づけを行い、「生き方・在り方の指導」としての性格を明示している。
・1997（平成9）年に、企業側からの強い要請で「就職協定」が廃止された。大学・学校側は、「大学及び高等専門学校卒業予定者に関わる就職について」の申し合わせを行い、企業側は、「新規学卒者の採用・選考に関する企業の倫理憲章」を作成した。両者は、その「申し合わせ」と「倫理憲章」を相互に尊重しながら、大学生らの就職活動ならびに企業の選考・採用活動が行われることになった。

　しかしながら、2006（平成18）年現在の時点で、企業の求人・採用開始の早期化に合わせて、学生たちの就職活動が従来よりも6か月以上早まり、また、内定遅延のために就職活動が長期化し、卒業年次の授業やゼミナール活動に大きな支障をきたしているのが実状である。つまり、就職協定の廃止を契機として、大学教育の空洞化の問題が生じているのである。
・1999（平成11）年に、「改正男女雇用機会均等法（通称）」が施行された。
・2001（平成13）年に、省庁再編によって文部省と科学技術庁が統合され、文部科学省が発足した。同省は、この年から「キャリア教育実践モデル地域指定事業」をスタートさせた。これは、最近、フリーターやニート（NEET : not in education, employment and trainingの頭字語）の急増や、若者の早期離・転職の増加傾向などの問題に対応し、キャリア教育を推進するための事業である。
・中学校と高等学校の学習指導要領が、それぞれ1998（平成10）年と1999（平成11）年に改訂され、それらは、中学校では2002（平成14）年から、高等学校では2003（平成15）年から学年進行で施行されている。新学習指導要領の特徴として、ガイダンス機能を重視し、体験学習の重要性を強調したこと、また、「生きる力の育成」と「個性重視」の教育を目指している点などを指摘することができよう。

　以上見てきたように、戦後の日本における進路指導は、教育改革に伴う学習指導要領の改訂や新しい教育制度のもとで、さまざまな改善を行い、さまざまな変遷を経て、現在に至っている。その変化・改善の方向をいくつか挙げるならば、第1に、進路指導は、教科から全教育活動へ、すなわち、教育課程全体を通じて

行われるべきこと、第2に、それは、進路指導主事や進路指導部の教師のみでなく、学級・ホームルーム担任教師ならびに全教師によって行われるべきこと、そして第3に、それは、職業や進路についての知識・理解の指導のみでなく、「生き方・在り方」や、主体的な自己実現の能力育成への指導であること、などである。

なお、現在の日本の進路指導界では、かつて風靡したパーソンズ（Parsons, F.）らの「特性・因子理論」の限界が指摘・認識され、それに替わってスーパー（Super, D. E.）やクライツ（Crites, J. O.）らの「発達理論」が支持されている。

（2） 進路指導と生徒指導の定義

それでは次に、進路指導の理論と実践の観点から、進路指導の定義について見てみよう。

> 進路指導とは、生徒の個人資料、進路情報、啓発的経験および相談を通して、生徒みずから、将来の進路の選択・計画をし、就職または進学して、さらにその後の生活によりよく適応し、進歩する能力を伸長するように、教師が組織的・継続的に指導・援助する過程である（文部省「中学校・高等学校進路指導の手引」1961年）。

これは、「進路指導」の前身である「職業指導」の定義が、1950（昭和30）年になされて以降、日本の中学校ならびに高等学校における進路指導の公式定義として通用するものである。しかしながら、この文部省の進路指導の定義が公表されてから年数が経って、時代状況のさまざまな変化に対応した新たな定義が必要になってきたことを踏まえて、進路指導分野の専門学会が次のような定義を発表した。

> 学校における進路指導は、学校教育の各段階における自己と進路に関する探索的・体験的諸活動を通じて、在学青少年みずから、自己と職業の世界への知見を広め、進路に関する発達課題を主体的に達成する能力、態度を養い、それによって、自己の人生設計のもとに、進路を選択・実現し、さらに卒業後の生活において職業的自己実現を図ることができるよう、教師が学校の教育活動全体を通じて、総合的、体系的、継続的に指導援助する過程である（日本進路指導学会：進路指導定義委員会、1987年10月）。

後述するように、進路指導と生徒指導の関係あるいは両者の異同を考えていくために、ここで、生徒指導とは何かについて、代表的な定義を2つ挙げておきたい。まず、文部省『生徒指導の手引』（1989）によれば、「生徒指導とは、本

来一人一人の生徒の個性の伸長を図りながら、同時に社会的な資質や能力・態度を形成していくための指導・援助であり、個々の生徒の自己指導能力の育成を目指すものである」。

また、坂本昇一（1990）は、「生徒指導とは、一人一人の児童生徒の個性の伸長を図りながら、同時に社会的な資質や能力・態度を育成し、さらに将来において社会的に自己実現ができるような資質・態度を形成していくための指導、援助であり、個々の児童生徒の自己指導の能力の育成を目指すものである」と定義している。これら2つの定義から、「生徒指導の特性」をまとめてみると、生徒指導は、①発達可能な人格の受容であり、個性伸長、社会的資質・能力・態度などの向上を図ること、②具体的・実践的な活動であること、そして③すべての生徒を対象とし、統合的な活動であること、といえよう。さらにまた、前出の文部省『生徒指導の手引』（1989）は、生徒指導の目的として、①対症療法的生徒指導と、②人間形成的生徒指導の2つについて、次のように言及している。

> 現在の学校教育、特に中学校や高等学校の教育において、青少年の非行その他の問題行動の増加の現象とそれに対する対策の必要性が挙げられるが、生徒指導の意義は、このような青少年非行等の対策といった言わば消極的な面にだけあるのではなく、積極的にすべての生徒のそれぞれの人格のより良き発達を目指すとともに、学校生活が、生徒の一人一人にとっても、また、学級や学年、更に、学校全体といったさまざまな集団にとっても、有意義かつ興味深く、充実したものになるようにすることを目指すところにある。

（3） 進路指導の現状と課題

1993（平成5）年に発行された文部省の中学校ならびに高等学校の進路指導資料の1つ「個性を生かす進路指導をめざして—生徒ひとりひとりの夢と希望を育むために—」において、進路指導の実態が鋭く指摘されている。まず、中学校の進路指導についてであるが、中学校における進路指導の結果、かなり多くの生徒が自分の将来や高等学校における学業や生活に対して、明確な目的を持たずに、教師が勧める合格可能な高校を受験し、進学している。それゆえ、彼らの中には不本意な入学感を持ち、高校での勉学や生活にしっかりした目的を持つことができずに、無気力で無為な高校生活を送ってしまう者もいる。その結果、学業

不振や学校生活不適応に陥ったりして、中途退学や留年ないし卒業延期になったりするケースも少なくない。具体的にいえば、彼らは、自己の興味・関心の方向や能力・適性について自覚ないし理解していない。そしてまた、彼らは、社会生活、職業生活について、幅広い理解に立った、将来の生き方を考えることができずに、希望する職種や進みたい分野など、中学生として持つべき将来の夢や目的を持っていないということである。つまり、彼らは、高校進学によって何を学ぶか、その意義や目的を理解していないのである。

次に、上述した資料や「第14期中央教育審議会答申」によれば、高等学校の進路指導の現状は、次のように指摘されている。日常の指導や進路学習、「育成的進路指導」はあまり行われていない。すなわち、卒業年次になってからの進学先の選定あるいは就職先の紹介・斡旋のための「出口指導」が中心となっていることが多い。高等学校段階では、学校は、大学進学を最重要視して、それを主目的化し、社会は、生徒の進学実績を中心に学校を評価する風潮が見られる。そのために、生徒の実態に即した、多様で個性的な、弾力的・柔軟なカリキュラムの編成や教育内容ならびに方法が導入されていない。このような現代日本における高等学校教育の現状は、改善の必要がある。

第2節　これからの生徒指導と進路指導

（1）進路指導の改善の方向

ここで従来の進路指導の問題点や弱点を克服し、これからの進路指導のあるべき方向について考えてみたい。仙崎武（1992）によれば、進路指導の主要な原理として、次の3つが挙げられる。すなわち、それらは、①目的的な原理、②実践上の原理、③組織・運営上の原理である。この3つについて、その要点を概述してみよう。

① 目的的な原理
1) 進路指導は、進路への知識、理解、人生観、職業観、探索経験、勤労体験などの「識」・「観」・「験」を統合し、職業人としての調和的な生き方の指導や人間形成を目指す目的的な教育である。

2) 進路指導は、個々の生徒の発達段階に応じて、生徒自らが個別的・集団的に各キャリア発達課題に取り組み、その課題を成就することによって、キャリア発達を助長するように援助する計画的な教育である。
3) 進路指導は、生徒の現在および将来の生活の中での自己充実・自己実現に必要な能力を育成し、態度を形成する意図的な教育である。
② 実践上の原理
1) 進路指導は、個々の生徒の能力・適性等を伸長する実践的活動である。
2) 進路指導は、勤労観・職業観の育成を図る実践的活動である。
3) 進路指導は、進路の自覚・探索・特殊化・具体化を図る実践的活動である。
4) 進路指導は、生徒の主体的な意思決定能力を高める実践活動である。
5) 進路指導は、将来の職業生活における適応の能力・態度を養う実践的活動である。
③ 組織・運営上の原理
1) 進路指導は、校内のすべての教師の共通理解に基づき、全体的な組織・指導体制のもとに行われなければならない。
2) 進路指導は、生徒の入学当初より、毎学年、計画的・組織的・継続的に行われなければならない。
3) 進路指導の実践に際しては、教師の適切な指導・助言により、生徒の自発的・自主的な活動を中心として進められなければならない。
4) 進路指導では、家庭、関係学校、地域社会諸機関との協力・連携を、特に推進しなければならない。
5) 進路指導では、指導成果の確認と改善の資料を得るため、他の教育活動と同様、評価が実施されなければならない。

次に、教育課程全体における進路指導のあり方について述べ、進路指導の改善の方向を探ってみよう。現行の学習指導要領（2003年4月1日から施行）は、教育課程の実施に当たって配慮すべき事項として、以下の2点を挙げている。すなわち、①学校教育活動全体を通じて、個々の生徒の特性等の的確な把握に努め、その伸長を図ること、②生徒が適切な各教科・科目や類型を選択し、将来の生き方を考え行動する態度や能力を育成することができるよう、ガイダンス機能の充実を図ること、である。また、進路指導について、「生徒が自

己の生き方・在り方を考え、主体的に進路を選択することができるよう、学校の教育活動全体を通じ、計画的、組織的な進路指導を行うこと」としている。なお、生徒指導も、学校における教育活動の全体を通して行われるべきものであり、その意味で、進路指導と生徒指導は共通しており、重なる部分があるといえる。すなわち、両者は、①教科教育、②道徳教育ならびに、③特別活動教育という学校の全教育課程と深く関わっているのであり、「全教育課程にわたって」（Across the curriculum）実行されてこそ、十全なる成果を上げることができるといえよう。

（2）教育課程における諸活動の連関性

以上のことについて、まず、①の教科教育と進路指導および生徒指導との具体的な関係について言及しておきたい。たとえば、社会科は、人間の社会生活について学ぶ教科であるし、また、歴史を学ぶことによって、人間の生き方について、さまざまな知見を得ることができる。このことは、進路指導ならびに生徒指導における「生き方・在り方」の指導を通じて、生徒が自己指導能力を高めることに直接関連する、といえよう。あるいはまた、国語や外国語（英語）の教科においては、言語教育を通じて、世界観の形成や自己表現力を養成することが、自己実現の達成につながるであろう。さらにまた、音楽や美術のような教科は、一人ひとりの生徒の情操、感性を豊かにし、情操面の発達に関わるので、それらの教科を学ぶことは、より豊かな人間形成に資するであろう。それから、生徒指導が、教科の学習指導にどのように関連するかについて述べると、たとえば、遅刻しないように（時間厳守）、また、騒音（私語など）を出さないように、あるいは教室を清掃してごみをなくすように指導すること、つまり、学習規律の育成や教室環境の清潔化などを含む整備あるいは学級の雰囲気づくりなどは、授業における教科の学習指導の際に好影響をもたらすであろう。

また、②の道徳教育と進路指導および生徒指導との関係は、両者が人間形成に関わり、生徒の生き方・在り方の指導を目的としている点で共通した活動である。最後の③特別活動と進路指導および生徒指導との関係についていえば、前者の目標は、後者の進路指導および生徒指導の目標と同じである。つまり、進路指導および生徒指導が最大限に有効に機能し、達成されるのが特別活動という領域

であるといえよう。この場合、一般に、特別活動の中でも、小・中学校では、学級活動において、また、高等学校では、ホームルーム活動において、生徒と教師の関係が最も深いので、影響も大きいと考えられる。

　さて、ここまで進路指導と生徒指導が共に学校教育全体を通じて行われるべきものであり、教育課程全体と密接不可分に関わっているということを述べてきた。それでは、この両者の目指すべき点で、どのような差異ないし特徴があるのだろうか。端的にいえば、進路指導は、「目的意識の育成」に重点を置いているのに対し、生徒指導の方は、主に生徒の「社会性の育成」に比重をかけている。これはどういうことかというと、前者が生徒の時間的パースペクティブを、後者が社会的パースペクティブを発達させることに関係しているということである。そして、たくましく「生きる力」を育成することとは、これら2つの特性を育て、生徒の価値観を育成することを意味するのである。

　ところで、進路指導と生徒指導との関係は、進路指導を広義に捉えるか、あるいは狭義に解釈するかによって、あるいはまた、逆に、生徒指導を広義に捉えるか、狭義に解釈するかによって、以下のように大きく2つの考え方に分けることができる。

　進路指導を広義に解釈する立場では、歴史的に見れば、ガイダンスとして始まった「職業指導」(vocational guidance) から発展した進路指導 (career guidance) は、その中に生徒指導を含むと考えるのである。なぜなら生徒指導は、その発展過程においてガイダンスから派生したものであるからである。そして、現代の進路指導は、単なる就職指導や進路指導ではなくて、人間の生き方、職業人生、キャリア形成の指導に関わるものであるがゆえに、生徒指導もこの中に含まれるのである。

　逆に、生徒指導を広義に解釈し、進路指導を狭義に捉える立場では、生徒指導とは、学校生活のすべての場面において、生徒の望ましい全人的な成長・発達を援助しようとするものである。換言すれば、学校生活における生徒指導の諸々の分野として挙げられるのは、学業指導、進路指導、健康指導、安全指導、余暇指導、社会性指導、その他があるが、これらのトータルな活動が生徒指導なのである。この場合、進路指導の方は、生徒の進路つまり進学や就職のみに関わるものであり、それゆえ、進路指導は、生徒指導の一部として、その中に含まれるの

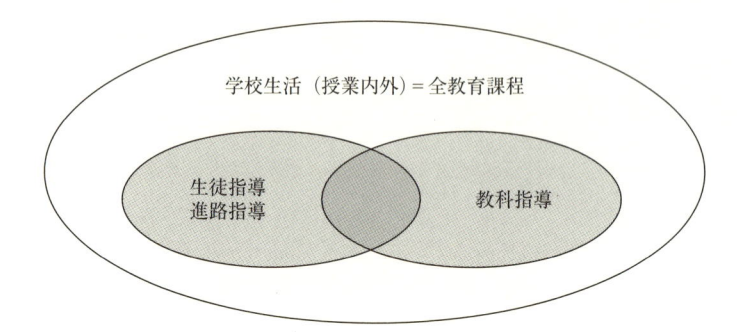

図2-1 「生徒指導」・「進路指導」と「教科指導」の関係
出所：高橋・他（2002）に加筆して作成

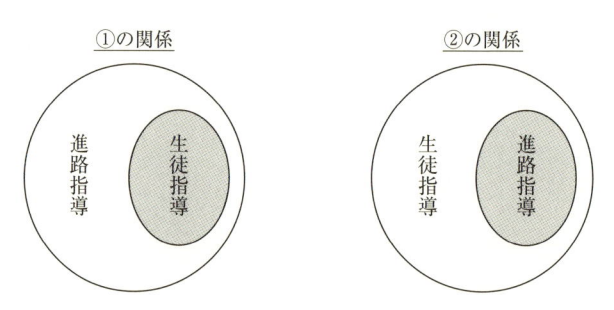

①の関係　　　　　　　　　②の関係

図2-2　生徒指導と進路指導の関係

である（図2-1、2-2参照）。

　いずれにせよ、学校現場では、実際に行われる教育活動は、生徒指導と進路指導が別々に分離した形をとることも多いので、生徒指導を狭義に捉えることもありうる。狭義の生徒指導は、消極的目的のレベルで捉えられ、たとえば、それは非行対策のように、生徒たちの問題行動に対する対症療法的な生徒指導である。この場合、すべての生徒ではなく、一部の生徒を指導の対象とすることになる。しかしながら、進路指導と生徒指導の2つの活動を、相互にまったく関係のない活動として捉えることは適切ではない。なぜなら先に述べたように、これら両者とも生徒の「生き方・在り方」の指導、援助を中心にしているので、相互に密接不可分な連携・協力をすることによってこそ、その十全なる成果を上げることができるからである。

第2章　生徒指導ならびに進路指導と「特別活動」との関係　33

```
┌─────────────────────────────────────┐
│        学校運営組織づくりの一般的留意点         │
│ ①すべての組織が教育目標の達成を目指していること        │
│ ②各組織の役割及び組織間の協力関係が明確であること      │
│ ③全教職員が組織化の過程に主体的にかかわること        │
│ ④各教職員の個性や適性が十分発揮できる配置をすること    │
│ ⑤組織内及び組織間の人間関係に留意すること          │
│ ⑥組織内での役割分担及び責任の所在が明確であること     │
└─────────────────────────────────────┘
                    ↓
┌─────────────────────────────────────┐
│         生徒指導部の組織づくりのポイント          │
│ ①「生徒指導は全教職員で行う」という視点を明確にする    │
│ ②学校の実情・生徒指導基本方針に応じた人員配置を行う    │
│ ③指導団の役割及び他の分掌との連携・協力を明確にする    │
│ ④部内の各係の役割及び相互に連携を図る点を明確にする    │
│ ⑤生徒指導主任（主事・部長）を中心に協働体制を確立する  │
└─────────────────────────────────────┘
```

生徒指導部組織と他分掌との関係（例）

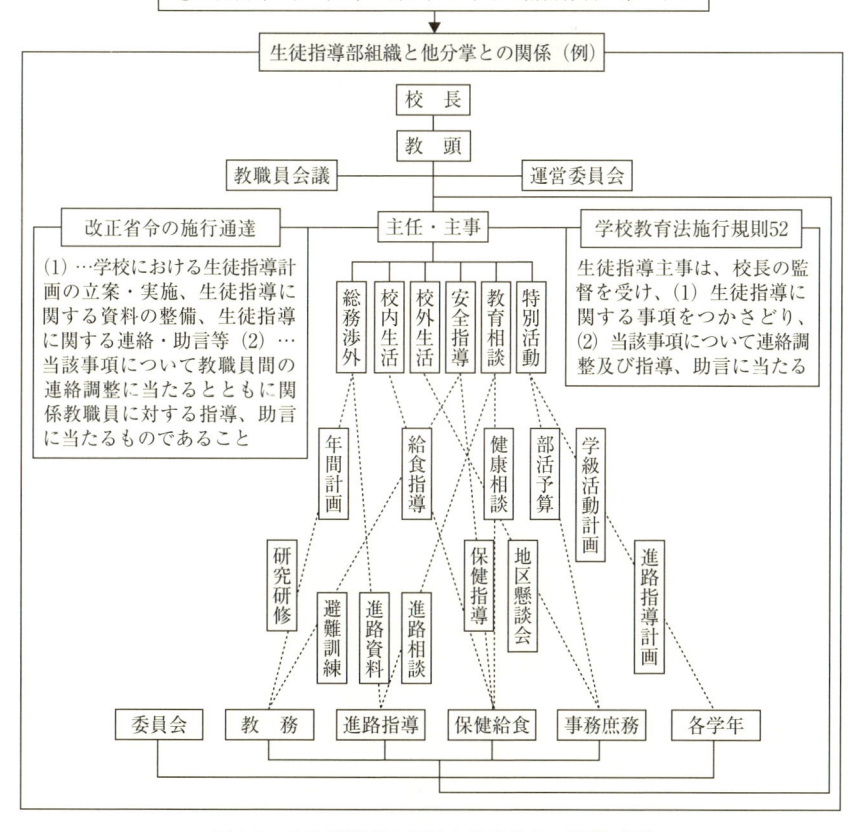

校　長
教　頭

教職員会議　　　運営委員会

改正省令の施行通達　　主任・主事　　学校教育法施行規則52

(1)…学校における生徒指導計画の立案・実施、生徒指導に関する資料の整備、生徒指導に関する連絡・助言等 (2)…当該事項について教職員間の連絡調整に当たるとともに関係教職員に対する指導、助言に当たるものであること

総務渉外／校内生活／校外生活／安全指導／教育相談／特別活動

年間計画／給食指導／健康相談／部活予算／学級活動計画
研究研修／避難訓練／進路資料／進路相談／保健指導／地区懇談会／進路指導計画

委員会　教　務　進路指導　保健給食　事務庶務　各学年

図2-3　生徒指導部の組織と他分掌との関係（例）
出所：柴山・甲村（2003）（嶋崎政男、2001より一部改変）

さて、進路指導と生徒指導は、学校の全教育活動を通じて、全教職員が一丸となって連携・協力して行うべきものである。それゆえ、すべての学校は、校内組織の整備・確立に努め、全教職員による適切な校務分掌を実行することが重要である。高等学校の場合、その組織は、全日制、定時制、通信制や普通科、専門学科、総合学科などの学科やコースに応じて、きわめて多様であるが、一般的に多く見られるのは、教務部、進路指導部、生徒指導部、厚生部、総務部、それから各種の委員会などから構成されている。進路指導や生徒指導の組織と他の分掌との関係を、図2-3に具体例によって示そう。

参考文献

小杉礼子編『フリーターとニート』勁草書房、2005年
玄田有史、曲沼美恵『ニート―フリーターでもなく失業者でもなく―』幻冬社、2004年
稲垣應顕、犬塚文雄編著『わかりやすい生徒指導論』文化書房博文社、2004年
柴山茂夫、甲村和三共編『キャリア・ガイダンス―進路選択の心理と指導―』学術図書出版社、2003年
坂本昭『進路・職業指導論―生き方指導を視座として―』中川書店、2002年
加澤恒雄「『フリーター』の功罪論―現代の進路指導論から見たフリーター問題―」『広島工業大学研究紀要第35巻』2001年
文部省『高等学校学習指導要領』大蔵省印刷局、1999年
吉田辰雄編著『最近の生徒指導と進路指導―その理論と実践―』図書文化社、1998年
三森創『プログラム駆動症候群』新曜社、1998年
木村周『キャリア・カウンセリング―理論と実際、その今日的意義―』雇用問題研究会、1997年
加澤恒雄、石河内伸枝「現代日本の教育病理現象とその解決の方向―とくに『いじめ』の問題を手がかりとして―」『広島工業大学研究紀要第30巻』1996年
小林利宣、倉田侃司編著『生徒指導』ミネルヴァ書房、1996年
文部省「個性を生かす進路指導をめざして―生徒ひとりひとりの夢と希望を育むために―」『高等学校進路指導資料』第2分冊、日本進路指導協会、1994年
仙﨑武、野々村新、渡辺三枝子編著『進路指導論』福村出版、1992年
坂本昇一「生徒指導」『新教育学大辞典』第一法規、1990年
関根庄一『大学では教えない進路指導の要点』労働教育センター、1989年
全国高等学校進路指導協議会編『高校生の進路を考える80章』実務教育出版、1982年
太田堯『入試制度改革論』総合労働研究所、1982年
藤本喜八、他・5名編著『進路指導の基礎知識』福村出版、1982年
近藤大生、有本章編著『職業と教育―職業指導論―』福村出版、1980年

第3章　キャリア形成活動と進路指導

　いうまでもなく、社会の変化とともに、学校教育もそれに対応して変化しなければならない。しかしながら、一般に社会の変化のスピードに学校教育の変革のスピードが追いつかないがゆえに、社会の変化と教育活動との間には常に「ズレ」が生じる。アメリカの社会学者であるアルビィン・トフラーのいう「教育的遅滞」(educational lag) 現象が生起する所以である。周知の通り、現代日本においてフリーターの急増やニートの存在の顕在化により、政界や経済界のみならず教育界でも、若者の就業観ないし職業意識の問題が取り上げられ、それは社会問題化しており、学校教育のあり方の根本的な見直しを迫られているといわねばならない。
　現在の日本の教育体系が単線型を採り、幼稚園・小学校・中学校・高等学校そして大学と連なっており、その連携が重要視される状況の中で、学校あるいは大学から社会への移行支援において機能すべき進路指導が、残念ながら十全に機能してこなかったのではないかという、行政あるいは社会サイドの認識が一般化している。現在、学校教育現場では、従来の進路指導を含む広範なキャリア教育の導入と実践が、重要かつ焦眉の課題となっている。本章では、「教育の連続性」の観点に立って、現代日本の学校教育改革と大学教育改革の現状を概観し、分析するとともに、「キャリア教育」運動と生徒指導・進路指導のあり方について学んでいただきたい。

第1節　日本の教育改革の現状

（1）「第3の教育改革」の流れ

　現在の教育改革は、1996（平成8）年7月19日に公表された第15期中央教育審議会（以後「中教審」と略称）第1次答申「21世紀を展望したわが国の教育の在り方について」にその端緒を持っている。そして、その後の一連の答申や通知などに基づいて、さまざまな教育改革が展開されてきた。この答申は、いわゆる「第3の教育改革」と呼ばれる、1980年代以降に開始された広範な内容を持った一連の教育大改革の流れの中にあるといえよう。

　すなわち、この答申に続いて、1997（平成9）年6月に第2次答申が出されたが、この2つの答申が提言しているのは、「ゆとりと生きる力」、「心の教育」の重要性や、「新しい学力観」、「総合学習」等が主要な柱となっており、こうした内容は実際、現行の学習指導要領にも取り入れられている。現行の学習指導要領は、1998（平成10）年7月に制定され、同年12月に改訂されてから、2002（平成14）年度に完全実施され、その後、2003（平成15）年12月に一部改正されたものである。生きる力を育む「ゆとり路線」や、新しい学力観との絡みで、「生き方・在り方」の進路指導の充実が強調され、これからの学校教育の中核をなすものとして、進路指導を位置づけている。

　また、「中教審」第1次答申に続いて、1997年7月28日に「教員養成審議会」答申「新しい時代に向けた教員養成の改善方策について」が出され、同答申は、教員の意識変革を促進するために、教員の養成方法の改善を志向して、大幅なカリキュラムの改善を提言し、特に、これからの学校教師にはすべて「基礎的なカウンセリング能力」を身に付けさせ、「進路指導」ならびに「生徒指導」を必修科目にすることとした。この答申に基づいて、「教育職員免許法」も改正された。

（2）一連の教育改革

　さらに、1998年4月には、文部省から「教育改革プログラム」が発表され、同年9月の「教育課程審議会」答申に基づいて、同年12月、現行の学習指導要領に改訂された。また、同年9月に出された「中教審」答申「今後の地方教育

行政の在り方について」で提言された次の事項は、実際に法律化され、現在、各学校の現場で実施されている。たとえば、「学校評議員制度の導入」や、「学校の自己点検・自己評価」の義務づけ、さらには「職員会議の法的な位置づけ」等である。なお、現行の学習指導要領と学校週5日制は、2002年度から完全に実施され、それと同時に、「学力低下論争」が各方面で活発化した。学力低下批判を受けて、同年1月に文部科学省は、「確かな学力向上のための2002アピール─学びのすすめ─」を発表した。その後、2004（平成16）年12月に発表されたOECDのピサ（PISA）調査に示された読解力低下などの結果を踏まえて、2005（平成17）年2月15日に中山文部科学大臣は、「中教審」の総会で現行の学習指導要領について2005年秋までに全面的に見直すよう要請した。2002年度から完全実施されてスタートした「総合的な学習の時間」（総合学習）の早々の見直しをはじめ、学校週5日制などに関して、「ゆとり路線の転換」が計られ、2006年には「脱ゆとり方針」が打ち出された。国語力の強化や理数教育ならびに外国語教育とくに英語教育の改善・充実に向けて、土曜日授業の復活や長期休業日の短縮などが検討された。

　以上において見てきたように、教育の大改革の時代にあって、行政当局である文部科学省へ次々と出される答申や、それに基づいた新しい法律の制定、それから学校現場への通達や告知に従って、現在、学校現場では社会の変化、社会の要請に対応するために、全力を挙げて教育活動に取り組んでいる。すなわち、学校教育の各段階において、①教育の個性化、多様化の推進を志向する教育課程の策定、②新しい指導方法等の開発、③進路指導のさらなる充実、④大学教育の改善、ならびに、⑤生涯学習体系への移行、という教育全体の改革の推進の必要性が認識され、それに向けたさまざまな努力がなされている。

　こうした教育改革は、社会の急激な変化が教育現場に要請する必然的なものであり、教育改革が社会の急速な変化に十分に対応できていない側面が少なからず存在していることも厳然たる事実である。以下において、その点を具体的に指摘し、われわれの直面している課題について、考察してみよう。

第2節　全教育の中核としてのキャリア教育と生徒指導

(1) 教育病理現象の多発化

　以上において述べたような教育改革を次々と行っているにもかかわらず、日本の学校教育現場ではさまざまな問題が発生している。たとえば、①いじめの多発化と陰湿ないじめによる自殺の問題、②校内暴力（対教師あるいは生徒間同士のそれ）の問題、③教師による体罰の問題、④不登校（登校拒否）生徒の増大、⑤極端な校則の問題、⑥校外での非行、⑦授業中の私語や携帯電話でのメールの交換、⑧授業（学級）崩壊（授業の不成立）の問題、⑨「しらけ」や学習意欲の低下の問題、⑩基礎学力の低下の問題等、数えきれないほどである。これらは教育病理の諸現象であるが、教育構造と社会構造とは対応しているがゆえに、その社会の特質が学校教育にも反映されるのである。その意味で、教育病理現象は社会病理現象であるともいえよう。

　ところで、最近、特にフリーターの激増やニートの顕在化が社会的な問題となっている。これらは学校から社会への移行への支援の問題として、社会問題であると同時に学校教育の問題として捉えられねばならないであろう。ところで前節で見たように、中・高校の進路指導は、学校教育の中で、全教育活動の中核として位置づけられ、「生き方・在り方」の進路指導の重要性が、つとに強調され

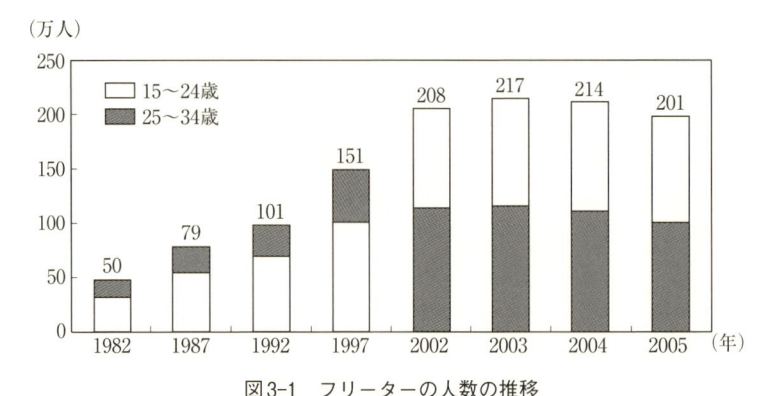

図3-1　フリーターの人数の推移
出所：厚生労働省「平成18年度　労働経済の分析」

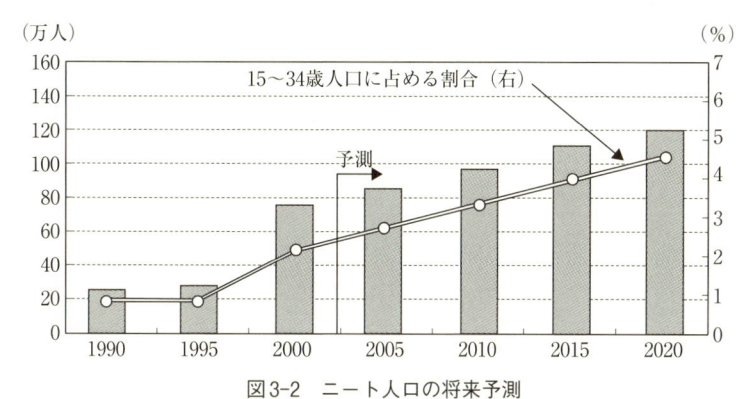

図3-2　ニート人口の将来予測
出所：第一生命経済研究所「NEET人口の将来予測マクロ経済への影響」2004年10月

てきたところである。それにもかかわらず、中・高・大卒者のフリーターやニートが激増しているところから（図3-1、3-2を参照）、小学校や大学を含む学校教育のすべての段階で、「キャリア教育」が必要であるという認識が高まってきた。「キャリア教育」は、従来の進路指導ならびに生徒指導の延長線上で考えられるべきだという見解に立って、ここでは、特に「大学におけるキャリア教育」の問題に焦点を当てて、その現状と理念および体系化の構築に向けて考察を進めたい。結論を先取りしていえば、キャリア教育の視点からこそ、これからの学校教育ならびに大学教育の新しい使命ないし役割あるいは教育の方向、内容などが明らかになるであろう。

（2）進路指導概念の拡大としてのキャリア教育

これまで「生き方・在り方」の進路指導といえば、主として中等教育の段階つまり中学校と高等学校で行われるべきものとして考えられてきたが、「中等後教育」（post-secondary education）を受ける者が増え、高等教育がトロウ（Trow, M.）のいう「ユニバーサル・アクセス」の段階に到達している現在、大学教育を含む高等教育の段階でも、「生き方・在り方」としての進路指導すなわちキャリア教育の必要性が増大してきているのである。アメリカの高等教育研究者が興味深い次のような指摘をしている。かつてアメリカにおいても「高等教育に関する教育学」、つまり、「大学生を研究対象とする教育学」が存在するという

考え方は、あまり一般的ではなくて、ごく最近に出てきたものであり、現在でもそれは大多数の教授にとって奇異にさえ感じられる考え方なのである。同様に、日本においても現時点では大学生の進路指導やその延長線上にあるキャリア教育という考え方に対して、違和感を持つ大学教師たちが多数存在する。なぜなら大学段階では進路選択や進路決定などは、学生本人が一人の大人として自己の責任においてなすべきものであり、大学教師がそれに関わるのは適切ではなく、大学生に対する過保護ないし甘やかしやお節介ではないのかというふうに考える向きが多いからである。しかしながら、これからの大学教師は、大学生のキャリア教育に対する認識を改め、自らの意識改革を志向していくべきではないだろうか。周知の通り、伝統的な見解として、これまで大学の一般教育ないし、教養教育と専門教育ないし職業教育とは対立するものとみなされてきた。しかしながら、本来、大学における学士課程教育は、学生の幅広い学習と知の統合を支援し、将来のキャリア形成に資するものであり、それは人間形成教育そのものである。すなわち、伝統的な誤まった職業観ないし専門教育観を脱却し、大学教育は、小・中・高段階までの生徒指導・進路指導における「生き方・在り方」の指導の連続的活動として、積極的に自らの中核であるキャリア形成教育を志向すべきなのである。

　いずれ、大学生も将来、大学から巣立っていき、職業的社会人として、職業生活を営み、この民主主義社会の構成員として生きていかねばならないがゆえに、学校・大学教育は、生徒・学生たちが学校から社会へスムーズに移行できるように支援することを、自らの役割、使命としなければならないのである。

（3） 日本におけるキャリア教育の導入とその背景

　キャリア教育（career education）は、1970年代初頭に、アメリカにおいて「教育改革運動」として始まった。幼稚園からハイスクール卒業まで、10年以上もの学校教育を受けながら、職業に対する準備教育をほとんど受けないで社会に出る者が少なくない（60％もいる）、ということが社会問題となった。

　そこで、連邦教育局のマーランド（Marland, S. P.）長官は、1971（昭和46）年に幼稚園から成人教育までの諸段階において、それぞれのキャリアに入るための準備教育を継続して行うことを意図した「キャリア教育プログラム」（career education program）を提唱した。これは、当時のアメリカの6年間にわたる中

等教育（high school education）が、社会のニーズや変化に対応できなかったこと、つまり、学校教育の硬直化や保守性が顕著化し、教育と職業ないし学校と社会とのギャップの拡大を解消するために、各方面から教育改革の必要性が叫ばれたことに対する応答としてなされたものであった。つまり、アメリカにおけるキャリア教育の導入と展開は、連邦教育局の主導によって行われたのである。

　ところで、わが国において、キャリア教育が必要となった背景として、次の2点が指摘されている。すなわち、第1に、学校から社会への移行段階で、若者たちが大きな困難に直面させられていることである。つまり、学校から社会へのスムーズな移行を果たすために必要な学習や準備が不十分であり、学校教育における進路指導が十分にその機能を果たしていないこと、さらには社会の変化が激しく、また、雇用状況が悪化しており、学校教育の対応が困難な状況になっていることが背景の1つである。さらに、第2の背景として、子どもたちの未来が予測不可能で多様に変化していくということが挙げられる。換言すれば、未来への準備の仕方や内容を適宜に変えなければならないということである。ただし、予測不可能とはいっても、明確になってきた2つの方向がある。すなわち、その1つは、「激変する社会」である。また、もう1つの方向は、「選択の自己責任の増大」である。そのような状況の中で、労働や職業が個人にとって持つ意味の重要性をいかに認識するかということが、これからの人間の生き方にとってきわめて大切だということである。換言すれば、いかに働き、いかに生きるか、つまり働き方と生き方を自己責任において選択・決定する能力の育成の重要性がますます高まっているのである。

　さて、日本においては、1999（平成11）年12月の中教審答申「初等中等教育と高等教育との接続の改善について」の中で、初めて「キャリア教育」という言葉が正式に使われた。この答申に基づいて、「キャリア教育の推進に関する総合的調査研究協力者会議」は、2004（平成16）年1月に「児童生徒一人ひとりの勤労観、職業観を育てるために」と題する報告書を出した。それではここで使われているキャリア教育とは何か。まず、中教審答申（1999年）での定義は、「望ましい職業観・勤労観および職業に関する知識や技能を身に付けさせるとともに、自己の個性を理解し、主体的に進路を選択する能力・態度を育てる教育」であり、また、2004年の「協力者会議」の定義では、「キャリア概念に基づいて児

童生徒一人ひとりのキャリア発達を支援し、それぞれにふさわしいキャリアを形成していくために必要な意欲・態度や能力を発達的に育てる教育」とされている。ここで「キャリア」（career）という用語についても明らかにしておきたい。いつくかの英和辞典に拠って、その辞書的な意味を挙げると、①進路、②経路、③成功、④出世、⑤生涯の職業、⑥生活手段、⑦生涯、⑧生涯の経歴、⑨職務経歴、⑩人が経験したもの、⑪前進する人が築いた軌跡、等があり、"career" は、いわゆる多義語の1つである。つまり、日本語ではどれか1つの訳語では置き換えにくい言葉であり、あえて原語の片仮名「キャリア」を使う所以である。「キャリア」は、次のような複合語としての使い方も多い。たとえば、「キャリア形成」、「キャリア発達」、「キャリア・デザイン」、「キャリア・マインド」、「キャリア・カウンセリング」、「キャリア学習」、「キャリア・コーチ」、「キャリア・サポート」、「キャリア・コンサルティング」等が挙げられる。なお、1980年代のアメリカの進路指導理論では、「キャリア」の主要な内容として、①職業キャリア、②教育キャリア、③人生キャリアの3つが含まれ、これらは相互に関連するものである、と了解されていた。そして現在は、キャリア概念は、より拡大され、包括的に把握され、「個人の生き方・人生にとっての教育・職業の視点」が重視されてきているので、「キャリア」とは、端的に「職業生活を核とした生き方」であるといえるだろう。

第3節　キャリア教育の現状と課題

(1) 行政サイドにおけるキャリア教育のための施策
1) キャリア教育総合計画「若者自立・挑戦プラン」の概要

先に触れた「キャリア教育総合計画の推進—初等中等教育からフリーターまでそれぞれに応じた適切な支援を展開」において、文部科学省は、その「基本方針」として次の2つを挙げている。すなわちその第1は、在学生からフリーターまでの「若年者」を幅広く対象とした総合的な支援施策を展開することであり、第2は、効率的、効果的な施策の展開のために、関係府省や企業等の協力・連携の積極的な促進（図3-3参照）である。そして、その特徴として、「我が国の将

第3章　キャリア形成活動と進路指導　43

```
┌─────┐
│厚労省│──── フリーター20万人常用雇用化プラン
└─────┘         ジョブカフェ等　約3.5万人
                若年者キャリア交流プラザ（市場化テストモデル事業）　約0.1万人
                トライアル雇用　約4万人
                デュアルシステム等　約1.9万人
              ㊟就職基礎能力達成講座　約0.6万人
              ㊟ハローワークでのフリーター常用就職支援事業　約10万人
            若者の意欲向上策
              ㊟若者自立塾（生活訓練、労働体験合宿）の創設
              ㊟ジョブパスポート事業（就職でアピールできるようボランティア活
                動等の実績を記録・公認、ジョブパスポート保持者と求人企業の重
                点的なマッチング）の創設
            「若者の人間力を高めるための国民会議」を開催
                                    （5月中旬、議長：奥田日本経団連会長）

┌─────┐
│文科省│──── ㊟キャリア教育実践プロジェクト（中学生に5日間以上の職場体験やインター
└─────┘       ンシップを実施、05年4月現在全国134地域を指定）
            スーパー専門高校（地域産業界と専門高校等の連携による専門的職業人の育
              成、05年度は新たに14校を追加し全33校を指定）
          ㊟草の根ラーニングシステム（いつでも学び直しできる仕組みとして、学習情
              報、学習達成度の自己診断、ビジネススキルなどのコンテンツを提供）

┌─────┐
│経産省│──── ジョブカフェ・モデル事業：主要15地域で約2万人の就職を達成、今年も新
└─────┘       たに5地域を追加
            ものづくり専門職大学院の設置促進（2年間で「ものづくり修士号」を付与）
          ㊟新しい就職の仕組み（日本版ギャップイヤー）の導入検討
          ㊟ものづくり日本大賞の創設（画期的な商品や生産工程を開発するなどした中
              堅人材に対して総理大臣が表彰、8月に第1回）

┌─────┐
│内閣府│──── 「個人選択を機能させた若年者能力開発に関する調査研究報告書」（3月）を
└─────┘       基に若年者職業訓練バウチャー制度を栃木県でモデル的に実施予定
            女子高生の理工系分野の選択を促すチャレンジ・キャンペーンや、女性フ
              リーター等の就業意欲を向上させる支援講座（仮称）の開催等

┌─────┐
│農水省│──── 「農林業をやってみようプログラム」で就農青年や農業法人への就職者を創
└─────┘       出し、新たに就農を容易にするための技術能力評価制度の創設等を予定
```

図3-3　若者の自立・挑戦のためのアクションプランに基づく対策ラインナップ
　　　出所：渡辺木綿子「若者自立」Business Labor Trend、2005年6月

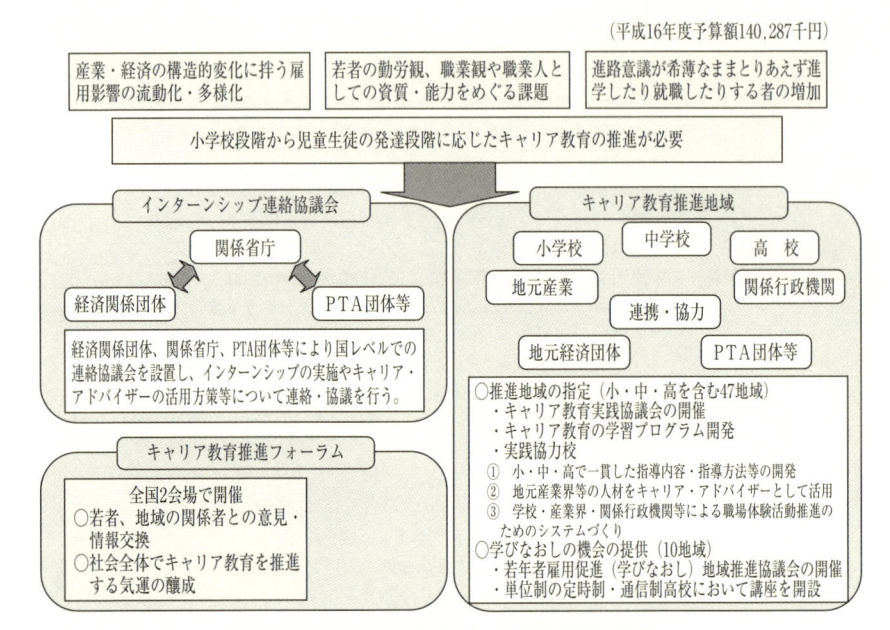

(平成16年度予算額140,287千円)

```
┌─────────────────────┐ ┌─────────────────────┐ ┌─────────────────────┐
│産業・経済の構造的変化│ │若者の勤労観、職業観や│ │進路意識が希薄なまま │
│に伴う雇用影響の流動化│ │職業人としての資質・ │ │とりあえず進学したり │
│・多様化             │ │能力をめぐる課題     │ │就職したりする者の増加│
└─────────────────────┘ └─────────────────────┘ └─────────────────────┘
         ┌────────────────────────────────────────────────────┐
         │小学校段階から児童生徒の発達段階に応じたキャリア教育│
         │の推進が必要                                        │
         └────────────────────────────────────────────────────┘
```

【インターンシップ連絡協議会】
　関係省庁
　経済関係団体　　PTA団体等
　経済関係団体、関係省庁、PTA団体等により国レベルでの連絡協議会を設置し、インターンシップの実施やキャリア・アドバイザーの活用方策等について連絡・協議を行う。

【キャリア教育推進フォーラム】
　全国2会場で開催
　○若者、地域の関係者との意見・情報交換
　○社会全体でキャリア教育を推進する気運の醸成

【キャリア教育推進地域】
　小学校　　中学校　　高校
　地元産業　　　　　関係行政機関
　　　　　連携・協力
　地元経済団体　　PTA団体等
　○推進地域の指定（小・中・高を含む47地域）
　　・キャリア教育実践協議会の開催
　　・キャリア教育の学習プログラム開発
　　・実践協力校
　　① 小・中・高で一貫した指導内容・指導方法等の開発
　　② 地元産業界等の人材をキャリア・アドバイザーとして活用
　　③ 学校・産業界・関係行政機関等による職場体験活動推進のためのシステムづくり
　○学びなおしの機会の提供（10地域）
　　・若年者雇用促進（学びなおし）地域推進協議会の開催
　　・単位制の定時制・通信制高校において講座を開設

図3-4　新キャリア教育プラン推進事業の概要
出所：文部科学省ホームページ

来を担う若年者層の勤労・職業意識を高めることを目標」としていることである。
　このプランは、具体的には次の4つの施策を併行して実施する、若年者に対する「総合的支援プラン」である。すなわち、その第1は、「新キャリア教育プラン」である（図3-4参照）。これは、初等中等、高等教育段階での勤労観・職業観の醸成を図る抜本的なプランであり、主として中高生を対象とする。第2は、「キャリア高度化プラン」と呼ばれるプランである。これは、社会経済の高度化、複雑化に対応し、社会を牽引できるような高度な専門能力等を持つ人材を養成するプランであり、主として大学生と大学院生を対象とする。第3は、「フリーター再教育プラン」である。これは、フリーターの能力向上を図り、定職に就くことを支援するもので、主としてフリーターを対象とする。そして第4は、「実務・教育連結型人材育成システム」である。これは、「日本版デュアルシステム」のことであり、関係府省と連携して取り組むフリーター等を支援するもので、主として高校生とフリーターを対象とする。国ならびに地方の各レベルで関係機関と連

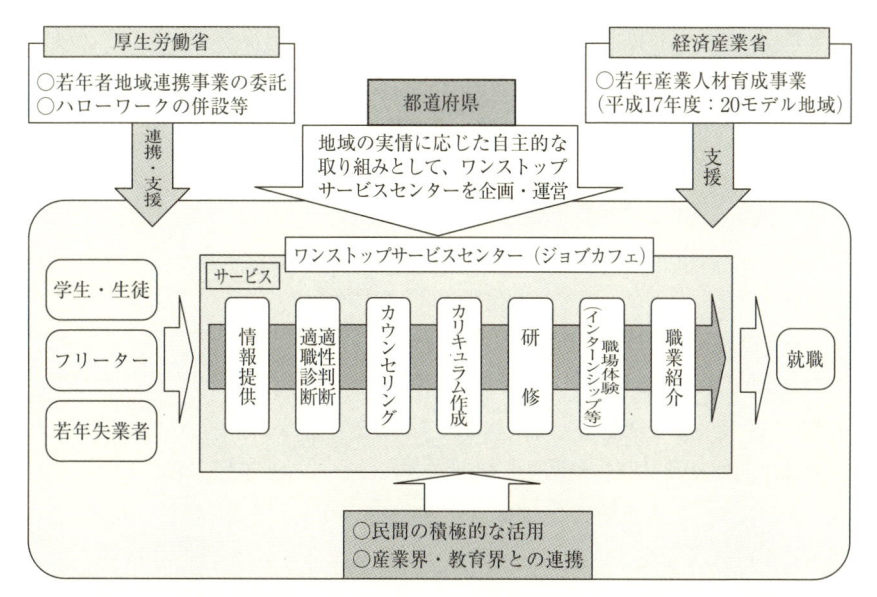

図3-5　若年者ためのワンストップサービスセンター（ジョブカフェ）の整備
出所：経済産業省「アクションプラン強化における主な連携施策」

携し、以上の4つの施策を総合的に推進することを目指しているのである。

2）「ジョブカフェ」の立ち上げと活動

　たとえば、関係省庁ならびに地方自治体との連携事業として、厚生労働省は、若年者地域連携事業を委託したり、ハローワークを併設する等を行う。また、経済産業省は、1つ程度のモデル地域を選定し、若年産業人材育成事業の委託を行う。さらに両省は、地域の実情に応じた自主的な取り組みとして、「ワンストップサービスセンター（ジョブカフェ）」を企画し、運営する。これは、各都道府県ごとに名称もさまざまで、たとえば、「ジョブカフェ」、「就職サービスセンター」あるいは「若者の仕事館」等があるが、これらの機関では、①情報提供、②適性判断、③キャリアカウンセリング、④研修、⑤職業体験の紹介、⑥職業紹介、等のサービスを実施し、学生・生徒やフリーター、そして若者失業者ならびに無業者の若者たちの就職支援活動を行うことを業務としている（図3-5参照）。

　それからまた、文部科学省は、2005（平成17）年度に5億円の予算を計上して、「キャリア教育実践プロジェクト」を立ち上げ、小学校・中学校・ならびに

高等学校に連続5日以上の職場体験を実施することを促す、等を行う。このように、政府は、学童期からのキャリア教育を実施し、体系的、継続的な職業教育の推進に力を入れ、「若者の自立・挑戦」を支援する体制を整備している。

（2）大学におけるキャリア教育

次に、われわれは、特に4つの施策のうち第2のプランである大学生と大学院生を対象とした「キャリア高度化プラン」に関わり、日本の大学におけるキャリア教育の現状と今後の課題について見てみよう。

将来に向けて大学生活をどのように充実させ、どのように学ぶか、どう生きるか、どう働くかを学生にしっかり考えさせる教育、つまりキャリア教育が、大学の基本的な役割ないし使命として認識されつつあるようだ。キャリア教育の充実を目指している先駆的な大学では、正規のカリキュラムの中に、たとえば、以下に挙げるようなさまざまな「キャリア授業科目」を導入し、2単位で開講しているところが多いようだ。すなわち、①『生涯教育環境学講義』、『社会教育学演習Ⅰ―社会との対話によるキャリア形成論』、『技術教育学講義―インターンシップ事前準備』、『キャリア教育実習―インターンシップ』（以上は名古屋大学）、②総合科目『社会と学問』（九州大学）、③特別講義『日経、経営講座：わが社の事業展望』、『メディアと業界実際論』（以上は龍谷大学）、④総合系列科目、共通科目『キャリアプランニング』（福岡大学）、⑤『職業選択と自己実現』、『インターンシップの実践と職業観』、『キャリア形成の理論と実際』（以上は広島大学）、⑥『キャリア探偵団』、『全国知事リレー講義』、『キャリア形成論』、『人材開発論入門』（以上は立命館大学の『キャリア形成プログラム』科目）、⑦『社会と私―仕事を通して考える』（弘前大学）、⑧『ライフデザインと仕事』、『キャリアデザインと自分』、『社会の中での自分』（以上は関西学院大学の『ライフデザイン・プログラム』科目）、⑨『大学と社会』（北海道大学）、⑩『仕事と人生』、『進路選択と職業人生』、『社会人入門』、『キャリア開発と学生生活』、『女性の生き方と職業』（以上は立教大学）、⑪『キャリア開発セミナー』（武蔵野大学）、⑫『キャリアデザイン入門』（京都橘大学）等が挙げられる。

以上において列挙したように、日本の大学において、正課カリキュラムの中でさまざまな「キャリア開発授業」科目が導入され、開講されている。なお、今

後のカリキュラム改善・編成の際に、キャリア教育関連の科目を導入する予定の大学も多数にのぼっている。しかも、そうしたキャリア開発支援に向けて、全学体制で取り組むための組織を立ち上げている大学も増えている。というのも、従来は学生の就職担当部門であった「就職部」や「就職課」は、主として就職指導や就職情報・資料の提供を、自らの担当業務としていた。しかしながら、キャリア開発支援の中核組織として、その役割・業務を拡張するために、名称を変更して新しい組織を立ち上げる必要が出てきたのである。新しいキャリア支援組織の名称も、以下のように各大学によってさまざまである。たとえば、「キャリアセンター」(北海道大学、中部大学、大阪産業大学、立命館大学、広島大学、他)、「全学キャリア開発部」(龍谷大学、他)、「就職・進路支援センター」(福岡大学、他)、「学生総合相談センター」(名古屋大学、他)等。このほかにも「キャリア開発センター」、「就職・進路指導センター」、「進路相談・サポートセンター」、あるいは「キャリアサービスセンター」等、その名称も種々様々であるようだが、これらの新しい組織が共通して目指しているのは、全学を挙げての学生に対するキャリア支援とキャリア関係科目の開講・整備・充実を支援することである。

(3) キャリア教育の内容と方法
1) キャリア・マインドの育成

児童・生徒・学生が将来に向けて、自らの人生をどのように開拓し、築いていくか、また、自らの人生の中に職業をどのように位置づけ、どのような人生・暮らし方を構築するかなどについて、彼らが主体的に模索し、展望を持って自らの人生の方向性を見つけることができる能力を育成し、彼らを支援することが、これからの学校・大学教育の中心課題となるべきである。

児童・生徒・学生が、生涯にわたってキャリアを開発し発展させていくことへの意志・心構えを形成することがキャリア学習の中心であり、それは生徒指導・進路指導ならびに大学教育全体の中で行われるべきことである。大学教師は、日常の授業活動の中で、キャリア指導を意識して、自らの専門分野における教育を実践することが求められるであろう。なぜなら大学における教養教育にしても専門教育にしても、それらは、学生の人間形成に関わるものであり、将来の生き方・在り方に全面的に関わるものであり、そこにこそ大学教育の第一義的な役

割・使命があるべきだからである。重ねていえば、大学という機関のレーゾン・デートル（存在理由）が教育・研究そして社会への貢献にあるとすれば、正に大学は、小・中・高に続く連続的な教育活動として、職業生活を営む有為なる市民としての人間を育成することこそ、自らの使命としなければならないのである。

2）キャリア・マインドの2つの側面とキャリア・デザイン

キャリア・マインドには2つの側面があり、その第1は、「志向の強弱」の側面と呼ぶことができる。すなわち、それは「自分の生き方と働き方と暮らし方に関する関心の度合い」である。すなわち、自分のキャリアの発展を成り行きに任せてしまうのか、あるいは目指す方向に向かって積極的、主体的に取り組もうとするのかということである。もう1つの側面は、将来どんな生き方と働き方、そして暮らし方を構想し、実現しようとするのか、つまり、キャリアそれ自体の中身のことである。

もしその学生が自らのキャリア意識を確立しているならば、適性検査を受けたり、資格試験を受けたり、学習態度も主体的、積極的であるだろうし、将来志向的な充実した学生生活を営み、将来の人生設計を企図するといった行動をとるだろう。しかしながら、少なからぬ現代の大学生が、人生を主体的に生きることへの自覚が薄く、どう生きるかという展望を持っていないように見受けられる。ここで想起されるのは、かつて1980年前半頃から問題が顕在化した"student apathy"現象である。アパシー（apathy）とは、"pathy"「感情」が"a"「無い」（この"a"は"non"あるいは"without"の意味で、amoralやanarchyの"a"ないし"an"と同じ意）状態を指す。元来は統合失調症の「無感情状態」を指す言葉であるが、一般に「無気力」の意味で使われている。「四無主義」（無気力、無感動、無関心、無責任）を特徴とする"apathy student"が増大し、大学新入生に見られる一時的な［五月病］の場合とは異なり、アパシー状態が大学生活全体を通じて長期化し、大量の留年者あるいは退学者の原因として憂慮されるものであった。この問題についての詳論は、笠原嘉『アパシー・シンドローム』（岩波書店、1984）などを参照されたい。

彼らは、進路選択・決定に関する準備・手がかりがわからず、就きたい職業がわからないとか、自分に適した職業がわからないと言う。適職を探したり、職業選択を「先送り」するために、将来の進路を問われると、「フリーター」にな

ると「自信を持って」答えたりする学生や無業者ないしニートも増えているのである。こうした学生に対して、将来、「自分らしい生き方」をするために、どのような知識や技術を習得すればよいかを考え、実践する「キャリア・デザイン」の能力を育成することが、学校教育ならびに大学教育の主要な目標となる。つまり、キャリア形成に向けた生徒・学生の人生設計を支援する学校教育ならびに大学教育こそ、彼らの学習意欲を喚起し、学校ならびに大学での勉学の意義を認識させることにつながるであろう。

先に述べたように、1980年代以降、行政による大きな教育改革施策が次々に打ち出され、改革が重ねられるにつれて、「生徒指導」、「進路指導」のウエイトが高まってきた。特に、昨今の改革では、従来の進路指導を含む「キャリア教育」は、①高等教育への進学者の増加や、②フリーターならびにニートの増加の問題等が追い風となって、学校教育における早期の段階から高等教育の段階まですべてにわたって、その中核に位置づけられるようになってきた。一般に、教育というものが、人間の「生き方・在り方」に関わるものである以上、それは必然的結果なのである。

参考文献

IDE大学総会誌『IDE　現代の高等教育―特集　キャリア開発支援と大学教育―』No. 483, 2006年8-9月号

上西充子、柳川幸彦『キャリアに揺れる』ナカニシヤ出版、2006年

天野郁夫「"高等教育の将来像"答申をどう読むか」『カレッジマネジメント』No. 133, 2005年5-6月号

加澤恒雄「現代日本における大学改革の現状と課題（その2）―大学におけるキャリア・エデュケーションの重要性」Korean Journal of the Japan Education, vol. 9 No. 2, 2005年

丸山俊『フリーター亡国論』ダイヤモンド社、2004年

梅沢正『職業とキャリア―人生の豊かさとは―』学文社、2002年

文部科学省編『平成13年度　文部科学白書―21世紀の教育改革―』財務省印刷局、2002年1月18日

文部省編『平成11年度　我が国の文教施策』―進む「教育改革」―』大蔵省印刷局、1999年12月7日

武内義彰、崎野隆、伊藤一雄共著『職業と人間形成』法律文化社、1995年

笠原嘉『アパシー・シンドローム』岩波書店、1984年

トフラー, A. 徳岡孝夫（監訳）『第三の波』中公文庫、1982年

小此木啓吾『モラトリアム人間の時代』中央公論社、1979年

第4章　生徒指導のための生徒理解の方法

　本章では、生徒指導の前提となる「教師の生徒理解」とは何かについて学ぶ。同時に、「生徒の自己理解」は、生徒の自己実現のために必要不可欠であるので、前者と後者の内容、方法ならびに技術などについて、その概要を学ぶ。

　ここで「生徒理解の内容」としては、学力、体力、行動、態度、性格、感情、身体的健康度、適性、そして環境などが挙げられる。また、主要な「教師の生徒理解の方法」として、ここでは、①観察法、②面接法、③調査法、④ポートフォリオ法と作品法、⑤検査法などについて学んでいただきたい。

　これらさまざまな方法の中でも、特に「面接法」は、生徒指導の一環として行われる学校の「教育相談」の際に、きわめて重要になるので、すべての教師は、面接のあり方や技術あるいは留意点について、日頃からしっかりと認識を深め、修得しておく必要がある。また、「検査法」は、主として「心理検査」を用いるが、その「心理検査」は、個人の行動の一部をサンプルとして取り出すように設計されている。生徒指導で用いられる主な検査は、①知能検査、②性格検査、③行動・社会性に関する検査などがある。それから、進路指導で用いられるのは、知能検査や性格検査のほかに興味や関心、動機などを含む職業適性検査あるいは進路適性検査、学業適性検査、その他がある。それゆえ、各種の心理検査は、それぞれの対象・目的に合わせて、適正に活用・実施されなければならない。そして、教師は、「検査」の実施において、事前準備が必要であり、その実施方法を修得し、それに精通しておかなければならない。

第1節　教師の生徒理解の意義

（1）生徒理解の目的

　生徒指導や進路指導の目的は、生徒のより良い自己実現を援助することにある。この目的を十分に実現するためには、教師は、個別の生徒について、その特徴、性向、長所や欠点などを把握し、また、生徒を取り巻くさまざまな環境について、すなわち、家庭的、社会的、時代的環境についても的確に理解しておくことが必要不可欠である。これらの条件をクリアし、1人ひとりの生徒に対して指導目標ないし指導内容を決めることによって、適切な指導方法を選択・駆使しながら、生徒のより良い自己実現のための援助活動を行うことができるであろう。

　ここで、生徒理解と教師の燃え尽き問題について言及しておきたい。学校を取り巻く社会の急激な変化とともに、学校現場では、生徒が次から次へとさまざまな問題行動を起こして、教師たちを困惑させている。現代日本の教師たちは、かつての時代よりももっと生徒指導に関わる問題に追われている。たとえば、陰湿ないじめ事件や、生徒間の暴力事件あるいは対教師暴力事件、さらには、学級崩壊の原因とされる注意欠陥・多動性障害（ADHD：Attention-Deficit Hyperactivity Disorder）の生徒たちの存在、ひきこもりや不登校生徒の激増問題などの対応に時間を奪われ、多くの教師が精魂尽き果てるほどに疲弊し、心のゆとりがなくなり、自己の無力感に打ちひしがれ、心を病んでしまうケースも多発している。教師の生徒理解活動に際して、教育の本質に関わる留意すべきことの1つとして、「教師の燃え尽き（バーンアウト）現象」という問題について触れておきたい。

　熱心でまじめな教師であればあるほど、教職者の本性として、「生徒たちのために」、「自己犠牲」を払って、「無限のサービス精神」でもって、自らの持てる全エネルギーと時間を使って教育活動に献身するだろう。しかしながら、一般に、人間は無限ではないエネルギーを一方的に傾注し続けると、いつか必ずエネルギーの枯渇状態に陥ってしまうだろう。これが一般に「燃え尽き」（burnout）といわれる現象である。生徒理解や生徒指導などの教育活動に全身・全霊を打ち込んで燃え尽きてしまう、「燃え尽き教師」が特に最近急増している。毎年報道

される教師の休職者数の内訳を見ると、圧倒的に神経症や行動障害を伴う、心を病む教師が多いのである。ちなみに、精神疾患で休職する公立学校の教師は、1995（平成7）年に1,240人であったのが、2004（平成16）年には3,559人と3倍近くに増えている。

　医師や介護士や教師などのような対人サービス専門職の人たちは、他の職種の人たちと比べて、この「燃え尽き」状態に陥りやすいことは、これまでにも多くの研究者たちによって指摘されている。さらにまた、近年、教師を取り巻く環境は、ますますストレスに満ちている。特に、教育改革に伴う学校現場では、教師はさまざまな変化に対応するために、研修・その他に参加しなければならないので、多忙な毎日が続き、「心のゆとり」を失いがちである。多忙化し、ストレスフルな学校教育現場で、教師は、どのようにして心のゆとりを保ち、健全な教育活動を継続することができるだろうか。今後ますます教師の燃え尽き予防対策が、重要な課題になると思われる。

　教師は、生徒たちのためにも、また、自分自身のためにも、心のゆとりを堅持し、明日への教育活動のための新たなエネルギーを自ら作り出す努力が必要である。具体的なエネルギー充電方策として、たとえば、①自信回復のための特技を１つ以上持つこと、②リフレッシュするための何らかの趣味を持つこと、③視野を広げ、心を広げるために、教育関係書のみでなく、他のさまざまな分野の本も含めて日常的な読書習慣を持つこと、④時には山や川、野や海などの大自然に親しんで英気を養うようにすること、さらにまた、⑤畑作り、土いじりに精を出して、野菜の栽培を行うことなどは、リフレッシュ効果を期待できるであろう。このほかに、⑥学校現場で、教師たちは連携・協力する体制づくりをすることが重要である。生徒指導において、教師一人ひとりが孤立化しないような学校組織づくりを進めることは、きわめて重要なことである。以上述べたように、教師は、日々の教育活動において、心のゆとりを堅持するように留意しながら、エネルギーの充電を心がけ、燃え尽きて病的な無気力状態にならないように努力することも、教師生活を全うするために重要であることを、しっかり認識しておかなければならないであろう。

　ところで、生徒指導や進路指導の目的が、生徒の生き方に関わり、生徒の自己実現の達成を指導・援助することであるならば、そのためには「教師の生徒理

解」と共に「生徒の自己理解」が必要である。これら両方の側面が相互補完的に作用して、生徒の十全な自己実現を達成することができるのである。生徒の自己理解は、教師の生徒理解活動によって収集され、整理されたさまざまな情報や資料を、生徒にフィードバックすることによって、彼らが自分自身のさまざまな側面について、的確に理解し、望ましい自己概念を形成し、未来への夢を持ち、望ましい方向へ向かって成長していく手がかりとなるのである。

（2） 生徒理解の視点と内容

どのような視点から生徒理解を進めるか、という問題についてい考えてみよう。一般的にいえば、ある個人・人間を理解するためには、さまざまな側面からアプローチして、複眼的・総合的に把握する必要がある。生徒理解のために、これまで次の3つの側面が指摘されてきた。すなわち、①心理的側面、②身体的側面、それから、③社会的側面である。これらは要するに、生徒の内側からの理解と、外側からの客観的な理解、それから生徒を取り巻くさまざまな環境という側面からの理解が必要であるということである。

生徒理解の諸側面について、それらの具体的な内容を挙げると、次のようになるだろう。

1) 心理的側面：①性格、パーソナリティ（情緒、欲求など）。②諸能力（知能、知的学力、適性、職業適性など）。③興味、関心（動機、意欲、願望、趣味など）。
2) 身体的側面：体力、体格、運動能力、健康状況など。
3) 社会的側面：①生育歴、家庭環境など。②学校環境（学校生活、被教育歴、地域社会環境など）。③対人関係（友人関係、家族関係など）。

（3） 他者についての正しい判断・理解を妨げる要因

ところで、神ならぬ身の私たち人間は、常に誤りや過ちを犯す存在である。たとえば、人間が人間を裁く「裁判」においてさえも、時として裁判官の判断ミスによって「冤罪」を惹き起こすことがあるのは、周知の通りである。心理学的研究成果によれば、一般に他者について、人間の正しい判断や理解を妨げるさまざまな要因がある。その主なものを以下に挙げて簡潔に説明してみよう。

表 4-1　生徒理解のための基本的な資料

一般的資料	生徒の氏名・住所・その他の資料
生育歴	乳児期における病気、乳幼児期におけるしつけなど。
家庭環境	家庭的・社会的・経済的状況、家庭の生活態度、家庭の教育的関心、両親の関係、本人に対する親の態度、家庭間での本人の地位、両親のしつけの態度、兄弟姉妹間の関係、同居人、祖父母などと本人の関係、家庭に対する本人の態度など。
情緒的な問題	過敏性、爆発性、気分の易変性、精神的な打撃を受けた経験の有無やその内容、不安、反抗などの経験の有無など。
習　癖	食事についての特異な傾向、睡眠の習慣や特異傾向、性についての特異な習癖など、神経症的な習癖、しかめっつら、顔面けいれん、つめをかむなど、排便、排尿についての習慣や便秘、消化不良の有無など、言語の異常や早口、無口など、攻撃的、反社会的な行動の記録など。
友人関係	友人関係の推移や現状、交友関係についての本人の特徴、問題グループとの関係など。
健康状態	病歴、身長、体重、栄養などの推移と特徴、精神身体的な問題の有無、女子の生理の状況など。
学校生活	教育歴―幼稚園（保育園を含む）や小学校から現在に至るまで。 学業成績―教科の好き嫌い、得手不得手、学校や家庭での学習の習慣など。 出席状況―不規則な欠席、長期欠席、ずる休みなど。 学校に対する態度―本人、両親、兄弟姉妹などの学校や教師に対する態度など。 学校生活への適応―教師や友人との関係、集団内での役割、退学、停学、訓告などの記録など。
検査・調査結果	知能、学力、知能と学力との関係、性格、適性、悩みや問題行動、興味、趣味など、将来の希望、および進路など。
当面している困難点	身体的な困難、家庭関係、学校生活―学業上の問題、学校における人間関係（教師との関係を含む）、学校内外の交友の関係、進路の問題など。

出所：文部省（1981）

1）対比効果（contrast effect）

　自分の属性や能力を基準として、人は他者を判断・評価しやすいものである。これは、対比効果と呼ばれるもので、教師も生徒に対してこのような評価をすることが多い。たとえば、非常にまじめな性格の、特に、まだ若い教師は、ある生徒をルーズでズボラな性格の生徒とみなしがちであるが、自分もかなりルーズで

しかも寛大な性格のベテラン教師は、その同じ生徒をそれほどルーズでダメな生徒とはみなさないかもしれない、というような事実である。

2）寛容効果（generosity effect）

一般に、人間は、親しい相手やよく知っている人間について、そのさまざまな側面を全般的に好意的に判断しやすい。いわゆる「ひい気目」に評価・判断して、誤りを犯すことがある。その反対に、日頃から心よく思っていない、嫌いな人間については、実際より厳しく、悪く判断・評価してしまうこともあり、この現象は、「マイナス寛容効果」と呼ばれる。学校現場において、教師と生徒との関係においても、こうした事態は起こりうるのである。

3）ハロー効果（halo effect）

ある人間が顕著に優れた（劣った）特徴を持っているような場合、私たちは、その人間の他のすべての側面についても肯定的（否定的）に高く（低く）評価してしまう傾向がある。これがハロー（halo：光背、後光）効果と呼ばれる現象である。教師の場合も、その習性といってもよいくらいに、生徒を学業成績の良し悪しで判断してしまう傾向がある。つまり、教師は、成績優秀な生徒は、その他の側面もすべて好ましい生徒であろうと推測・判断しがちであるということである。逆に、成績の良くない生徒については、その他の側面全体についての判断も、成績の悪い生徒という先入観に左右されて否定的に見てしまう傾向がある。

4）初期効果（primary effect）

これは、いわゆる「第一印象」に強く支配されて、最初に知った情報や、最初に下した判断が、それ以後の情報についての判断にも大きく影響することを指している。

5）ステレオタイプ（stereo-type）

多くの人間が共有している偏見や固定観念によって、他の人間に対して、あるレッテルを貼ってしまって（ラベリング：レッテル貼り）理解したと思い込み、柔軟で正しい判断、理解を行うことを妨げることがある。

教師は、以上述べたような正しい他者理解を妨げる諸要因について、十分に認識し、生徒理解に際して、それらの危険性や弊害を最大限に回避するように努力しなければならないのである。

（4） 問題行動の理解

　ここで、学校生徒指導の観点から、生徒ないし青少年の問題行動についての知見・理解の重要性について触れておきたい。生徒の問題行動は、学校内のそれと学校外でのそれがある。たとえば、前者としては、いじめ、校内暴力、器物破損などの暴力行為あるいは怠学による中途退学などがある。また、後者としては、不登校、飲酒、喫煙（校内でもある）、さまざまな非行、犯罪などが挙げられる。

　さらに、積極的な問題としての「反社会的行動」と消極的な行動としての「非社会的行動」に分けて考えることもできる。ただし、両者は相互に関連しており、前者から後者に向かうこともあるし、逆に後者から前者に移行する場合も多々ある。したがって、それらを完全に別個に扱うことは好ましいことではなく、両者に対して柔軟に臨機応変に対応する必要がある。

　「反社会的行動」とは、各学校の規則つまり校則に違反する行為や、他人に対する暴力行為、あるいは社会の秩序、社会の規範を乱すようなあらゆる行動のことである。また、「非社会的行動」とは、他人に直接迷惑をかけたり、他人に暴力をふるって危害を加えたりするわけではないが、その生徒自身の心身の健全な成長・発達にとって、問題な行動のことである。

　さて、教師にとって生徒指導活動において重要なことは、まず、問題行動を早期発見することと、早期指導による問題発生予防ということである。生徒の問題行動は、学校または社会に対する不適応行動である。その背景要因として挙げられるのは、その生徒の個人的要因と社会的環境要因であり、それらが複雑に絡み合って、生徒の不適応行動が生起する場合が多い。それゆえに、問題行動だけを表面的に見て十分に理解していなければ、当該生徒をより良く指導し、成果を上げることはできないであろう。

　不適応行動を取る生徒を総合的に理解するためには、①問題行動の要因ないし動機、②家庭・学校・地域社会の環境、③交友関係、④性向・性格・素質、⑤身体的健康状態、⑥現在の心理的状況、⑦誕生時から現在までの生育歴などの側面からアプローチする必要がある。いずれにしても、生徒指導活動においては、個々の生徒の問題行動ないし症状を早期に発見し適正に理解することが、問題行動発生の予防対策にとって最も重要なことであるといえよう。

　生徒の問題行動を理解する方法はいろいろあるが、それらのうち主要なもの

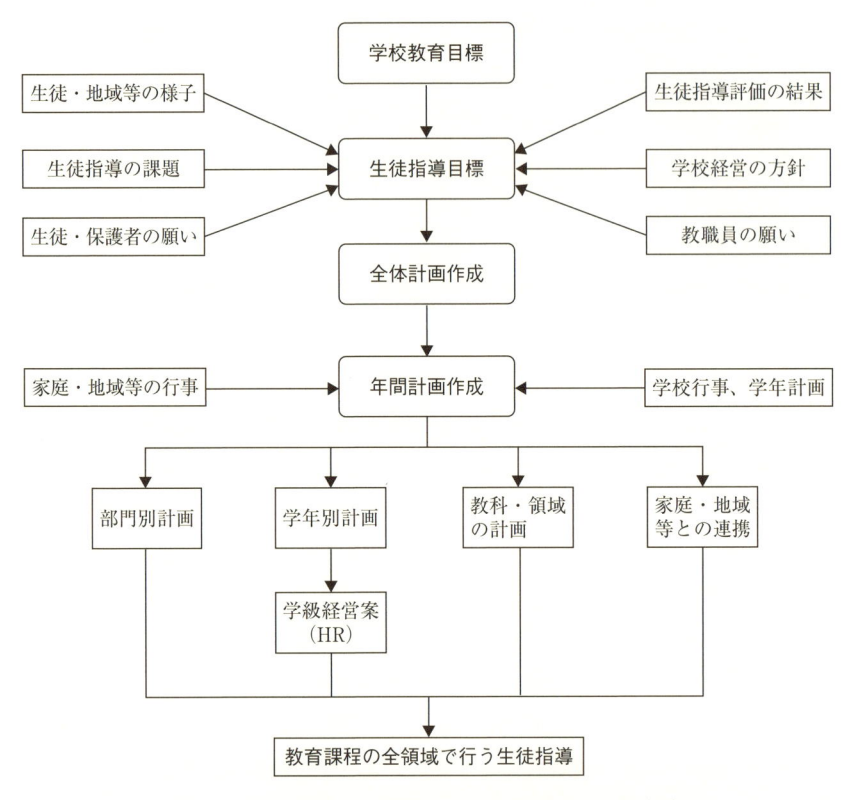

```
                    ┌──────────────┐
                    │  学校教育目標  │
                    └──────┬───────┘
┌──────────────┐           │           ┌──────────────┐
│ 生徒・地域等の様子 │──┐     │     ┌──│ 生徒指導評価の結果 │
└──────────────┘   │    ▼     │  └──────────────┘
┌──────────────┐   └─▶┌──────────┐◀─┐ ┌──────────────┐
│ 生徒指導の課題  │─────▶│ 生徒指導目標 │◀─│ 学校経営の方針  │
└──────────────┘     └─────┬────┘  └──────────────┘
┌──────────────┐       ▲  │  ▲    ┌──────────────┐
│ 生徒・保護者の願い │─────┘  │  └────│  教職員の願い  │
└──────────────┘         ▼       └──────────────┘
                    ┌──────────┐
                    │ 全体計画作成 │
                    └─────┬────┘
                          ▼
┌──────────────┐    ┌──────────┐    ┌──────────────┐
│ 家庭・地域等の行事 │───▶│ 年間計画作成 │◀───│ 学校行事、学年計画 │
└──────────────┘    └─────┬────┘    └──────────────┘
```

図4-1 生徒指導の全体計画および年間計画の作成（例）
出所：高橋・石井・熊谷（2002）

を以下に挙げるならば、第1に、日常の生活観察による理解である。つまり、教師は、基本的に日常的観察を通じて、個々の生徒を主観的に、印象的に理解する。この場合、教師の思い込み（先入観）や偏見が伴うこともあるので、この方法に全面的に依存するのは弊害を生ずる危険性がある。第2は、「診断」による理解である。これは、さまざまな心理検査や診断面接、諸々の調査や医学的検査などの実施によって、できるだけ多くの側面から、生徒を科学的、客観的に捉えて理解しようとする方法である。そして第3の方法は、学校教育相談（カウンセリング）による「共感的理解」である。これは、教師が生徒の立場に立って、その生徒の感情、心情、物の見方・感じ方に即して、その生徒を共感的に理解する

やり方である。なお、この方法が有効であるためには、日頃から教師と生徒の間にラポール（親和・信頼）関係が築かれていなければならない。

　ところで、生徒の問題行動に対処して指導する場合、学校生徒指導の範囲を超えることもある。学校の限界を超える場合、学校は、たとえば、①児童相談所、②警察署青少年係、③精神衛生センター、④精神病院、⑤青少年喫煙矯正センター、その他の専門諸機関の支援・協力を要請しなければならないだろう。ちなみに、文部省（1981）によれば、学校の限界を超えるものとして挙げられている主要なものは、たとえば、①医学的な専門の治療が必要な脳神経異常が認められる生徒の場合、②重度の精神障害や神経症の症状が見られる生徒の場合、それから、③暴力団や暴走族グループなどの校外者が関係しており、当該生徒の指導だけでは問題を解決できない場合、などである。

　それでは次に、問題行動の予防について見てみよう。吉田（2006）は、児童生徒の問題行動を防止するための方策として、生徒指導の立場から、次の5つを挙げている。すなわち、①教育内容の研究、改善による創意工夫を生かした豊かな教育活動の展開、②生命の尊重等についての指導の徹底、③個々の児童生徒の実態の十分な把握と指導の徹底、④生徒指導に関する学校の組織体制の整備、⑤家庭や各関係機関との密接な連携・協力、である。なお、生徒指導の前提条件は、「教育を支えるもの」としての教師・生徒間のラポール関係を構築しておくことである。

　さらに、吉田（2006）は、児童生徒の問題行動について、以下のように第1次予防から第3次予防まで段階的に区別している。すなわち、①「発生予防」としての第1次予防である。たとえば、これは、学校環境の改善・整備、地域社会の環境改善、それから協力体制の組織化、などである。②「早期発見・早期指導（治療）」としての第2次予防である。たとえば、これは、盛り場などの巡回による児童生徒の補導、虞犯生徒などに対する日常的な指導である。それから、③「問題行動の再発予防」としての第3次予防である。これは、児童生徒の問題行動によって生じた精神的ならびに身体的症状のアフターケアとしての治療指導ないしリハビリテーションを行うことである。そして、以後の生活適応を支援して、問題行動を再発させないように予防するものである。

（5） 近年の少年・少女の犯罪とその特徴

　近年の青少年の問題行動・非行・犯罪事件の一般的傾向として、非社会化、凶悪化、粗暴化、多様化、低年齢化、女子の非行の増加などが顕著である。ここでは、特に、少年・少女によるごく最近の殺人事件に関わる主なものをピックアップしてみると、

2000（平成12）年5月：愛知県豊川市で、高3男子生徒（17歳）が近所の主婦を包丁で刺殺し、「人を殺す経験をしようと思った」と供述した。

2000年5月：九州自動車道路で、佐賀市の少年（17歳）が西鉄バスを乗っ取り、乗客の女性を刺殺し、さらに5人の乗客に負傷させた。

2000年6月：那覇市の高2男子生徒（17歳）と無職の少年（15歳）が、無職の少年（15歳）を殴って殺害した。

2000年6月：岡山県邑久郡内の県立高校の3年の生徒（17歳）が、野球部の後輩4人を金属バットで殴って重軽傷を負わせ、さらに、自分の母親も金属バットで殴って殺害した。自転車で逃走したが、秋田県の路上で16日目に逮捕された。

2000年7月：山口市で、16歳の少年が母親（50歳）の借金をめぐり口論となり、金属バットで撲殺し自首した。

2000年8月：大分県野津町（現臼杵市）で、高1男子（15歳）が近所の6人家族の一家を襲い、サバイバルナイフで3人を殺害し、残る3人にも重軽傷を負わせた。

2000年12月：兵庫県御津町（現たつの市）で、無職の少年（16歳）と高1女子生徒（16歳）がタクシーの運転手を殺害し、売上金を強奪した。

2003（平成15）年7月：長崎市の中1男子生徒（12歳）が、4歳の男児をビルの屋上から突き落として殺害した。

2004（平成16）年6月：長崎県佐世保市の小学校で、6年の女子生徒（11歳）が同級生の女子生徒（12歳）の首を背後からカッターナイフで切り、殺害した。

2005（平成17）年2月：大阪府寝屋川市で、無職の少年（17歳）が小学校に侵入し、教職員を刺し、1人を殺害し2人に重傷を負わせた。

2005年6月：埼玉県川越市で，無職の少年（15歳）が兄をハンマーで殴り殺害した。
2005年6月：東京都板橋区で，高1の長男（15歳）が社員寮の管理人夫婦を殺害し，群馬県の温泉旅館にいるところを逮捕された。
2006（平成18）年8月：北海道稚内市で，高1の長男が高1の友人（15歳）に30万円の報酬で自分の母親（46歳）の殺害を依頼し，この生徒は，殺害を実行し，「金が欲しかった」と供述している。

このように青少年によるショッキングな犯罪が全国各地で次々と発生し，大きく報道され，彼ら・彼女らの深い「心の闇」が，同時代に生きる私たちを震撼させている。現代の青少年理解にとって，1つの説得力ある仮説として，心理学者の三森創（1998）の「プログラム駆動症候群」（PDS：Program Drive Syndrome）を紹介しておきたい。"PD"（Program Drive）とは，「行動の動機を心の中につくれないために，外部にある行動手順（プログラム）を読み込み，それに操縦されて起こす行動」のことである。彼によれば，この原因は，物事を認識し，感情が発露し，行動の動機や意思を形成するという心情の働きが薄弱であることである。

なお，"PDS"の特徴として，次の5点が挙げられている。すなわち，①行動を制御できず，調整もできない。②充足・達成感がなく，飽和か疲労でしか行動を停止しない。③自分の行動の実現のみに固執し，他人をモノ扱いし，自己中心的である。④自分が行動を起こしたという意識が弱い。⑤行動が矛盾していても心理的葛藤を感じない。

このような"PDS"をもたらす青少年（生徒）の「心の不十分な成長」を教師は座視しているわけにはいかない。生徒の心の成長・発達を支援する生徒指導は，学校全体の組織的な連携のもとに，教師一人ひとりが真摯に取り組んでこそ，初めてその成果が期待できるのである。上に例示した事件において散見されるように，"PDS"現象は，不気味な広がりを見せている。現代の高度消費主義社会は，限りない欲望の肥大化をもたらし，「ライブドア事件」に象徴されるような拝金主義が横行し，大人にも子どもにも「商品としての行動プログラム」を提供し続けている。

消費社会の急激な進行に適合した「心の教育」が遅れている「ツケ」が，多

発化する青少年の凶悪・粗暴な犯罪となって、いま現れているのではないだろうか。もしそうであるならば、"PD"行動による犯罪多発化の防止対策も、やはり学校の生徒指導ならびに進路指導における「生き方・在り方」の問題という観点から、学校全体で取り組む必要があるのではないだろうか。

第2節 生徒理解のさまざまな方法と技術

(1) 一般的理解と個別的理解

　生徒を総合的、全人的に把握し、真に理解することを通じて、教師と生徒との親和・信頼関係を築くことは、真の教育関係を成立させることと同義であるといってもよいだろう。生徒を「客観的」に理解すると同時に、人間として「共感的」に生徒を理解することに努めることは、全教育活動の前提である。人間としての生徒理解の対象という視点からいえば、①一般的理解と②個別的理解がある。

　まず、一般的理解とは、幼児期、児童期、青年期、壮年期そして老年期などの人間の各発達段階に顕著に現れる身体的、心理的ならびに社会的側面に関するさまざまな特徴について理解することである。また、個別的理解とは、個々の生徒の身体的、心理的ならびに社会的特徴などについて理解することである。そして、両者の関係についていえば、前者の一般的理解は、個別的理解の前提ないし基礎となるものであり、さらに個別的理解を促進、補足してくれるものである。たとえば、いじめの問題にしても、あるいは学級崩壊の原因の1つである多動性症候群の生徒の問題にしても、それらについての一般的な知識があれば、特定の個々のいじめの問題や、多動性症候を示す生徒への対処や指導に際して役立つであろう。生徒指導における生徒理解は、個別的な生徒理解のことであり、進路指導においてはそれを「個性理解」と呼ぶが、いずれにしても上述した意味における一般的な理解のための知見を、教師たる者は、常に深める努力をすべきであろう。

　次に、個別的理解の方法について述べるならば、それは大別して、①客観的方法と②共感的方法がある。まず、客観的方法とは、科学的な方法、たとえば調

査法や観察法、あるいは検査法などの方法を駆使して、個別生徒についての情報や資料を収集し、それらを適切に解釈して理解することであり、これは教師の主観や感情、先入観を排除して行われるものである。ただし、観察や面接によって心理的側面を客観的に理解することは、さまざまな困難を伴うので不適切なやり方である。一方、身体的側面や社会的、環境的側面についての正確な情報を得るためには、客観的理解が必要である。

　個別的理解の第2の方法は、共感的理解である。これは、生徒を1人の人間として尊重し、生徒の立場に立って彼の感情や願望、悩みに共感し、それらを共有する努力を前提にしている。ちなみに、この方法は、ロジャース（Rogers, C. R.）の「来談者中心カウンセリング」法において、カウンセラーが取るべき態度の1つである。彼によれば、自分の考え方や価値基準に基づいて、クライエント（来談者）の感情や考え方を捉えるのではなく、彼の感情や考えを肯定的に共有し、理解しようとするものである。要するに、個々の生徒を尊重し、ありのままに受容する基本的な態度を貫く共感的理解は、表面的な単なる理解とは次元を異にし、信頼的かつ親和的な人間関係（rapport：ラポールまたはラポート）を成立させ、教師と生徒の間の真の教育的—被教育的関係の確立を可能にさせてくれるのである。

（2）生徒理解のための諸方法

　これまでに開発され、活用されている主要な生徒理解の方法として、①観察法、②面接法、③調査法、④ポートフォリオ法と作品法、それから、⑤検査法などがある。これらについて、その概要をまとめてみよう。

1）観察法

　これは、生徒理解の最も基本的な方法である。この方法は、生徒の外面的な行動を観察することによって、彼の性格・性向や心理的な側面、あるいは対人的な行動の特徴などを理解するやり方である。なお、観察法には、操作を加え統制状況の中で行う「実験的観察法」と、日常的な場面における生徒のありのままの行動を観察する「自然観察法」がある。

　一般に生徒理解を目的とした場合には、自然観察法が用いられる。これを大別すれば、①偶然的観察法と②組織的観察法がある。前者は、教室における授業

中の学習活動や、休憩時間あるいは放課後におけるクラブ活動など、さまざまな場合での生徒の行動をありのままに観察し、そこから一般的な傾向を把握しようとするものである。また、後者の組織的観察法とは、観察する行動や場面、時間帯、記録の仕方などを事前に検討し、それらを決めてから観察を実行するものである。この2つのやり方を比較した場合、後者は、前者よりも時間や労力は多くかかるわけだが、広範で信用度と有用度の高い情報を得られる可能性が高いといえよう。

2) 面接法

面接法には、そのやり方や形態によってさまざまな呼称がある。たとえば、理解したい事柄について、生徒の考えや意見を自由に話させる「自由面接法」ないし「相談面接法」と、教師が質問の内容や一定の様式を事前に決めておいてそれに沿って質問して答えてもらう「標準化面接法」（あるいは「調査面接法」とも呼ばれる）がある。前者の弱点は、主観的な評価に陥りやすいことであるが、後者は、その弱点・欠点を補って、より客観的な評価を行うことを意図した方法である。

「相談面接法」に関連して、ここで「学校における教育相談」について触れておきたい。繰り返すが、生徒指導は、学校の「教育活動全体を通じて」行われるものである。生徒指導の一環として機能すべき「教育相談」は、学校の構成員である校長、教頭はじめ、一般の教諭ならびに養護教諭など全教員によって行われる活動である。ただし、実際には学校の校務分掌によって、生徒指導主事（主任）や生徒指導部あるいは教育相談係の教員たちが中心となって、教育相談活動が行われることが多い。それからまた、1983（昭和58）年度より、文部省は、教育相談活動推進事業として、市町村を巡回する「教育相談員」（学校カウンセラー）を委嘱する制度を新設した。専門的な援助や指導を必要とする教員相談は、教科目の学習指導などに忙殺されている学校教員に代わって、特に、この「学校カウンセラー」が担当するのである。

なお、「中学校指導書特別活動編」によれば、中学校では、特別活動の領域である「学級活動」と「生徒会活動」を中心に、また、「高等学校学習指導要項解説特別指導編」によれば、高等学校では、「ホームルーム活動」と「生徒会活動」を中心に、家庭との連絡・連携のもとに、学級担任（中学校）ないしホームルー

ム担任（高等学校）だけでなく、全教員が教育相談に当たることになっている。
　また、個々の生徒を相手とするか、グループを対象とするかによって、「個人面接法」と「グループ面接法」に分かれる。いずれにしても、面接法によって、他の方法で把握し難い直接的な深い事実を引き出したり、生徒の反応を直接観察しながら、適切なアドバイスを行うことができるというメリットがある。なお、個性理解としての生徒理解のためには、主として個人面接法が駆使されることが多い。
　ここで、面接における諸注意について言及しておきたい。効果的な面接を行うためには、どのような心得が必要なのか、次に述べてみよう。第1に、さまざまな面接技術を平常から磨き、それらに習熟しておかなければならない。そして、教師は、生徒とのラポール関係、つまり、親和・信頼関係を日頃から構築しておくことが重要である。
　第2に、教師は、特に「聴取技術」に精通していなければならない。生徒の語る言葉に積極的に耳を傾け、その話す言葉の奥にある心情・気持ちを的確に推測しようとするいわゆる「傾聴」の態度を、身に付けておく必要がある。これは、一般的にコミュニケーションの技術でもあり、言葉、表情、態度ないし姿勢、ゼスチャー、話しぶりなどからトータルに生徒を理解するものである。

3）調査法
　生徒の意見や態度などに関する情報、資料を得るために、たとえば進路希望調査や、進路についての悩みの調査あるいは趣味や特技、生活習慣調査などを行う方法である。この方法は、効率的に簡単に実施でき、回答結果から多くの情報を一度に収集することができるというメリットがある。

4）ポートフォリオ法と作品法
　これは、生徒のさまざまな創作品あるいは作文やリポート、学習ノート、それから日記などのような提出物、さらには、期末テストや中間テストの成績などの記録をファイリングして、生徒理解の一助とするやり方である。これらは、ポートフォリオ（portfolio）式評価と呼ばれる。

5）検査法
　生徒指導や進路指導において、「心理検査」は、価値ある道具として開発され活用されてきた。「検査法の効用」について、松原達哉（1995）は、以下のよう

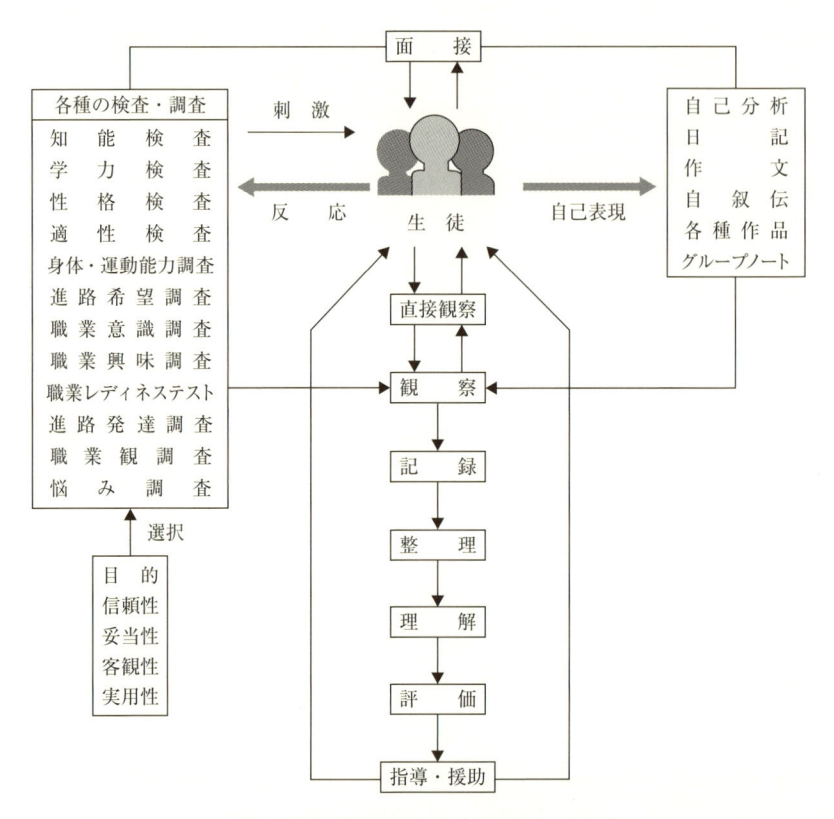

図4-2　生徒理解の方法〔内藤勇次、1982〕
出所：柴山・甲村編（2003）

に指摘している。
　① 客観的、科学的に診断できる、
　② 短時間に各方面にわたり診断できる、
　③ 観察や面接でわからないことが診断できる、
　④ 短時間で多方面にわたり診断できる、
　⑤ 検査するだけで治療・相談効果がある、
　⑥ 指導相談に指針が得られる、など。
　一方で、彼は、「心理検査の限界」も明確にしている。その限界とは、
　① あくまでも補助的道具である、

表 4-2　おもに生徒指導で用いられる心理検査

	テスト	特徴	適用年齢
知能検査	全訂版・田中ビネー式知能検査	全般的な知能発達水準の測定（精神年齢、知能指数：IQ）。個別式	2歳～成人
	WISK-III 知能診断検査	知能の診断的測定（下位検査プロフィール、言語性IQ、動作性IQ、全検査IQ）。個別式	5歳～16歳11か月
	K-ABC 心理・教育アセスメントバッテリー	継次処理、同時処理モデルに基づく知能測定（習得度尺度標準点、認知処理尺度標準点）。個別式	2歳～12歳11か月
	1993年改訂版 ITPA 言語学習能力診断検査	知的活動の個別内差をコミュニケーション過程から測定（発達IQ、表象水準評価点）。個別式	2歳～12歳11か月
	新版・田中ビネー式知能検査	図形、記号など非言語的材料で一般知能を測定（知能点、知能偏差値）。集団式	8歳～成人
	京大 NX 知能検査	全体的な知能水準の測定および、知能の内部構造の診断（知能偏差値、IQ、評価段階）。学習に関わる知的能力の測定（偏差値、段階点、IQ、教科期待値）。集団式	5歳～成人
	東大 A-S 知能検査（H版・H版2型）	学齢別問題構成、A式B式併用。知能のタイプと総合的レベルを測定、（偏差IQ、プロフィール、段階、A式偏差値、B式偏差値）。集団式	H版：小4～中3年 H版2型：中1～3年
	数研式新学年別知能検査（サポート）	学年別問題構成、認知・記憶、拡散思考、集中思考評価の能力面から総合的・分析的（IQ、知能偏差値）。集団式	学年別 小学校・中学校・高校
性格検査	YG 性格検査	12の性格特性（抑うつ性、劣等感など）の測定。質問紙法	小学生～成人
	MMPI 新日本版	心気性、抑うつ、無気力などの10の精神医学的症状の測定。質問紙法	15歳以上
	東大式エゴグラム	交流（構造）分析、親・大人・子どもをモデルとした自我の測定。質問紙法	15歳以上
	CMI：コーネル・メディカル・インデックス	身体面・精神面の自覚症状を測定。質問紙法	14歳以上
	P-F スタディ	攻撃性、自我防御機能の測定。欲求不満場面の絵に対する連想。投影法・質問紙法	児童～成人
	SCT（文章完成法）	パーソナリティの有機的な全体像の把握。刺激語から連想して文章を完成。投影法・質問紙法	8歳以上
	内田クレペリン検査	性格診断、職業面での適性や態度の測定。連続的な加算作業。作業検査法	中学生～成人
親子関係	親子関係検査	親の養育態度を拒否、支配、保護、服従、矛盾不一致など5領域10型から診断。質問紙法	幼児～中学生
友人関係	ソシオメトリックテスト	選択、排斥、周辺、孤立などの集団における人間構造を測定。質問紙法	小・中・高校生

出所：『教育カウンセリング論』日本大学通信教育部（2000）

表 4-3 おもに進路指導で用いられる心理検査

テーマ	心理検査名	発行所
適　性	労働省編一般職業適性検査	雇用問題研究会
	SG式一般職業適性検査	実務教育出版
	F式選職業能力テスト	文雅堂銀行研究社
	SDS職業適性自己診断テスト	日本文化科学社
	自己進路探索 SEEC	日本文化科学社
興　味	新版職業レディネス・テスト	雇用問題研究会
	H-G職業指向検査	東京心理
	職業興味・志望診断検査	図書文化社
	SG式興味検査	実務教育出版
	VPI職業興味検査（大学生用）	日本文化科学社
	職業興味テスト VIT	金子書房
性　格	YG性格検査	日本心理テスト研究所
	内田クレペリン精神作業検査	日本精神技術研究所
	MG性格検査	図書文化社
	EPPS性格検査	日本文化科学社
	個性発見検査 try	実務教育出版
	東大式エゴグラム TEG	金子書房
バッテリー	SG式進路発見検査 EPIC	実務教育出版
	SG式進路適性検査 DSCP-R	実務教育出版
	進路指導検査：HOP	図書文化社
	進路適性検査：NEW CAMPUS	図書文化社
	NH進路適性検査	西日本新聞社開発局
	TK式進路コンパス	田研出版
	TK式ICPD進路自己理解調査	田研出版
	進路適性検査 SUCCESS	日本文化科学社
	進路適性検査 CPJ-R	日本文化科学社
	進路適性診断検査 CPH-2	日本文化科学社

出所：『職業指導』日本大学通信教育部（2003）

② 検査によっては信頼性が乏しい、
③ 投影法は検査が難しい、
④ 被検査者の気分に左右されやすい、
⑤ 年齢や能力によって実施ができないものもある、などである。

それゆえ、検査法のこうした利点や弱点を十分に認識しながら、それらの結果ならびに収集された資料を活用しなければならないのである。

心理検査は、その測定する内容に応じてさまざまな種類のものが開発されている（表4-2）。たとえば、生徒指導で用いられる心理検査の種類としては、①知能検査②性格検査、それから、③社会測定的技法に関わる検査などがある。また、進路指導で用いられる検査として、①適性検査、②進路適性検査、③興味・動機検査、④価値観検査、⑤発達検査、⑥学力検査、その他がある。これらを一覧表にまとめたものが表4-3である。

確かに、生徒の進路に対する自己理解や、教師の生徒理解のために、さまざまな検査ないし調査が提供してくれる資料や情報は、大いに役立ち、有効である。しかしながら、使用する教師による検査の乱用や誤用によって、生徒がその弊害を受けるような事態も、これまでに少なからずあったことは事実である。それゆえに、教師は、心理検査の意義・効用のみでなく、その限界や適正な活用の仕方についてい留意しておくべき事柄がいくつかある。心理検査の結果の利用上の留意点については、これまでにも多くの研究者がいろいろ指摘しているので、その主要なものを以下に列挙する。

① まず第1に、目的と対象に適合した、妥当性、信頼性の高い検査を選定し、使用することが重要である。
② 個々の生徒の全人的理解を志向し、一方的な把握を避けるためには、単一の検査によるのではなく、知能、適性、能力などを総合的に把握する「バッテリー方式」が最適であろう。
③ 心理検査の結果を固定的に捉え、それを過信し、完全に万能視することは、厳しく避けなければならない。あくまでそれらの結果は1つの資料であって、生徒は、自らの発達段階に応じて発展的に変化していく可能性を有しているのであり、それゆえに、当然ながら異なる検査時には異なる数値も出る可能性を考慮に入れておくべきである。生徒の成長・発達を支援、

助長するという観点から、それらを教育的配慮のもとに、正確に記録し、整備・保管して継続的な指導のために利用できるようにしておくことが重要である。

参考文献

松本純平監修『適性検査の知識』一ツ橋書店、2006年

吉田辰雄編著『最新 生徒指導・進路指導論――ガイダンスとキャリア教育の理論と実践――』図書文化社、2006年

稲垣應顕・大塚文雄編著『わかりやすい生徒指導論（改訂版）』文化書房博文社、2004年

原田信之編著『心を支える生徒指導――生徒支援の理論と実践――』ミネルヴァ書房、2003年

Cosgrove, J., 加澤恒雄訳ならびに解題「教育活動とストレスに関する研究」『広島工業大学研究紀要第37巻』2003年

柴山茂夫・甲村和三共編『キャリア・ガイダンス――進路選択の心理と指導』学術図書出版社、2003年

高橋超・石井眞治・熊谷信順編著『生徒指導・進路指導』ミネルヴァ書房、2002年

近藤邦夫『子どもと教師のもつれ』岩波書店、1999年

松原達哉『最新心理テスト法入門』日本文化科学社、1995年

ハヴィガースト, R. J., 荘司雅子訳『人間の発達課題と教育――幼年期から老年期まで――』玉川大学出版部、1995年

ロジャーズ, C. R., 伊藤博監訳『人間中心の教師』岩崎学術出版社、1993年

Katz, J. & Henry, M., 加澤恒雄訳ならびに解題「学生理解の方法――面接法の効用――」『広島工業大学研究紀要第27巻』1993年

土居健郎監修『燃えつき症候群――医師・看護婦・教師のメンタル・ヘルス――』金剛出版、1989年

仙﨑武・吉田辰雄編著『学校進路指導』福村出版、1984年

文部省『生徒指導資料第1集 生徒指導の手引（改訂版）』大蔵省印刷局、1981年

『教育カウンセリング』日本大学通信教育部、2000年

『職業指導』日本大学通信教育部、2003年

第5章　学級活動・ホームルーム活動と人間形成

　学習指導要領は、小・中学校においては学級活動、また、高等学校の場合はホームルーム活動という用語を使っているが、ここでは「学級・ホームルーム活動」として、その共通概念について学んでいただきたい。
　中学校の場合、それは「望ましい集団活動を通じて、心身の調和のとれた発達と個性の伸長を図り、集団や社会の一員としてよりよい生活を築こうとする自主的、実践的な態度を育てるとともに、人間としての生き方についての自覚を深め、自己を生かす能力を養う」となっている。
　学級集団は、一般的には、学年単位として1年以上の長期間にわたって、その成員は同一で固定されている。その成員によって、長期間に固有の雰囲気や特徴を持った集団を形成するようになる。この学級集団の独自性こそ、「学級文化」と呼ばれるものである。学級文化づくりは、学級文化をつくり出す活動を契機として、児童・生徒の「自己価値観」や「自尊感情」あるいは「自信」などを育成する営為である。
　学級活動や学級経営が機能しない事態として、学級崩壊現象を取り上げる。
　近年、学校や学級担任教師などに対して、不可解で理不尽なクレームを執拗に繰り返し、無理難題をふっかける保護者や地域住民が激増している。「モンスターペアレント」（怪物保護者）などと呼ばれ、彼らの極端なクレームが直接の原因で、学校崩壊や教師の精神性疾患を引き起こしたり、教師が自殺したりするケースも稀ではなくなっており、教育行政当局も動き出し、さまざまな対応策が採られるほど、事態は深刻化している。

第1節　学習指導要領における学級・ホームルーム活動の目標と内容

（1）学級活動の目標

　学習指導要領では、小・中学校では学級活動、高等学校の場合はホームルーム活動という用語を使っているが、ここでは「学級・ホームルーム活動」として、その共通概念について考察したい。

　1998（平成10）年版学習指導要領では、小学校の場合は、「望ましい集団活動を通じて、心身の調和のとれた発達と個性の伸長を図るとともに、集団の一員としての自覚を深め、協力してよりよい生活を築こうとする自主的、実践的な態度を育てる」と、特別活動の目標が示されている。また、中学校の場合、それは「望ましい集団活動を通じて、心身の調和のとれた発達と個性の伸長を図り、集団や社会の一員としてよりよい生活を築こうとする自主的、実践的な態度を育てるとともに、人間としての生き方についての自覚を深め、自己を生かす能力を養う」となっている。

（2）学級活動の内容と時数

　この目標を踏まえて、学級活動の内容は、以下のように規定されている。

> A　学級活動
> 　学級活動においては、学級を単位として、学級や学校の生活の充実と向上を図り、健全な生活態度の育成に資する活動を行うこと。①学級や学校の生活の充実と向上に関すること。②日常の生活や学習への適応および健康や安全に関すること（以上は小学校の記述）。③個人および社会の一員としてのあり方、健康や安全に関すること。④学業生活の充実、将来の生き方と進路の適切な選択に関すること（以上は中学校の記述）。

　なお、学級活動の標準授業時数は、従前と同じく中学校では年間35単位時間、小学校では34時間である。また、中学校は、選択教科等に充てる授業時数の一部を学級活動（特別活動）の授業時数の増加に充てることが認められている。要するに、学級活動については、年間35週以上、つまり毎週実施することとされているのである。これは、学級活動が学級集団育成の発展に、普段に対応した継

続的、長期的な取り組みを必要不可欠としているからであり、また、学級活動は、児童・生徒の学校生活の充実と向上、健全な生活態度、望ましい人格形成にとって重要な集団活動であるという認識に基づいているのである。

　教育課程審議会が、特別活動改善の基本方針を示し、これを踏まえて、この1998（平成10）年版の学習指導要領ができたのであるが、学級活動については、より具体的に次の3点を改善している。①児童・生徒の自発的、自治的な活動をいっそう活発にするという点である。②社会の一員として自覚を深め、人間としての生き方に関する指導をいっそう充実させるという点である。それから③将来の生き方を考える態度や、主体的に適切な選択を行う能力の育成を図るために、児童・生徒の発達段階に応じて、ガイダンスの機能を充実するという点である。

　それではこれら3点について、やや詳しく立ち入って述べてみよう。まず、①の点についてであるが、小学校では「学級内の組織づくり」が付加され、中学校との一貫性が図られた。また、中学校では「学校における多様な集団の生活の向上」が新たに付加され、学級以外の集団たとえば生徒会、学校行事、部活動、総合的な学習、選択教科等における集団と、どのように関連を図るかということが求められている。そして、児童・生徒たちが自発的により良い学級を構築したり、より充実した学校生活を築くために、さまざまな解決すべき問題に取り組む活動を奨励している。

　次に、②の点について述べると、小学校では、「希望や目標をもって生きる態度の形成」が新たに付加され、積極的に生きる意味を発見することを強調している。また、中学校では、人間関係の基本として、「自己及び他者の個性の理解と尊重」「社会の一員としての自覚と責任」「男女相互の理解と協力」「学ぶことの意義の理解」が新たに付加された。さらに、「ボランティア活動の意義の理解」が新たに付加され、共生社会における積極的な社会参加の重要性への理解に資する活動を重視し強調している。

　最後の③の点について述べると、指導計画の作成と内容の取り扱いにおいて、小学校の場合は、「学級活動などにおいて、児童が自ら現在及び将来の生き方を考えることができるように工夫すること」、中学校の場合は、「学校生活への適応や人間関係の形成、選択教科や進路の選択などの指導に当たっては、ガイダンスの機能を充実するよう学級活動等の指導を工夫すること」が新規に付加されてい

る。また、学級活動では、「個々の生徒についての理解を深め、信頼関係を基礎に指導を行う」とあり、生徒理解と生徒・教師の信頼関係（ラポール）に立脚した教育活動の重要性を重視していることがわかる。なお、「生徒理解」の方法については、本書の第4章で詳述してあるので、参照していただきたい。

　以上見てきたように、学級活動は、特別活動全体の中でも最も重要な活動であるという位置づけがなされているということができよう。そこで、集団や社会の一員としての自覚を高め、学級や学校の生活への適応を図ること、ガイダンスの機能を重視すること等が、学習指導要領（1998年改訂）において改定された新しい学級活動である。

第2節　学級活動の実践

(1)　「係活動」の意義

　学級生活を充実・向上させる活動とは何か。たとえば、そのような活動として「係活動」や「当番活動」があるが、掃除当番や日直当番あるいは給食当番は、日常的に学級という集団を維持するために必要である。また、係活動は、学級という集団の中で児童・生徒たちが生活するのに必要なさまざまな仕事を、学級・ホームルームの全員で話し合い、それぞれの仕事を分担し遂行する活動を通じて、学級生活の充実と向上を目指す活動である。

　「係活動の意義」については、いろいろ指摘されているので、以下にその要点を列挙してみよう。①係活動は、学級という集団生活の充実・向上を目指す活動であるので、目標・計画・組織・活動実践の過程において、児童・生徒の自発的、主体的な創意工夫による活動を行うことによって精神的な成長を遂げることができる。②係活動は、学級全員が参加し、学級生活を改善し、よりよい生活を築くために自らの集団に貢献し、個性の伸長に資することができる。③係活動は、各児童・生徒が満足感や達成感を味わう契機となり、相互の連帯感を深めることができる。以上の通り、係活動を通じて一人ひとりの児童・生徒は、自主性、主体性、積極性あるいは創造性、倫理性などの豊かな人間性を育むことができるし、また、協力、友情、責任等の社会性を向上させることができるといえよ

う。

（2） 「係活動」の組織づくりにおける留意事項

　次に、「係活動」の組織上の留意点について述べてみよう。係活動は、児童・生徒たちが自発的に主体的に行うとはいっても、それがより良く実行されるためには、教師の適切な指導と支援がきわめて重要である。すなわち、児童・生徒が学級生活の充実を目指し、自治的、自発的な活動を行うための組織づくりが必要であろう。その主な留意点は次のように示される。第1に、係活動の組織は、その学級独自のものであり、児童会ないし生徒会、あるいは委員会活動の下部組織ではなく、当番活動とは区別して、児童・生徒の意欲的、積極的な活動になることを促進しなければならない。第2に、係活動は、児童・生徒たちの自発的・主体的活動であるべきなので、その組織は、学級全員の話し合いによって決定し、活動の経過によって見直しや改善・変更ができるようにしなければならない。さらに第3に、係活動は、学級集団の向上・連帯を深める実践活動なので、個性、社会性、創造性等の人間性を育成する教育活動として、場所、時間、用具や発表の機会等の条件を整備し、活発な活動を保障するようにしなければならない、などである。

第3節　学級活動と学級文化

（1） 学級集団と学級文化

　学級集団は、一般的には、学年単位として1年以上の長期間にわたって、その成員は同一で固定されている。その成員によって長期間に固有の雰囲気や特徴を持った集団を形成するようになる。この学級集団の独自性こそ「学級文化」と呼ばれるものである。学級文化は、意図的・計画的に形成されるものと無意図的・自然発生的に形成されるものとに2大別される。すなわち、学級目標や学級歌あるいは学級旗、学級新聞（クラス通信）などは前者であり、学級の雰囲気や学級の性格などは後者に属する。その学級の持つ学級文化は、日常的に児童・生徒たちの人間形成にとって重要な影響力を持つだろう。それゆえに、こうした学

級文化の及ぼす影響力、人間形成力に配慮して、より良い学級文化の形成のために、意図的、積極的かつ計画的に組織し、実践しようとする「学級文化づくり」の活動は、きわめて重要なのである。

（2） 学級文化づくりとその教育的意義
　一般に、学級あるいは学校における文化づくりは、児童・生徒一人ひとりの日常的な生活経験に基づいてなされる。人間として生きる内容それ自体として形成される文化は、人間形成の根本として人間すべてに共有され、人間が共生するための協働や連帯を促進する契機となる。学校の存在意義についていえば、一般的に認知されているように、学級や学校は、単なる市民的訓練ないし形式的な民主主義のための機関ではなく、人間としての権利を自覚し合う場であり、人間としての欲求を集団的な自治活動ないし創造的な文化活動を通して、実現していく場でなければならないのである。なぜなら、学級や学校における文化づくりは、民主的・文化的に豊かな内実を有する集団を育成する過程において、社会的存在として生きる人間を、総合的、全人的に形成することを目的としているからである。
　学級文化づくりは、学級文化をつくり出す活動を契機として、児童・生徒の自己価値観や自尊感情あるいは自信感等を育成する営為である。それゆえ、彼らの自発的、主体的、自治的活動である学級活動によって学級文化づくりを目指すことには重要な教育的価値があるといえよう。学級文化をめぐって、当然ながら児童・生徒の価値観の違いが表面化する。彼ら一人ひとりのものの考え方や価値観の違いを相互に受容し、克服するためには、話合いを通じて集団決定する能力が必要である。学級づくりの活動を通じて友だちができ、仲間意識が強化され、協働することの価値や喜びを発見し、自分たちの学級に特有の文化をつくり出すことができれば、彼らは、自分たちの学級、そしてその成員であることに誇りと満足感を持つことができよう。

第4節　学級崩壊とその対処法ないし克服策

（1）学級崩壊現象の頻発化とその特質

　学級活動や学級経営が機能しない事態として、学級崩壊現象を取り上げることにする。1990年代初頭頃から学校教育現場における「荒れ」（荒廃）が見られるようになったが、1990年代後半になると「学級崩壊」あるいは「学校崩壊」という言葉が使われるようになった。1997（平成9）年に放映されたテレビの報道番組「学級崩壊」の内容は、多くの関係者にとってショッキングなものであった。これ以後、マスコミを中心に「学級崩壊」の問題が頻繁に取り上げられ、この言葉が一般的に使われるようになった。「学級崩壊」とは、当時の国立教育研究所（現国立教育政策研究所）の中間報告書（1999年8月）において「学級がうまく機能していない状況」と表現されており、言い換えれば、児童・生徒が教師の指示や指導を無視したり従わなかったりするために、学級における授業や生活機能がすべて一定期間にわたってストップし、機能不全状態に陥ってしまうことを指す。

　学級崩壊は、一般的に段階的に進行するとされており、最初は、たとえば児童・生徒の授業中の私語や勝手に立ち歩いたり、教室外に出たり入ったりすること、友だち同士のふざけ合いなどが生起する。次の段階になると、教師の指示を無視したり、暴力的な反抗的態度を取ったり、配布物などを故意に破棄したり、机や床の上に寝転がったり、授業妨害の様相を示すようになる。さらに深度が進んだ後期（末期）的段階になると、学級全体の児童・生徒が団結して教師の指示に従わなくなり、授業それ自体も不成立となり、学級運営が困難な状態に立ち至る。さまざまな学級活動も不可能となる。ここまで来ると、担任教師は、教師としての自信を喪失し、疲労困憊の果てに休職したり、最悪の場合は自殺してしまうこともある。なお、こういう深刻な学級崩壊は、若手のキャリア不足の教師のクラスだけに起こっているのではなく、十分なキャリアを持つベテラン教師のクラスにおいても実際に起こっているのである。

　従来の教育問題と、現代の学級崩壊の問題とは大きな相違点がある。たとえば、①学級崩壊が最初に生じたのは、小学校レベルにおいてであるということで

あり、これをきっかけとして、従来の教育問題が低年齢化しているのである。②教師対学級全体という形で、児童・生徒たちの教師に対する「いじめ」のような事態になっている点である。それから、③従来は、成績も優秀で教師の側に立ってその指示をしっかり守り、「良い子」としてみなされるような児童・生徒が必ず一定の数で学級に居たのであるが、反抗したり、かきまわしたりして学級の秩序を乱すという意味での「悪い子」と、「普通の子」や「良い子」との区別がつかなくなり、教師は学級の中で孤立無援となり、言わば敵ばかりの状況の中で立ち往生する事態となっていることである。教師にとって、信頼していた「良い子」の反乱というべき事態は、悲惨で耐え難いものなのである。

(2) 学級崩壊の背景的要因

　それでは次に、学級崩壊の要因について考察することにしよう。これまでにもいろいろ指摘されてきたが、その主な要因を挙げるならば、①家庭的要因として、その養育の過程で過保護や虐待によって子どもは健全な成長を遂げられず、「キレル子ども」や「すぐパニックを起こす子ども」あるいは「極端に自己中心的な行動をする子ども」等が増加していること、②最近は病気として認知されるようになった「注意欠陥・多動性障害」の子どもたちの存在、③詰め込み教育など学校教育そのものが非教育的になり、既存の学習が現代の子どもたちにとって魅力を喪失してしまったこと、④子どもたちの変化に対応した学校側の指導や組織が十分でないこと、⑤高学歴化社会の中で教師の社会的地位が相対的に低下し、教師としての権威がなくなり、教師の指導力や教育力が低下しつつあること、⑥地域社会の教育力も低下し、家庭・学校・社会の総合的な教育力が弱化したこと等があり、こうした複合的な要因が考えられよう。

(3) 学級崩壊への対処法・克服策

　以上のような学級崩壊の要因、背景を踏まえて、次に、その対処法ないし克服策についていくつか提案しておきたい。①ティーム・ティーチング。担任教師を支援するために学校長や専科の教員ら複数の教師と共に指導し、教師間の連携を強化するやり方。②保護者や地域の人たちの協力を要請し、教室に常駐してもらうやり方。これは開かれた学校として、学校だけの力ではなく、地域社会や保護

者としての親たちの力を結集して、学校教育のパワーを強化する意味で、これからの学校教育改革の1つの方向でもあるといえよう。③学級活動の障害要因を除去するやり方。これは、たとえば弱い者いじめなどの適正でない、歪んだ人間関係の所在を突きとめ、児童・生徒の安心できる環境を整え、彼らが学級にいること、登校するのが楽しみとなるような学級・学校に改革することである。④学校生活が児童・生徒に満足感を与えるためには、何よりも「わかる授業」「楽しい授業」を行うための創意工夫が必要である。また、⑤話し合いを重視し、学級活動を活発化させたり、学校行事などの開催に際して、児童・生徒と保護者ならびに教師たちが連携・協力して、お互いの考え方や希望や要望について理解し合うために、譲歩したり反発したりしながらも協調精神の重要性を学ばせること。要するに、⑥教師は、「学級王国」の中に安住せず、絶えず教師力の向上・強化に邁進し、独善を廃し、教室の外つまり社会に常に開かれた態度を堅持しながら、自分自身も児童・生徒たちとともに成長していく、つまり「共に育つ」共育的存在であることを自覚している必要があろう。

第5節　学校・教師への理不尽な要求の現状と対応策

(1) 学校や日本の社会で、現在、起こっていること

　現在、学校や学級担任教師などに対して、不可解で理不尽なクレームを執拗に繰り返し、無理難題をふっかける保護者や地域住民が激増している。「モンスターペアレント」(怪物保護者)などと呼ばれ、彼らの極端なクレームが直接の原因で、学校崩壊や教師の精神性疾患を惹き起こしたり、教師が自殺したりするケースも稀ではなくなっており、教育行政当局も動き出し、さまざまな対応策が採られるほど、事態は深刻化している。

　理不尽な要求を繰り返すクレーマーは、実は学校においてのみでなく、企業や病院においてもさまざまな問題を発生させている。つまり、クレーマーの行動は、学校の教育や企業の経済活動、それから病院の運営などにも支障をもたらしているのが現状である。ある経済誌は、クレーマー問題の特集を組み、増加する強烈なクレーマーについて、これまでの実例を整理して11類型に分類している

ので、参考までに以下に挙げてみる。
　① 社会常識欠落型：これは、これまでの日本社会で当たり前だった常識が、まったく通用しないタイプである。
　② 異常潔癖型：これは、通常なら気にならないレベルのミスや汚れなどをあげつらうタイプである。
　③ お節介、正義の味方型：これは、自分の利益ではなく、社会のために活動している、と思い込んでいるタイプである。
　④ 教育・説教型：これは、人生の先輩、ビジネスの先輩のように振るまい、偉そうに講釈を垂れるタイプである。
　⑤ 被害妄想型：これは、店員に笑われたとか、悪口を言われたとか勝手に思い込んで文句を言うタイプである。
　⑥ 王様型：これは、お金を支払っているだけで王様と家来のような主従関係を要求するタイプである。
　⑦ 異常粘質型：これは、些細なことや古い話を持ち出し、とにかくしつこいタイプである。
　⑧ 時間つぶし型：これは、忙しいときを見計らって苦情を言ったり、長時間話し続けたりするタイプである。
　⑨ ストーカー型：これは、特定の人物（女性店員など）につきまとい、いやがらせをするタイプである。
　⑩ 商品オタク型：これは、商品知識、技術知識を楯に、とにかく納得いく説明を求めるタイプである。
　⑪ 激情型：これは、突然大声を出したり、泣き出したりする、いささか病的なタイプである。

（2）クレーマー社会の背景
　それではなぜ、いつ頃から、全国的規模で過激なクレーマー、モンスターペアレントあるいはモンスターペイシェント（patient：患者）が出現したのだろうか。端的にいえば、日本社会の変質と日本人の価値観の変化が、こうした人たちを増殖していると考えられる。日本は、戦後、「奇跡（ミラクル）の復興」をなし遂げ、高度経済成長を経て、経済的に豊かになり、諸外国から「経済アニマ

ル」などと揶揄されたりした。利己主義的な「自己実現」を追求し、我慢や忍耐をせずに、言いたいことを言い、やりたいことを徹底的にやるという風潮が日本社会に蔓延するようになり、倹約、努力、謙譲心、忍耐や根性、知足や節度などといった、日本の伝統が顧みられず、軽視されるようになってきた、としばしば多方面から指摘されている。

　現代の日本は、消費や欲望を限りなく拡大させていく拝金主義を伴う「欲望肥大化社会」の構造になっている。なお、アメリカ発の新自由主義（neo-liberalism）が、グローバリゼーションの波に乗って、今や全世界に拡大・普及しており、日本においても、その規制緩和と市場原理主義を1990年代に全面的に導入した。「市場」による自由競争は、「消費者は神様」であるという「消費者中心主義」（consumerism）を生じさせ、サービスの受け手である消費者は、「王様」然として言いたい放題、クレームつけ放題の社会を出現させたのである。また、ハイテク産業の急速な発達と、従来の日本的な情緒（心情）との大きなギャップによって生じた不安が、日本人のいらだちや凶暴さや耐性の喪失につながっていると指摘する評論家も少なからずいる。もし、現在、日本社会が正に欧米化する過渡期にさしかかっているのだとすれば、そのことを踏まえ、ここを乗り越えて安定した新たな社会の構築を目指して、努力していかなければならないであろう。

（3）　学校、教師へのクレームや苦情の実例

　さて、学校や教師に対するクレーマーを、特に「モンスターペアレント」（monster　parent）と呼ぶようになったのであるが、これは、向山洋一（日本教育技術学会会長、教育技術法則化運動代表）がつくった和製英語であり、アメリカでは、これに当たる英語として、ヘリコプターペアレント（helicopter parent：子どもの頭上や学校・大学の上空を絶えず旋回して、様子を監視している親）が使われている。向山洋一の定義の要点をまとめれば、モンスターペアレントとは、「不当で不可解な、理不尽な要求をし、朝から晩まで電話で抗議するほど、言動が攻撃的で、それが学校や教師を病気や退職、自殺にまで追い込む親たち」のことである。彼らは、教師や学校までつぶしにかかり暴れまわる。正に怪物（monster）の名にふさわしい言動を取るのである。

先に述べた企業や病院に対するクレームと同質の、重なる部分も多いのであるが、学校や教師に対するクレーマーの言動について、具体的な実例を以下に示してみよう。最初に、クレーム例を4つに類型化した多賀（2008）の場合から見てみると、

1) 「うちの子を最優先させるタイプ」として：①うちの子をいじめる子どもを転校させてくれ。②学芸会の主役はうちの子にして。③家でうちの子には掃除させないので、学校でもやらせないで。④うちの子の成績が悪いのは、先生の教え方が下手だからなので、担当者を替えて。⑤塾の合宿があるので、林間学校には行かせない。

2) 「親の都合を最優先させるタイプ」として：①公立学校の服装は自由。うちの子に制服は着せない。②家族旅行に行くので、子どもを欠席させたい。③共働きなので、（台風などが理由の）急な休日には、子どもを保健室で預かってほしい。

3) 「先生や学校が困るのを楽しむ愉快犯タイプ」として：①校庭の落ち葉がいつもうちに落ちてくる。②教室から生徒がいつも家をのぞいている。③チャイムの音がうるさい、運動会のピストルや音楽もうるさいので中止して。

4) 「金品をねだるタイプ」として：①（禁止している携帯電話を取り上げられた後で）基本料金を日割りで支払って。②子どもが病気で休んだ間の給食費を返却してほしい。③うちの子が学校で骨折したから、通院通学のためのタクシー代、付き添う保護者の休業補償費と慰謝料を出して。

これらのうち、最初の「うちの子を最優先させるタイプ」のクレームが最も多いという。これは、いわゆる保護者の「自"子"中心主義」のクレームである。

次に、PTA崩壊の現状を調査した野村旗守の報告（2008）を見てみよう。モンスターペアレントの言い分として、①給食費を払っているのだから、子どもに「いただきます」と言わせるな、②義務教育なのだから、給食費を払う必要はないだろう、③女の先生は嫌いだから、担任を替えろ、④学芸会でもっと良い役をやらせろ、⑤遠足の写真でうちの子が一番端に写っているのは許しがたい、⑥家庭訪問はしないでくれ、他人に家の中をあまり見られたくないから、等が紹介されている。

このほかにも新聞や雑誌、週刊誌やTVなどでも、実にさまざまなクレーム例や、クレーマー問題に関わる事件が報告されており、最近はクレーマーが惹き起こす訴訟事件も多発化しているので、教育行政当局も緊急に対応を迫られているのが現状である。

(4) 要求する親、地域住民への対応

　そこで、文部科学省は、2007 (平成19) 年7月に、全国の教育委員会から具体的な対策案を公募した。それから、有識者による評価委員会が、応募してきた提案内容を審査して、それらの中の優れた提案を行っている教育委員会をいくつか選び、それらの提案は、試験的に 2008 (平成20) 年度から実施されている。その費用は、すべて国が負担することになっている。文部科学省の支援事業を活用している広島市教育委員会 (以下「市教委」と略称) の実例を、以下に見てみよう。

　市教委は、2008年6月に、保護者対応に困惑、苦悩している学校に助言し、支援する「専門家チーム」を設置した。当チームは、弁護士や臨床心理士、それから精神科医師など、13人から構成されている。市教委が市立の全幼稚園、小・中・高校からの相談を受け付けて、それぞれの事業に最適の人材・専門家を紹介することになっている。チーム設置後、7件の相談があったが、「生徒指導のあり方をめぐって保護者と意見が食い違い、法的な視点から学校側の正当性を確認した事案」が多かった、と報告されている。なお、この7件のうち6件を弁護士が担当したという。市教委によれば、「必要がある場合は、保護者の了解を得て、専門家が仲裁に入ることもある」としている。

　次に、「専門家チームの対応事例」を示す。

［その1］　相談内容の概要：「男子中学生が、授業中に学校を抜け出ようとした。教員が生徒の前方に立ちはだかり、制止しようと両手を広げたところ、その腕に生徒の頭が当たった。生徒は、『先生が暴力を振るった』と主張し、保護者もこれに同調した結果、指導に行き詰まってしまった」というケースである。
　その「対応と成果」：担当した弁護士は、この教員が意図的に腕を当てようとしたのではないため、暴力を働いたことにならないと判断した。説明を受けた学校側は、毅然とした対応ができるようになり、生徒や保護者も納得したという。

［その2］　相談内容の概要：「小学校の男子児童2人がけんかをし、両人とも軽いけ

> がをした。学校側は、『双方に非がある』と判断し、児童や保護者同士に和解させようとしたが、片方の親が『暴力を振るわれたら、やり返すのが当然だ』と譲らず、指導が行き詰まってしまった」というケースである。
>   その「対応と成果」：担当弁護士は、学校に対して「法律は暴力そのものを否定している。保護者の主張は通らない」と説明した。教師は、自信を持って対処できるようになり、保護者同士の和解にも成功したという。

　次に、東京都の対応策について紹介したい。報道によれば、東京都は、2008（平成 20）年 11 月 17 日までに学校と保護者らとの間に生じたトラブルの解決に取り組む専門部署を、2009（平成 21）年度に新設する方針を固めた。専門担当部署を設置して、モンスターペアレント対策に当たるのは、全国で初めての試みであり、同様の問題を抱える自治体から注目を集めているという。その専門部署は、トラブル解決に向けたノウハウを開発して、各市区町村の教育委員会や個別の学校に提供したり、具体的な事例に対して助言をしたりする。解決案を提示したりして、調停的な機能も果たす予定である。都教委が、この対応策を策定するのに先立って、同年 6 月に、都内にある公立の幼稚園、小・中・高校など合計 2,418 校を対象に実態調査を実施したところ、学校だけでは解決困難なトラブルも相当数あり、また、教員の対応のまずさがトラブルに発展したケースも少なからずあることが判明した。そこで、都教委は、教員の対応能力向上策や、問題を未然に防ぐマニュアル作りなども実施する方針であるという。なお、保護者らから寄せられた要望の具体例を、以下にいくつか示すと、

・いじめ加害の子どもに指導した教員に、その保護者が恐喝の言葉を繰り返す。
・脅しまがいの言葉で、高校授業料の徴収を逃れようとする。
・スクールバスのルート変更を何度も求める。

　これらのほかにも、さまざまな要望や、身勝手な苦情が多数寄せられている。このほかにも全国の多くの地方自治体が、保護者や地域住民からのクレームや苦情や相談等に対して、教育委員会による対応策を模索し、本格的な活動開始の準備をしていることが新聞やテレビで報道されている。たとえば、京都市教育会は、2007（平成 19）年 8 月に「学校問題解決支援チーム」を、また、同年 11 月に「自律促進教育チーム」をそれぞれスタートさせた。

前者の活動内容として次の3つが挙げられている。すなわち、①学校、保護者、児童・生徒などの状況把握及び専門性を活かした対応策、②学校、保護者への具体的な指導、支援および学校と家庭との関係修復に向けた働きかけ、それから、③保護者、地域住民からの学校における学習活動・生徒指導の問題に係る苦情などへの対応およびPTA等とも連携した学校・家庭・地域各々の機能回復に向けた指導・支援である。このチームの構成メンバーは、12人で、専門委員は医師、弁護士、臨床心理学者、市民代表の合計5人で、また、常任委員としてスクールカウンセラー、警察官OBら合計5人がいる。この常任委員たちは、随時、学校を訪問し、現場の教師たちの話を聞いたり、相談を受けたりしている。
　次に、後者の「自律促進教育チーム」は、次の5つの活動内容を示している。
① 学校に関する情報の収集と問題行動の早期解決および未然防止。
② 問題行動を繰り返す児童・生徒への特別指導など。
③ 問題行動を繰り返す児童・生徒の保護者への支援。
④ 関係機関との連携および協力体制の構築。
⑤ 問題行動を繰り返す児童・生徒の学校復帰に向けた体制の構築など。
　専門委員は12～20人くらいで、個別の児童・生徒への指導プログラムを実施する際、必要な専門知識や技能を有する人材で構成される。また、常任委員は6人で、チームの中心的な役割を果たし、個別の児童・生徒への直接的な指導を行ったり、学習支援などを行ったりする。なお、これら2つのチーム「学校問題解決支援チーム」と「自律促進チーム」とは、相互に連携しながら活動することになっている。
　それから、岩手県教育委員会では、行政サービスの「品質向上運動」の一環として、「苦情対応マニュアル」を作成し、公立学校に配っているし、大阪市教育委員会は、2006（平成18）年6月から既に保護者への対応マニュアル作りを進めてきた。また、横浜市は、第三者委員会の設置を検討しているし、東京都港区教育委員会は、2007（平成19）年6月に、「学校法律相談制度」を打ち出したし、さらには群馬県の太田市では、2007年8月に「市学校問題解決支援隊」をスタートさせて、保護者と教師との間のトラブル相談に当たっている。なお、同支援隊のメンバーは6人で、ボランティア組織の第三者機関である。6人のメンバーは、弁護士や学識経験者などで、相談業務に優れており、また、教育問題に

通じている人たちである。

　以上において地方自治体の教育委員会による保護者や地域住民のクレーム・苦情等に対する具体的な動きの一端を紹介した。「モンスターペアレント」という言葉そのものは、筆者は好ましくないと思っているが、便宜上それを使うことにして、これは、保護者側の過度の権利意識ないし、消費者（お客様）意識に端を発しているケースが多々見受けられる。現代の日本においても、新自由主義における市場原理主義が、「消費者中心主義」（consumerism）の風潮をもたらしているのではないだろうか。また、かつての状況が様変わりして、現在のPTAは、一般的に学校と保護者（親など）の間の緩和材としての役割をもはや果たさなくなってしまった。

　学校や教師たちの疲弊や摩耗は甚大であり、学校と保護者たちの間の相互不信がますます増大しているのが現状である。保護者や地域住民の理不尽ともいえるような訴訟に備えて、「訴訟費用保険」に加入する教師等が、ここ数年来とみに増えている。たとえば、東京都の公立学校の3分の1以上の教職員が加入していることが報道されている。また、全日本教職員連盟（約2万5,000人加入）は、自らの組合員のため、「訴訟費用互助基金」を設け、毎月10円ずつ積み立てており、この基金で裁判費用を援助することになっている。

　さて、要求する親や地域住民への対処の仕方は、程度の差はあれ2つの方向でなされてきた。その第1の対処の仕方は、保護者なり地域住民の側に立って、そのクレームをSOSのサインと受け止め、丁寧に耳を傾けて対応すべきであるという立場である。クレームの背景に保護者のストレスや不安があると察して思いやるのである。ただ、教師と保護者の両者間のコミュニケーションが取れないことが問題で、それは、教師がますます増える事務などの作業に忙殺されて、じっくりと親たちと接する時間が足りないことが障害となっている。お互いに時間をかけて「話せばわかる」というのがこの立場である。

　クレームに対する第2の対処の仕方は、教師や学校の力だけではどうにもならない保護者や地域住民が、少なからず存在するという前提に立って、双方の話し合いではなく、第三者機関に委任して、クレーマーを排除すべきであるという立場である。たとえば、第三者としては、①学校評議会組織（校内）、②特別相談室や支援委員会（各都道府県市町村教育委員会）、③警察、④弁護士、⑤地域

ボランティアによる学校支援組織、等を挙げることができるだろう。

　いずれにしても、これらの2つの対処の方法は、対症療法的な対応策である。保護者や地域住民のモンスター化は、やはり現代社会の価値観や風潮と緊密に連動していることを考慮すれば、その根本的な治療法も同時進行で模索しながら、適宜実施に移さなければならないであろう。もしそうしなければ、日本の学校教育は、遠からず崩壊の危機に直面することになるかもしれないのである。それではどんな根本的治療法がありうるのだろうか。

　第1に、保護者を変えること、第2に、学級規模を現在の40人から20人の小人数制にすること、その分だけ教師が増えるので、教師の連携を強化するためにチームを結成することも有効であること、第3に、教師と保護者のコミュニケーションを深めるために、十分な「話し合い」の機会を増やすこと、第4に、学校と地域住民との接点を増やし、活発な交流を継続的に行うこと、第5に、地域社会としてのPTA組織を再編して、保護者同士の連携を強化すること、第6に、教師の対処能力を向上させること、等が必要不可欠であろう。繰り返すが、現在の日本における学校教育の状況を改善するためには、対症療法と根本的な治療法の両方を、「車の両輪」として同時進行で敢行すべきであろう。

参考文献

「恐怖のクレーマー―お客様は『神様』か『怪物』か―」『週刊ダイヤモンド』2008年1月26日
野村旗守「PTA崩壊でモンスター親が急増中」『SAPIO』小学館、2008年11月26日号
多賀幹子『親たちの暴走―日米英のモンスターペアレント―』朝日出版社、2008年
「モンスターペアレント対応―全国初　都が専門部署―」『読売新聞』2008年11月18日付朝刊
「子どものしかり方―思春期編〈1-3〉」『毎日新聞』、2008年11月23日付朝刊
加澤恒雄、広岡義之編著『新しい生徒指導・進路指導―理論と実践―』ミネルヴァ書房、2007年
小野田正利『悲鳴をあげる学校―親の"イチャモン"から"結びあい"へ―』旬報社、2007年
藤田英典編『誰のための「教育再生」か』岩波書店、2007年
江川玟成編『特別活動の理論と方法　改訂版』学芸図書、2006年
松田文子、高橋超編著『生きる力が育つ生徒指導と進路指導』北大路書房、2006年
藤田英典『教育改革のゆくえ』岩波書店、2006年
高旗正人、倉田侃司編著『新しい特別活動指導論』ミネルヴァ書房、2005年
楠本恭久編著『生徒指導論　12講』福村出版、2004年
辰野千壽『教室経営の方略』図書文化、2002年

第6章　さまざまな学校行事と人間形成

　教育課程の編成の根拠である現行の学習指導要領における学校行事についての記述は、「学校行事においては、全校又は学年を単位として、学校生活に秩序と変化を与え、集団への所属感を深め、学校生活の充実と発展に資する体験的な活動を行うこと」（小学校、中学校）となっており、このような小学校、中学校と高等学校の記述では表現の違いが若干あるにしても、その内容はほとんど同じである。なお、学校行事の活動内容としては、①儀式的行事、②学芸的行事、③健康安全・体育的行事、④遠足（旅行）・集団宿泊的行事、⑤勤労生産・奉仕的行事がある。各学校では、各教科、道徳、総合的な学習の時間や、特別活動としての学級活動、児童会・生徒会活動、クラブ活動などに充当する時間数を勘案し、学校行事に必要な時間数をそれらとのバランスを考慮して確保し、適切な時間数を決めなければならない。
　学校行事の現状における問題の1つは、学校現場における教師の多忙化に関わっている。教師が多忙化すればするほど、学校行事は敬遠されがちになり、正に、学校行事は危機にさらされている。それではなぜ、いま、教師は多忙化しているのか、その背景的要因や実態について概述する。
　学校行事の現状における第2の問題は、学校行事のマンネリ化ないし、形骸化の傾向についてである。さらに、学校行事に関わる第3の問題として、現行学習指導要領における「ゆとり教育路線」に対する学力低下の視点からの批判についてである。現在、学校行事は次々に減らされているが、学校行事や「総合的な学習の時間」の削減に論拠を与えてきたものの1つは、「学力低下」という批判である。

第1節　教育課程における学校行事の位置づけ

　教育課程の編成の根拠である現行の学習指導要領における学校行事についての記述は、次の通りである。「学校行事においては、全校又は学年を単位として、学校生活に秩序と変化を与え、集団への所属感を深め、学校生活の充実と発展に資する体験的な活動を行うこと」（小学校、中学校）となっており、また、高等学校では、「学校行事においては、全校若しくは学年又はそれらに準ずる集団を単位として、学校生活に秩序と変化を与え、集団への所属感を深め、学校生活の充実と発展に資する体験的な活動を行うこと」と規定されている。以上の通り、小学校、中学校と高等学校では表現の違いが若干あるにしても、その内容はほとんど同じである。これらを手がかりにして、学校行事の意義や特質について考えてみよう。

1) 　小学校の教育課程（カリキュラム）は、各教科、道徳、特別活動（①学級活動、②児童会活動、③クラブ活動、④学校行事）の3領域と総合的な学習の時間から編成される。また、中学校のそれは、各教科、道徳、特別活動（①学級活動、②生徒会活動、③学校行事）ならびに総合的な学習の時間から編成される。さらに、高等学校のそれは、各教科・科目、特別活動（①ホームルーム活動、②生徒会活動、③学校行事）ならびに総合的な学習の時間から編成されることになっている。ここから明らかな通り、カリキュラムにおける学校行事の位置づけに関しては、小・中・高の校種の別なく共通な扱いとなっており、行事に関わる児童・生徒の活動は、小学校・中学校そして高等学校まで、学校教育活動全体を通じて行われるべきことが明示されているのである。
2) 　各教科、道徳、他の特別活動、さらに総合的な学習の時間などの日常の学習成果や多彩な経験を総合的に発展させる活動が行事活動である。それは、生徒の創造力を育み、人間形成に資する活動であり、また、児童・生徒の教科学習への動機づけや意欲の喚起など、学校生活に対してプラスの効果をもたらす活動である。

3) 行事活動は、全校や学年を単位とする大きな集団による体験的な活動であるので、他の学級や他の学年の異年齢の児童・生徒とのふれあいや交流を通して学級生活だけでは得られない幅広い人間関係を構築する機会を与えてくれる。その意味で、行事活動は、教師と生徒ならびに生徒同士の「出逢い」を経験する機会をもたらすであろう。児童・生徒とが協力して活動することを通して、連帯感や成就感、感動などを経験できるであろう。
4) 学校の行事活動は、学校生活に秩序と変化を与え、日常的な学校生活の充実と発展を図る活動であり、学校生活を豊かにしてくれる。すなわち、単調になりがちな、教科学習を中心とした学級生活や学校生活に変化と色彩をもたらし、ある意味で「息抜き」となり、「楽しみ」を与え、児童・生徒にとって活気のある充実した豊かな学校生活をもたらす契機となることが期待される。
5) 学校と地域の人々とのふれあいや交流などを通じて、社会参加や連携を深める活動である。児童・生徒は、それらの活動を通じて、社会的奉仕の精神や社会的常識・マナーあるいは年長者への敬意、そして自己中心主義的態度ではない他者への思いやりや他者への尊重心などが育成される。
6) 自発的・積極的な各種の学校行事への参加・協力が原則であり、学校行事活動は、教師の適切な指導のもとで行う児童・生徒の自発的・実践的、自治的活動である。学校行事の教育的意義ないし価値は、学校行事活動が学校生活におけるさまざまな学習成果や経験を総合的に向上・充実させる体験的な活動であり、児童期や青少年期の人間形成にとって重要な役割を果たすことにあるといえよう。

第2節　近代日本の学校制度における学校行事の導入の歴史的経過

　日本の公教育は、1872（明治5）年の学制制度を出発点としている。周知の通り、当時の明治政府は、時代状況として「文明開化」、「富国強兵」そして「欧米先進国へのキャッチング・アップ」を最優先課題にした。そのために具体的には、学校教育において「実学的知識」を重視し、その普及を目指した。その結

果、教科による一斉授業が学校教育の中心となり、教科以外の活動は、正規の学校教育の中に位置づけられていなかった。しかしながら、日本における課外活動のルーツは、運動会、学芸会、儀式、それから遠足・修学旅行などの学校行事の展開に遡ることができる。

(1) 運動会、遠足の起源

まず、運動会の起源について見てみると、日本の運動会は、1784（明治7）年に、東京築地の海軍兵学寮で「生徒競争遊戯会」を催し、陸上競技（「ヤード競走」や「跳躍」など）や競争競技（「2人3脚」や「目隠し競争」など）を行ったのが最初だとされている。これは、イギリス人士官の外国人教官の指導によって開催されたものである。こうした運動会は、その後、明治20年代に初代文部大臣である森有礼が考え出した「兵式体操」の一部が取り入れられ、全国の学校に普及するようになった。その頃の小学校の運動会は、単一校ではなく県や郡地域での複数校の「連合運動会」形式で行われた。明治30年代以降に、それが、現在のような形態で行われるように発展したのである。

ところで、運動会は、もともと「学級対抗」、「部落対抗」などのような形態で行われており、その後、地域住民参加の行事として定着した。当時の時代状況を反映して、運動会では、軍事的色彩の強い「旗奪」や「隊列運動」などの種目が盛んに行われた。満州事変以後は、こうした軍事的色彩への傾斜がますます強くなり、国体訓練が強化され、遊戯的色彩が薄れてしまう。そのため、「運動会」は、後に「鍛錬運動会」1933（昭和8）年とか「興亜聖戦の体育会」1940（昭和15）年に改称されるなどして、戦争に加担する行事の1つになってしまった。

次に、「遠足」の起源について述べると、遠足は「遠足運動」ないし「行軍」と呼ばれ、先に述べた運動会と同様に軍事色を帯びていた。それは、現在の運動会場（たとえば校庭など）とは異なり、当時の連合運動会場は、たいてい遠く離れた校外が多く、その運動会場まで団体行動として「隊列」を組んで歩いて行く「遠足運動」が行われたのであった。現在の学校教育で行われている修学旅行は、「兵式体操」に「行軍」の要素を加味して実施された1886（明治19）年の「長途遠足」がその始まりだといわれている。つまり、遠足も修学旅行もそのルーツは、身体鍛錬のための運動会と同質の戦争への準備であったし、その意味で、そ

れらは遊戯性や教育的性格は顕著には認められなかった。なお、昭和時代に入ってから、「長途遠足」と呼ばれたその修学旅行は、「参宮旅行」と呼ばれ、宮城や靖国神社、その他を参拝する形式で、戦時中も実施されていたようである。こうした起源を持つ学校行事は、時代の推移によってその時代背景に応じた変容を遂げて、今日の教育課程に位置づけられた行事として定着したのである。

(2) 儀式的行事

戦前の学校教育の基本的方針は、「教育勅語」によって明確に規定されている。特に、儀式活動は、当時の国家体制の特質が明確に反映されている。「教育勅語」1890（明治23）年には、「記紀神話に由来する万世一系の神である天皇による統治を、わが〈国体の精華〉とし、そこに〈教育の淵源〉を求め、忠孝から博愛・知能啓発にいたる和洋混合のさまざまな徳目」と「存亡危機の非常時に身命を国家にささげる忠君愛国の志気の涵養」を目指すことがうたわれている。この「教育勅語」が廃止されて、「教育基本法」（1947年3月）が成立・発布されるまでは、「教育勅語」は、国家の精神的基盤として、その後の学校教育に対し絶対的な影響力を持っていた。

教育勅語発布の翌年つまり、1891（明治24）年に、「小学校祝日大祭日儀式規定」が制定された後、儀式活動は、学校教育において重要なウエイトを占め、活発に展開されることになったが、この儀式活動の中心は、「教育勅語奉読」であった。この勅語奉読に際しては、校外の学校関係者が来賓として多数招待された。この式典は、たいへん重要なもので厳粛に執り行われ、その荘重さは児童・生徒に大いに緊張感を与えるものだった。なお、儀式規定によって設定された「教育勅語奉読」は、明治・大正期には、①紀元節：建国記念日、②元始節：元旦、③天長節：天皇誕生日の三大節の儀式で行われた。また、昭和期に入って、四大節として、④明治節：明治天皇誕生日が追加された。これらの儀式の主な内容として、「御真影拝礼」、「万歳奉祝」、「勅語奉読」、「校長訓話」、ならびに「式歌斉唱」が執り行われた。こうした非日常的な儀式における静寂さ、荘厳さは、児童・生徒の精神形成に強い影響を与えたと思われる。儀式は、学校行事の1つとして明治、大正、昭和時代に引き継がれ、拡大され、深化され、徹底されて実施されることになったのである。

(3)「学芸会」の起源

　今日の「学芸会」のルーツを辿ると、明治20年代に行われていた「父兄懇話会」、「学術談話会」あるいは「音楽会」や、明治30年代の「教科練習会」、「学業練習会」、「児童談話会」などが元になって、明治30年代から40年代にかけて学芸会が成立することになったといわれている。それらの内容としては、主に唱歌や朗読など、「学習発表会」的な色彩が強かった。後年、これに「演劇」（つまり「学校劇」）の種目が加わり、保護者たちの学芸会への関心・熱意などによって盛り上がり、学芸会は、市・町・村の地域社会を巻き込んだ一大行事として開催され、定着していったのが大正・昭和期であった。この頃は正に「学校劇」の最盛期で、学芸会こそ学校行事の花形的存在であった。

　以上において概観したように、運動会にしても儀式にしても学校劇を含む学芸会にしても、戦前の学校行事は、「教育勅語」の精神をベースとして、また、戦時下という社会的背景により、国民教化の重要な手段として機能し、その体制の中に効果的に位置づけられていったのである。

(4)　戦後の学校行事、特別活動

　戦後、1947（昭和22）年に制定された「教育基本法」は、アメリカによる民主主義的教育観をベースにしている。同法が制定されてから、戦前の「教育勅語」は、新しい教育観に合致しないために、教育界から排除・追放され、日本の学校教育制度の一大転機をもたらすことになった。現代の学校教育の教育課程（カリキュラム）は、学習指導要領によって、その目標や内容やその基本的方向が示され、それに則って編成されることになっている。ところで、学校行事は、前述したように、それまでも実際に行われていたが、教育課程における位置づけはあいまいのままであった。しかし、小学校ならびに中学校については、1958（昭和33）年の学習指導要領の改訂によって、学校行事は、法的に初めて各教科、道徳、特別教育活動と並んで1つの「領域」として位置づけられた。また、高等学校については、1960（昭和35）年の指導要領の改訂によって、各教科、特別教育活動と並んで、1つの「領域」として「学校行事等」が設けられた。この「学校行事等」については、「学校が計画し実施する教育活動」と明確にその性格についての規定がなされている。さらに、「学校行事等」の種類については、「儀

式」、「学芸的行事」、「保健体育的行事」、「遠足」、「学校給食」や「その他の活動」が挙げられており、これは、小・中・高校に共通なものとされている。

その後、学校行事は、小学校学習指導要領が1968（昭和43）年に、中学校のそれは、1969（昭和44）年に、それぞれ改訂されたのに伴い、「特別教育活動」と「学校行事等」が1つの内容として再編統合され、「特別活動」と名称が変更されることになった。高等学校についても、1970（昭和45）年の指導要領の改訂によって、学校行事は、「各教科以外の教育活動」の1つの内容として統合され、さらに、1978（昭和53）年の指導要領の改訂で、この「各教科以外の教育活動」は、「特別活動」と名称が変更された。つまり、「学校行事」は、特別活動の中の1つの内容として明確に位置づけられたのである。

第3節　学校行事の活動内容

学習指導要領では、学校行事の種類として、小・中・高に共通した分類方法で、次の5種類が挙げられている。すなわち、①儀式的行事、②学芸的行事、③健康安全・体育的行事、④遠足（旅行）・集団宿泊的行事、⑤勤労生産・奉仕的行事、である。これらの行事には、以下のような個別的なさまざまな行事が含まれている。

① 儀式的行事：これは、学校生活に変化をもたせ、厳粛な場における感動を喚起させることによって児童・生徒の精神形成に資するような活動であり、たとえば、入学式、始業式、卒業式、修了式、終業式、朝会、新任式、離任式、その他が挙げられる。

② 学芸的行事：これは、日常の学習活動成果を総合的に活用し、発表する活動である。そのような行事としては、たとえば、学芸会、音楽会、文化祭、作品展（展覧会）、読書感想発表会、音楽鑑賞会、演劇鑑賞会、映画鑑賞会、講演会などがある。

③ 健康安全・体育的行事：これは、健康の重要性や心身の健全な発達についての理解を促進し、安全な行動の体得や運動を積極的に行う態度を育み、体力の増進などに役立つ活動である。そのような行事としては、たとえば、

健康診断、避難訓練、大掃除、交通安全指導、運動会、体育祭、球技大会、マラソン大会、水泳大会、競技大会、駅伝競走、などがある。

④ 遠足（旅行）・集団宿泊的行事：これは、校外学習の一環であり、校内では得られない見聞を広めたり、家庭から離れて集団生活を体験し、日常の生活環境に変化をもたせ、活気を喚起することによって、平常の教科学習への新たな動機づけなどを期待して行われる活動である。そのような行事としては、遠足、修学旅行、集団宿泊、野外活動、自然観察活動などがある。

⑤ 勤労生産・奉仕的行事：これは、労働・勤労の精神や生産活動の喜びを体得することによって、職業観を育み、進路選択学習の一環にも資するような啓発的な体験の機会を与える活動である。そのような行事としては、たとえば、校内美化・整備活動、飼育・栽培活動、学校田や学校菜園の手入れ、学校近辺の道路清掃、公共施設の清掃、職場や工場の見学などが挙げられる。

次節において、こうした学習指導要領に示されている生徒会や児童会の活動をめぐる現状ならびに今後の諸課題について、述べてみよう。

第4節　学校行事の指導上の留意事項

以上において見てきたように、学校行事は、その種類も多く、多彩な内容から構成されている。それゆえ、それぞれの行事の特質を踏まえた指導のあり方が求められるであろう。ただし、学校行事は、特別活動の一環であり、特別活動のねらいないし精神は、いずれの場合も、個性の伸長を図り、集団活動を通して集団の一員としての自覚を深め、自主的・主体的・積極的に参加する態度を育成するところにある。そのような目標を達成するための計画・準備・実践そして適切な指導が求められるのである。それではここで、学校行事活動の指導について具体的に見ていくことにしよう。

（1） 学校行事の授業時数

　各学校で実施することができる行事の種類や、そのために充当する授業時数は、それぞれの学校の事情によって制約があることは当然である。学習指導要領においても、学校行事については具体的な標準時数は明示されていない。その理由は、教育活動としての学校行事は、その重要性や独特の性格上、年間の標準時数を規定することは好ましくないからである。各学校や地域の状況に応じて指導計画を立て、実施することを前提に、学校行事のために活用するべき授業時数は、各学校の主体的、自律的な判断と責任において決めることになっている。

　各学校では、各教科、道徳、総合的な学習の時間や、特別活動としての学級活動、児童会・生徒会活動、クラブ活動などに充当する時間数を勘案し、学校行事に必要な時間数をそれらとのバランスを考慮して確保し、適切な時間数を決めなければならない。ただし、実際には学校行事の活動に使われる年間の授業時数は、トータルで約2～3週間くらいであり、何度か実施された文科省の調査の結果からも、それが一般的な傾向であることが明らかになっている。

（2） 指導上の留意点

　特別活動としての学校行事の活動で、個性の伸長を図り、集団の一員としての自覚を深め、自主的、主体的な実行力を強化し、より良い生き方を自覚させ、生きる力を育成するという特別活動の目標を達成するためには、指導の際に配慮すべきいくつかの事項がある。第1に、学校行事は、その本質として集団的な活動であるが、個人が集団に埋没してしまわないように配慮することが重要である。個人の行動が受け身的にならないように、一人ひとりの児童・生徒に着目し指導するという、個別化の原理を踏まえることが必要である。第2に、学校行事活動は、平常の学習成果を総合し、応用し、発展させる機会であるので、行事に関わるさまざまな活動を日常的な教科その他の学習と関連づけながら指導するという基本的姿勢が堅持されなければならない。第3に、学校行事は、学級単位を超えた学年や学校規模の集団によって行われる活動であることから、児童・生徒の学年による発達段階の違いや関心や能力差など十分に考慮しながら、役割を分担させるような指導上の配慮が必要であろう。第4に、学校行事は、学校が計画し、準備し、実施し、指導し、評価する一連の教育的活動であるので、その各過

程において、児童会・生徒会活動や、学級活動・ホームルーム活動などと連動させて、児童・生徒の創意工夫を喚起し、彼らの自主性・自発性・自治性を最大限に尊重しながら、一人ひとりの児童・生徒に過重負担がかからないように指導するべきである。第5に、学校行事を成功させ、指導効果を上げるために必要なことは、全校の全教職員ならびに全校生徒の行事に対する理解と協力が必要不可欠である。また、場合によっては、地域社会の人々や、児童・生徒の保護者たちの理解や支援が必要であろう。

　指導上の留意点として、第6に、国旗掲揚・国歌斉唱の問題について言及したい。現行の学習指導要領「第4章　特別活動」の「第3　指導計画の作成と内容の取扱い」の3で、「入学式や卒業式などにおいては、その意義を踏まえ、国旗を掲揚するとともに、国歌を斉唱するよう指導するものとする」とあり、この規定は、小・中・高の学習指導要領すべてに共通する同一の文言である。ここで「指導するものとする」ということは、「指導しなければならない」という意味で使われており、国旗掲揚・国歌斉唱が義務づけられたということである。

　しかしながら、1989（平成元）年以前の学習指導要領においては、「国旗を掲揚し、国歌を斉唱させることが望ましい」となっていたのである。ところが、1989年の学習指導要領から、「望ましい」が「指導するものとする」に、つまり、「奨励」事項が「義務」事項に変わったのである。そこで、国旗・国歌の問題に関わる解釈をめぐって、これまで全国的に各学校でさまざまなトラブルが多発し、入学式や卒業式の時季になると、新聞やTVによって各学校で生起したトラブルについての報道が盛んに行われた。それは、国旗と国歌の両方についての法的根拠が存在しなかったことが根底にある。

　1999（平成11）年8月13日に、「国旗及び国歌に関する法律」が制定・公布され、施行された。現行の学習指導要領は、1989年のそれをそのまま受け継いでいるが、「日の丸」と「君が代」に国旗・国歌として法的な根拠が与えられたことにより、長年の間続いてきた論争は、一応の決着がつけられた。なお、この「国旗・国歌に関する法律」が成立した背景として、直接的な契機の1つとなったのは、広島県のある公立高等学校の校長の自殺事件が発生したことが指摘されている。広島県教育委員会からの指示と教職員の指示拒否の間に立って苦悩し、その校長は、卒業式の直前の1999（平成11）年2月28日に、進退窮して自殺

するというショッキングな悲劇が起きてしまったのである。

　また、戦後長く続いてきた教育現場の混乱を招いた、入学式・卒業式など学校行事の際の「日の丸・君が代」の取り扱いに関わるデリケートな問題をはらむ「日の丸・君が代訴訟」についても、ここで若干触れておきたい。先に述べたように、1999年8月に、「国旗・国歌法」が成立して以来、これに反対する教職員への強制・圧迫が激化したが、2006（平成18）年9月21日に出た「東京地裁」判決は、強制は違憲・違法であり、東京都立高校の教員に起立・斉唱の義務はなく、不起立、不斉唱、ピアノ伴奏の拒否を理由としていかなる処分もしてはならないとした。君が代の斉唱などの強制は、児童・生徒そして教職員の「内心の自由」の問題の観点から、憲法違反として断罪されたのである。

　ところが、その後、2007（平成19）年2月27日に出た「最高裁」の判決では、一歩後退して、ピアノ伴奏の拒否を理由とする処分の取り消しを求めていた、当時、東京都日野市立小学校教諭に対して、ピアノ伴奏は、「思想・信条の自由」を侵害するわけではないという理由で、その訴えを却下したのである。いずれにせよ、このように、学校現場においては、「日の丸」、「君が代」を巡る国旗掲揚、国歌斉唱の問題は、たいへんデリケートなのであり、当事者たちにはより慎重な取り扱いが求められている。すなわち、職務命令や処分に関わる問題をはらんでおり、学校は、教育的な十分な配慮を持って、国旗・国歌の指導に当たらなければならないであろう。

　最後に、学校行事の現状におけるいくつかの問題について指摘しておきたい。1つは、学校現場における教師の多忙化の問題に関わっている。教師が多忙化すればするほど、学校行事は敬遠されがちになり、実際に、学校行事は、危機にさらされている。それではなぜ、現在、教師は多忙化しているのか、その背景的要因や実態について、いくつかの調査結果報告から見てみよう。

　まず、日本教職員組合（日教組）の「職場点検全国実態調査報告書」について、「内外教育」（2005年7月12日）の記事からその要点をまとめて、以下に紹介してみよう。

1) 1日あたりの平均残業時間は、2時間9分であり、また、自宅に「持ち帰り」の日数は、1か月当たり平均11.5日になっている。

2) 1日当たり休憩時間は、最も多いのは「5分以上15分未満」で33.6％、平

均では「16.1分」であった。そして、規定の「45分」と答えたのはわずか5.6%だけであった。

3) この休憩時間は、校種別では、小学校：14.7分、中学校：16.0分、高校：25.8分となっている。なお、給食のある小・中学校では、休憩時間を確保するのが困難であるようだ。

4) 休息時間を規定通りに取れていないその理由として挙げられているのは、複数回答であるが、小学校の場合：「児童・生徒の指導」(79.8%)、「授業の準備など」(69.9%)、「給食指導」(60.1%) となっている。また、中学校の場合：「児童・生徒の指導」(79.4%)、「授業の準備など」(67.1%)、「給食指導」(59.7%) となっており、さらに、高校の場合：「児童・生徒の指導」(73.8%)、「授業の準備など」(70.1%)、「学年会や企画調整委員会などの諸会議」(35.5%) などが多い。

5) 休憩時間のある学校は、全体の半数に満たず、40.2%であった。なお、休憩用の施設がある学校でも、「よく利用している」と「時々利用している」のは、合計で25.1%しかなかった。つまり、教師全体の4人に1人くらいしか、その施設を利用できていなかったことになる。

6) 持ち帰り残業の内容は、上位から順に挙げると、小学校の場合：「教材研究・授業準備」(58.8%)、「採点・成績評価」(56.2%)、「校務分掌関係」(38.0%)、である。また、中学校では、「採点・成績評価」(66.4%)、「教材研究・授業準備」(56.0%)、「校務分掌関係」(41.5%) となっており、高校は、「教材研究・授業準備」(71.9%)、「採点・成績評価」(59.5%)、「校務分掌関係」(34.0%) であった。

7) 土曜日に補習などを行う学校は、全体で6.2%であったが、高校は40%以上で行っており、その割合が小・中学校に比べてかなり多いようだ。

8) 年次有給休暇の取得日数は、平均で10.3日であり、有給休暇を自由に取得できない理由の上位に挙げられているのは、「休むと仕事が残ってしまう」(全体の62.5%)、「児童・生徒が心配」(55.8%)、「同僚への気兼ね」(41.8%) などである。

9) 4、5年前と比べて、「多忙化した」と答えた教職員の割合は、73.1%で、7割強の教職員が多忙になったことを実感している。

10)　その「多忙化の理由」について、多い順に、挙げると、①校務分掌の担当や内容が多い（47.6％）、②授業の持ち時間が多い（33.0％）、③児童・生徒の生活指導時間が多い（32.3％）、④会議や研修、研究会への出張が多い（29.9％）、⑤完全学校週5日制への移行（29.8％）などとなっている。

　それでは多忙を解消する方法として、彼ら教職員が提案している事柄はなんであろうか。複数回答で多い順に挙げると、①教職員の定数増（82.7％）、②学級定員の縮小（48.9％）、③「持ち時間の削減」（36.7％）などとなっており、時間を削りたい業務として、「職員会議以外の会議」が一番多く挙げられていることは、今後の課題として重視されるべきであろう。

　次に、「教職員の時間外勤務」について、2003（平成15）年度に行った北海道教育委員会（道教委）の調査では、1か月に22時間であるが、2001（平成13）年度に行った北海道教職員組合（道教組）の調査では、51時間となっており、また、文部科学省の2006年度調査では34時間であった。

　また、茨城県教育委員会が、2008（平成20）年の5月から6月にかけて実施したアンケートによる「業務実態調査」の結果の一部を、新聞報道の記事により紹介すると、まず、同県内の公立小・中学校の教員約1,100人を対象に行われたこの調査で、全体の95％が「忙しい」と回答している。多忙な原因であると感じている業務内容は、多い順に以下の通りである。小学校教員の場合は、①業務・報告書作成や会計処理（54％）、②授業準備や成績処理（41％）、③研究指定（40％）、④各種団体からの作品募集（40％）となっている。それから中学校教員の場合は、①事務・報告書作成や会計処理（52％）、②部活動（42％）、③生徒指導や教育相談（33％）となっている。なお、このアンケート調査の回収率は、93％強であったが、これらの結果から、同県教委は、「日中は授業や多忙な雑務に追われ、教材研究や授業準備など1人でできる業務を自宅に持ち帰っている実態がうかがえる」と分析している。そこで、現場教師たちの声を基にして、同県教委では、負担軽減の改善案を作成して、県議会財政再建等調査特別委員会へ提出する方針を打ち出しているとのことである（cf. 茨城新聞、2008年8月7日付朝刊）。

　学校行事の現状における問題として次に挙げなければならないのは、学校行事のマンネリ化ないし、形骸化の傾向についてである。学校行事の形式と内容

は、これまであまり検討・修正されることもなく、ほとんど従来通りのまま踏襲されてきたので、学校行事についての創意工夫による斬新な試みがなされていない。つまり、学校行事はマンネリ化し、児童・生徒にとって感動や学習の契機をもたらすような、活気あるものとはなっていないのである。古い伝統を守っているだけの学校行事を実施しても、そこには新しい発見や学びは生起しにくいのである。

学校行事に関わる問題として、次に指摘しておかなければならないのは、現行学習指導要領における「ゆとり路線方式」に対する学力低下の視点からの批判についてである。現在、学校行事は次々に減らされているが、学校行事や「総合的な学習の時間」の削減に論拠を与えてきたものの1つは、「学力低下」への批判である。

歴史的に見ると、1970年代において、「受験戦争」とか「入試地獄」などという言葉が使われ、「受験学力」なるものの問題性や、「詰め込み教育」あるいは「知識偏重教育」の弊害が声高に主張された。当時は、学校ならびに大学への進学率が急上昇し、学歴（実は「学校歴」）主義批判も活発化していたのであった。そこで、受験勉強や受験学力の弊害をいかにして是正するか、「生きる力」としての学力をいかに育成するか、という問いが喫緊の課題となった。

1980年代には、人間中心の立場から「教育の人間化」を志向して、「ゆとり教育」路線が打ち出され、さらに、1990年代に入って、画期的な「新しい学力」観に基づいて、学習指導要領が改訂された。「新しい学力」観とは、端的に「知識」そのものよりも生徒の「関心・意欲・態度」といった側面を重視し、「生きる力」の育成を強調する考え方である。これは、「ゆとり教育」路線を重視する教育改革の中心的概念であり、具体的には、2002（平成14）年からの新学習指導要領において、教科内容が3割削減された。一方で、年間100時間以上の「総合的な学習の時間」が創設され、各学校の自由裁量でその内容やテーマが設定され、実施されることになった。

ところがその後、ゆとり路線を打ち出して実施してきた結果として、学力低下が顕著化したという批判が各方面から強まってきた。たとえば、経済学者や数学者あるいは教育社会学者や精神科医や国語学者など、教育界はもちろんさまざまな分野からの批判や擁護が活発化し、国民全体を巻き込んだ論争が展開される

ことになった。学力低下の原因として、たとえば、現代の子どもたちが学ぶことから逃走し始めたという「学びからの逃走」説や、社会階層の低い環境に置かれ、格差が固定されていると感じることから、学習意欲が低下したとする「社会階層格差説」なども展開されているが、しかし、最も広範囲にわたって強く主張されたのは、ゆとり教育路線を打ち出した現行学習指導要領による教科学習の時間を削減したことへの批判であった。理工系学生の算数や数学の学力低下が、各種の調査結果によって判明したことから、今後とも「科学技術立国」を目指す日本の国家的危機の招来が懸念されるという論調も、盛んに見られるようになった。

このような趨勢を受けて、文部科学省は、ついにこれまでの「ゆとり路線」から「学力重視路線」つまり、「脱ゆとり路線」へと方針転換をせざるをえなくなった。そこで、文部科学省は学習指導要領を改定して、小学校では、2011（平成23）年度から、中学校では2012（平成24）年度から、その新学習指導要領によるカリキュラムを実施することになったのである。その一部は、2009（平成21）年度から前倒しで実施されることになっている。なお、この新学習指導要領では、主要教科と体育の授業時間を増やし、「総合的な学習の時間」の総授業時間数が大幅に削減され、教科内容も増やされた結果、学校行事に充てる時間数も大幅に減少することになったのである（表6-1参照）。

表6-1 中学校の週当たり授業時間数の変化

※－は教科の設定がない。合計は変化のない教科の授業時間数も含む。

	中学1年 2008年度	09年度	10年度	11年度	12年度以降	中学2年 08年度	09年度	10年度	11年度	12年度以降	中学3年 08年度	09年度	10年度	11年度	12年度以降
国語	4	4	4	4	4	3	3	3	3	4	3	3	3	3	3
社会	3	3	3	3	3	3	3	3	3	3	2.4	2.4	2.4	2.4	4
数学	3	4	4	4	4	3	3	3	3	3	3	4	4	4	4
理科	3	3	3	3	3	3	3	3	3	4	2.4	2.4	2.4	2.4	4
保健体育	2.6	2.6	2.6	2.6	3	2.6	2.6	2.6	2.6	3	2.6	2.6	2.6	2.6	3
外国語	3	3	3	3	4	3	3	3	3	4	3	3	3	3	4
選択教科	0〜0.9	0〜0.4	0〜0.4	0〜0.4	－	1.4〜2.4	1.4〜2.4	0.4〜1.4	0.4〜1.4	－	3〜4.7	2.3〜4	1.3〜3	0.3〜2	－
総合学習	2〜2.9	1.4〜1.9	1.4〜1.9	1.4〜1.9	1.4	2〜3	2〜3	2〜3	2〜3	2	2〜3.7	2〜3.7	2〜3.7	2〜3.7	2
合計	28	28	28	28	29	28	28	28	28	29	28	28	28	28	29

出所：読売新聞　平成20年4月25日付朝刊（文部科学省　平成20年4月24日公表）

参考文献

『現代用語の基礎知識　2008年』自由国民社、2008年
教職問題研究会編『教科外教育の理論と実践 a＆A』ミネルヴァ書房、2006年
山口満編著『新版　特別活動と人間形成』学文社、2006年
高旗正人、倉田侃司編著『新しい特別活動指導論』学文社、2005年
日本特別活動学会編『キーワードで拓く新しい特別活動』東洋館出版社、2004年
市川伸一『学力低下論争』ちくま新書、2002年
長尾、志水、野口、本田、宮田、塚家『「学力低下」批判―私は言いたい6人の主張―』アドバンテージサーバー、2002年
戸瀬信之、西村和雄『大学生の学力を診断する』岩波新書、2001年
大野晋、上野健爾『学力があぶない』岩波新書、2001年
和田秀樹『学力崩壊―「ゆとり教育」が子どもをダメにする―』PHP研究所、1999年

第7章　児童会・生徒会活動と人間形成

　児童会・生徒会の特質についてまとめてみると、まず第1に、これらの活動は、「全児童、全生徒で組織する児童会・生徒会において行う自発的かつ自治的活動であること」である。第2に、これらの活動は、「学校生活の充実を目指した児童・生徒の自主的、実践的な態度を高め、豊かな人間性や社会性を育成する活動であること」である。そして第3に、基本的に異なる学年（年齢）集団による集団活動であること」である。それから第4に、「児童・生徒の連携協力により、連帯感を高め、より良い人間関係を築くためのコミュニケーション能力を育成し、集団や社会の一員としての責任ある行動を取ることを学ぶこと」である。
　生徒会の4つの活動内容は以下の通りである。①学校生活の充実や改善向上を図る活動、②生徒の諸々の活動についての連絡調整に関わる活動、③学校行事への協力に関わる活動、④ボランティア活動など社会参加等に関する活動。
　児童会、生徒会活動は、本来は自発的、自治的に行われるべきものであり、子ども同士の協働活動であるのが理想である。しかしながら、現代日本の学校教育現場では、児童会・生徒会活動は、そうした協働的な自治的活動とはなっていないケースも多々あるようである。それゆえ、児童会・生徒会活動は、教師の熱意ある適切な指導のもとに展開されることがきわめて重要なのである。教師の役割は、生徒の自発的・主体的・自治的な活動を支援し、教育的な価値の高い生徒の「経験」を重んずる集団活動を促進するような適切な指導を行うことである。

第1節　児童会・生徒会活動の意義

(1) 児童会・生徒会活動の内容

　小学校学習指導要領では、小学校の児童会活動について、「児童会活動においては、学校の全児童をもって組織する児童会において、学校生活の充実と向上のために諸問題を話し合い、協力してその解決を図る活動を行うこと」と述べられている。また、中学校ならびに高等学校の学習指導要領（1998年12月）の方は、中学校と高等学校の生徒会活動の内容について、「生徒会活動においては、学校の全生徒をもって組織する生徒会において、学校生活の充実や改善を図る活動、学校行事への協力に関する活動、ボランティア活動などを行うこと」と明示している。

　この2つの記述を手がかりにして、児童会・生徒会の特質についてまとめてみると、まず第1に、これらの活動は、「全児童、全生徒で組織する児童会・生徒会において行う自発的かつ自治的活動であること」である。第2に、これらの活動は、「学校生活の充実を目指した児童・生徒の自主的、実践的な態度を高め、豊かな人間性や社会性を育成する活動であること」である。そして第3に、「基本的に異なる学年（年齢）集団による集団活動であること」である。それから第4に、「児童・生徒の連携協力により、連帯感を高め、より良い人間関係を築くためのコミュニケーション能力を育成し、集団や社会の一員としての責任ある行動を取ることを学ぶこと」である、といえよう。

(2) 児童会・生徒会活動の相違点

　以上において、児童会と生徒会活動の共通する内容についてまとめたのであるが、前者は、小学校で、後者は中学校ならびに高等学校において行われる活動であり、両者の相違点についても言及しておきたい。まず第1に、児童会・生徒会活動が「学校生活」を対象にし、また、学級活動（小学校）、ホームルーム活動（高等学校）が「学級・ホームルーム生活」を対象にしており、両者とも「生活の充実向上」を目指している点は共通しているが、中学校と高等学校では、学校生活の充実向上に加えてさらに「学校生活の改善向上を図る活動」も目標の1

つとなっていることである。第2に、中学校と高等学校では、ボランティア活動がある。また、第3に、児童会の活動は、教師の指導があって初めて機能することが可能であるが、中学校や高等学校の生徒会活動は、場合によっては生徒の自主的、自発的、協働的な態度によって、つまり生徒の力だけで運営することも可能である。ただし、その場合でも教師の適切な指導や助言が不必要であるということではなく、生徒への「丸投げ的、自由放任的」な態度を容認するものではないことは当然である。生徒の自発的、自治的な活動が円滑に展開されるためには、むしろ教師の「適切な指導」が重要なのである。いずれにしても児童・生徒の発達段階に即応して、児童会・生徒会活動の内容、特質において相違点が生じるのは当然であろう。児童会・生徒会活動の第4の相違点は、その組織ならびに活動内容に見られる。まず、小学校における児童会活動には、大別して次の3つが挙げられる。

① 代表委員会活動：これは、一般に高学年の学級代表が委員として参加し、自分たちの学校生活に関するさまざまな問題について話し合い、これらの問題の解決に向けて活動を行うものである。
② 委員会活動：これは、学校内の自分たちの役割分担や作業分担を決めたものである。たとえば、図書、飼育栽培、新聞、放送、保健委員会などがある。
③ 児童会集会活動：集会としては、全学年の全校児童集会や学年ごとの児童集会がある。たとえば、それらは「新入生（1年生）を迎える会」や「卒業生（6年生）を送る会」あるいは「校内での映画鑑賞会」や「老人施設訪問の会」などとして行われる。

次に、中学校ならびに高等学校における生徒会活動について見てみよう。一般的に生徒会の組織としては、次のように組織がある。

① 生徒総会：生徒会活動は全校生徒による組織的活動であるので、生徒総会は、全校の生徒による生徒会の最高審議・議決機関である。
② 生徒会役員会：生徒会事務局あるいは生徒会執行部など、生徒会全体の運営を行なう機関であり、事務局長、副事務局長、生徒会書記や会計係などから成る。
③ 各種の委員会：たとえば、放送、広報、図書、生活（厚生）、行事、交

通・安全、保健、栽培、文化、美化、体育委員会など、学校によって呼称の違いが見られるものの多種多彩な委員会がある。これらは、生徒会活動を推進するそれぞれの分野の実践活動を担当する。

第2節　生徒会活動の内容
―学習指導要領に明示されている4つの活動―

生徒会の4つの活動内容は以下の通りである。
① 学校生活の充実や改善向上を図る活動：この具体的な内容としては、学校生活における規律や独自の校風を確立するための活動、環境の整備・美化・保全のための活動、学校文化の形成や生徒の教養の向上あるいは豊かな情操の育成のための活動、良好な人間関係を形成するための活動、それから学校生活における日常的な問題を解決するための活動、などがある。
② 生徒の諸々の活動についての連絡調整に関わる活動：生徒会主催の行事に際して、各学級と連絡調整したり、放課後等に行われる諸々の部活動の活動計画を調整・充実したりすること、などである。
③ 学校行事への協力に関わる活動：学校全体の行事のそれぞれの内容に応じて、生徒会の立場でその計画や実施に参画し協力する活動である。
④ ボランティア活動など社会参加等に関する活動：学校外の地域で行うボランティア活動への参加や、地域の人びととの交流、ふれあい、あるいは他の学校との交流など、学校外の活動を積極的に企画・実行・推進すること、などが挙げられる。具体的なボランティア活動としては、たとえば、地域の美化・清掃活動や、老人ホームへの慰問、あるいはユニセフ募金活動などがある。生徒会がその執行部の責任において行うボランティア活動であるとしても、教師の適切な指導のもとに行われなければならないし、また、問題が発生した場合の対応策も事前にきちんと考えておかなければならない。

第3節　児童会・生徒会活動の現状と課題

（1）自治性、自発性、協働性の問題

　児童会、生徒会活動は、本来は自発的、自治的に行われるべきものであり、子ども同士の協働活動であるのが理想である。しかしながら、現代日本の学校教育現場では、児童会・生徒会活動は、そうした協働的な自治活動とはなっていないケースも多々あるようである。その1つの原因としては、児童会・生徒会活動の意義をあまり認識せず、それらの活動を軽視する教師の存在が挙げられる。彼らの意識は、「児童会、生徒会活動をして時間を取られるよりも教科の勉強に精を出し、成績を向上させてよりランクの高い上級学校に合格し進学する方が、児童・生徒にとって有利なのだから」というものである。
　これはいわば進学・受験至上主義的な考え方である。指導する教師のそうした考え方ないし態度は、児童会・生徒会活動の空虚化、形骸化や子どもたちの無気力化、無関心化につながりやすいことは明白であろう。児童会・生徒会活動が形式化し、おざなりになり、ある特定の一部の児童・生徒たちだけに限定された活動となり、非協働的に行われているとすれば、これらの活動の本来の意義が失われてしまうのである。それゆえ、児童会・生徒会活動は、教師の熱意ある適切な指導のもとに展開されることがきわめて重要なのである。

（2）児童・生徒の人間関係の希薄化、自己中心主義化

　人間は、本来的に社会的存在であり、集団や社会の構成員として相互に協力し助けたり助けられたりしながら成長・発達していく存在である。児童・生徒たちも、学校、学級、児童会ないし生徒会あるいはクラブや部などのいくつかの集団の中で学校生活を過ごしている。その過程において、自分自身も成長・発達し、所属する集団や社会の向上・発展にも貢献しうるためには何が必要だろうか。最も基本的なことは、学校や学級という集団・社会の生活に適応していくための「社会性」が挙げられる。少子化傾向が続く中で、子どもたちは兄弟・姉妹がいない「独りっ子」も多く、家庭生活において十分な人間関係を学ぶチャンスも制限されているのが現状である。そのため社会性が十分に育たず、友だちがい

なかったり、他者との交流が苦手で孤立したりする児童・生徒が増えている。また、自分のことしか考えず、他者への配慮ができない自己中心の言動を取るような児童・生徒が多くなり、彼らは、他者や集団・社会に迷惑をかける厄介な存在となっている。

　しかしながら、児童会・生徒会活動の本質は、集団活動であり、児童・生徒同士の「協働」によって成り立つものである。児童会・生徒会活動という「協働」は、児童・生徒一人ひとりの個性を相互に理解・共感し合いながら展開される場なのである。その展開の過程において、相互に支え合うことによって一人ひとりの個性は、豊かに深められて発達していくのである。特別活動は、学校における「社会性の育成」の中核をなす活動である。学習指導要領には、特別活動の目標として、「集団の一員としての自覚を深め、協力してより良い生活を築こうとする自主的、実践的な態度を育てる」(小学校)、「集団や社会の一員としてよりよい生活を築こうとする自主的、実践的な態度を育てる」(中学校、高等学校)と明示されている。これは、小学校、中学校ならびに高等学校のすべての学校教育において、特別活動を通して個人的な資質だけではなく社会的な資質の両方の育成を目指すべきであることを表しているのである。

　それでは「社会性」とは何かについて考えてみよう。一般に「社会性」とは、人間の社会生活に適応するための必要な資質や能力であると言われる。古来より「人間は社会的動物である」(Aristotle)と定義されているように、「人間」とは「人と人との関係」、「世間」の意味であり、「社会的存在」(social being)なのである。社会的存在としての人間は、集団や社会の一員として相互に協力し、支え合いながら生きていくのであり、決して独りで生きていくことはできないのである。児童・生徒が将来、社会人となって人間らしく生きていくためには、社会性をしっかり身に付けておかなければならない。

　「社会性」について、さらにその具体的な内容について述べると、児童・生徒は、集団活動を通して自分が集団や社会の一員であることを自覚し、他者への思いやり(配慮)や協働精神、集団や社会がどのようにして成立しているのかという認識、民主主義的とはどういうことか、一人ひとりの意思の結集によって自分たちの集団や社会を形成していく責任と自覚、より良い生活の構築と秩序の維持に向けての規則や規範を作り、それらを遵守することの重要性、セルフ・コント

ロールの精神や自立性・自律性を発達させていくことが期待されるのである。すなわち、これらのことこそ、特別活動の本質は、望ましい集団活動を通して「為すことによって学ぶ」ことにある、といわれる所以なのである。

　ここで、「社会性」を育成するために留意すべき事柄について触れておきたい。

　まず第1に、学校教育における特別活動は、児童・生徒1人ひとりの社会的な自己実現を目指すものであり、集団活動であるからといって個性の抹殺を最優先するのではない。一人ひとりの児童・生徒が、学校・社会生活に適応しながら、他者と共に自己を生かして自らの役割を果たしながら、その所属集団に貢献することによって、彼らが成長・発達を遂げることができるように指導することが必要である。すなわち、集団第一主義に陥って、一人ひとりの構成員の個性を無視し、「集団への個の埋没」を強制することのないよう留意すべきである。ここには「個と集団との適正な関係」という重要な課題が存するのである。

　第2の留意すべき事柄として挙げられるのは、他者とのコミュニケーション能力の育成の問題である。学校教育は、教師と児童・生徒、児童・生徒同士のコミュニケーションによって成立している。学校崩壊や学級崩壊とは、この相互のコミュニケーション活動が成立せず、崩壊している状態である。コミュニケーションの不成立の端的な原因の1つは、当事者間の「信頼関係」の不在であろう。それでは「信頼」関係はどのようにして構築することができるのだろうか。「話し合い活動」は、すべての教育活動の基本であり、特別活動における学級・ホームルーム活動や児童会・生徒会活動、さらには学校行事活動その他の場面で常に必要となる。

　ちなみに、話し合い活動は、現代日本の民主主義社会の確立・維持・発展のために必要不可欠な営為の1つである。一般的に日本人は、集団社会の中でコミュニケーション活動が苦手な国民であるといわれてきたが、もしそうであれば、これからはそのような国民性を払拭していかなければならない。学校教育によって、話し合うことの苦手な児童・生徒をなくし、集団決定能力を高める話し合い活動を促進し活性化することは、これからますます重要となるであろう。

　ところで、人間社会におけるコミュニケーション活動は、言語やしぐさ、それから各種のメディアを駆使して、自分の意思やさまざまな情報を発信したり、他者の意思や情報を受信したりして、相互的な交流を行う行動である。コミュニ

ケーション活動は、意思や情報を伝達すると同時に、両者相互的な人間関係を成立させるのである。

　コミュニケーション能力として、「自己表現力」を鍛えて強化することが求められる。4つの技能つまり「聴くこと」、「話すこと」、そして「読むこと」、「書くこと」のそれぞれの能力を、学校教育や、その他あらゆる機会に育成し発達させていくことが重要である。現代社会においては、パソコンやインターネット、携帯電話などデジタル機器によるコミュニケーションの方法・手段が多様化しており、多くの児童・生徒は、そうした多彩な表現方法による情報処理技術を身に付けている。その一方で、あまり本を読まなくなっていることも事実であり、彼らの言語表現力が低下し貧弱化していることも、さまざま方面から指摘されている。

　一人ひとりの自己表現力を基盤として、話し方や話し合う力を育成しなければならない。「話し合い」は、「聴き合い」でもあるので、まず、「聴き方」や「聴き取る力」を育成する必要がある。それは、学校教育におけるすべての活動、つまり教科学習においても、特別活動においても常に多くの機会を設定して実践することによって達成されなければならない。「聴き取る力」や「話し合う力」を鍛えるには、「ディベート」や「パネルディスカッション」、「バズ・セッション」あるいは「ブレーンストーミング」、「フリートーキング」など、多様な討議方法を導入することも効果的であろう。

（3）生徒会役員の選出と選挙のあり方

　中学校ならびに高等学校における生徒会執行部の役員、たとえば、生徒会長や書記や会計などは、原則、立候補して選挙によって決定される。立候補した生徒は、学校生活におけるさまざまな問題を取り上げて、それらの問題についてどのように取り組み、解決していきたいかなど、全校生徒に対して演説や文書などによってアピールし、支持を求める。他の生徒たちは、各立候補者たちの主張や考え方を比較し、賛同できる最適の生徒を選んで投票し、それぞれの役員を選出することになる。その際、選挙委員会が立ち上げられ、公正な選挙によって諸役員が選出されるように運営されなければならない。こうしたやり方は、民主主義のあり方を学び、将来、民主主義社会の市民として生きるための準備教育の一環

でもある。選挙が終わって当選した生徒は、選挙中に全生徒に対して主張したことは、「公約」であり、それを実行する活動が求められることを忘れてはいけない。もし、主張や公約よりも人気だけで役員を選んだ場合、その結果については選出した側の生徒たちの方に責任が問われることになるのは当然である。また、最初から学校側（先生）に指名されて内定してしまうやり方が慣行となっていることも問題であり、特定の生徒たとえば成績の優秀な生徒たちだけがエリート集団として生徒会役員を構成することは回避すべきであろう。もしそうしなければ、生徒会は、一般の生徒より上位に立ち、エリート集団として学校を支配するようになり、学校の御用機関に堕落し、民主主義の精神に反する結果を招くことにもなるだろう。要するに、生徒会は民主的な組織であることが基本的に重要であるということである。学級活動・ホームルーム活動が教師の補助的・下請け活動をするのが本旨でないのと同様に、生徒会も学校・教師の下請け機関として活動するのが本来の役割ではないことに留意しなければならない。

　ちなみに、『中学校学習指導要領解説─特別活動編─』（第3章第2節）は、生徒会の組織づくりの活動について次のように述べている。「常に望ましい組織の下で、全生徒のもつ問題や意見を反映した、自発的、自治的な活動が展開できるように、必要に応じて組織を改善していくことが大切である」。ここで強調されている「望ましい組織」とは、すなわち「民主的な組織」ということである。自治的、自律的な生徒会活動は、その民主的な望ましい組織でこそ、展開されることが可能なのである。そうした望ましい組織に改善するためには、生徒らが自分たちの直面しているさまざまな問題や課題に取り組み、協働しながら解決していこうと志向し努力することが求められるのであり、それが自治的組織の活性化につながるであろう。ここで教師の役割は、生徒の自発的・主体的・自治的な活動を支援し、教育的な価値の高い生徒の「経験」を重んずる集団活動を促進するような適切な指導を行うことである。先に述べた通り、特別活動の理念の1つは、「為すことによって学ぶ」ことだからである。

参考文献
丸橋唯郎、佐藤隆之編著『学生と語る教育学』学文社、2007年
山口満編著『新版　特別活動と人間形成』学文社、2006年
柴田義松編著『教育の方法と技術』学文社、2006年

江川玫成編『特別活動の理論と方法（改訂版）』学術図書、2006 年
末松公徳、富村誠『特別活動の創造的実践』学術図書出版、2006 年
相原次男、新富康央編著『個性をひらく特別活動』ミネルヴァ書房、2005 年
高旗正人、倉田侃司編著『新しい特別活動指導論』ミネルヴァ書房、2005 年
江見佳俊、紫山茂夫、酒井亮爾編著『教育実践のための心理学Ⅱ』学術図書出版社、2000 年
松本良夫、麻生誠、秦政春編著『教科外指導の課題―子どもの豊かな自己実現をめざして―』
　学文社、1995 年

第8章　クラブ活動・部活動と人間形成

　本章では、クラブ活動や部活動の果たす人間形成の機能や役割について、それらが日本の学校教育においてどのように変遷してきたのか、学習指導要領の改訂を手がかりにして概観する。
　児童・生徒が毎週1単位時間の活動を行う全員参加型の「必修クラブ」は、小学校では授業時数外の取り扱いとなっているし、また、中学校・高等学校においては廃止されているのであるが、その背景要因やその影響等はいかなるものかについて考察してみよう。必修クラブの廃止の背景としては、まず第1に、教育課程の全体のスリム化に連動した「特別活動」のスリム化の問題がある。第2に、児童・生徒の減少による学校の規模の縮小や小人数化などがクラブの廃止につながっている。第3に、児童・生徒のニーズの多様化などもあり、適切な指導者が不足している問題などが挙げられる。
　次に、必修クラブ活動と比較して、課外活動としての「部活動」（部活）とは何かについて、その本質を探ってみよう。これからのクラブ活動と部活動のあり方について考察するならば、部活動の勝利至上主義や無制約的な練習時間の強制、拘束のない必修クラブ的な、同好会的な自由活動を認める部活動が必要なのではないだろうか。これからの部活動とクラブ活動を、学校教育における重要な人間形成の場として有意義なものとするためには、こうした方向が考慮されなければならないだろう。「部活」を「クラブ活動化」することによって、良好な人間関係づくりの機会を増やすことが、必要となっている。同年齢集団としての「学級」と異年齢集団で行われる「部活」の両方において、前者は「横の関係」を、また、後者では「縦の関係」（すなわち、先輩－後輩の関係）を学習して身に付けることができるのである。

第1節　クラブ活動と部活動の歴史的変遷
―学習指導要領の改訂とクラブ活動・部活動の変遷―

クラブ活動や部活動の果たしてきた（果たす）人間形成の機能や役割について考察するのに先立って、それらが日本の学校教育においてどのように変遷してきたのか、学習指導要領の改訂を手がかりにしてまとめてみよう。

〈1947（昭和22）年の学習指導要領（一般編）〉

教科の1つとして設置された「自由研究」によって、小・中学校のクラブ活動は、教育課程（教科課程）の中に初めて正規に位置づけられた。学年の区別を取り払い、同好の児童・生徒が集まり、教師の指導を受け、「クラブ組織」によって活動することが望ましいとされた。

なお、高等学校のクラブ活動は、1949（昭和24）年の「新制高等学校教育課程の解説」において単位活動として位置づけられた。

〈1951（昭和26）年の学習指導要領（一般編）〉

小学校：「教科以外の活動」としてクラブ活動についての説明がなされているが、時間数の規定はなかった。

中学校：「教別教育活動」においてクラブ活動の内容や役割について明示された。

高等学校：具体的に「週当たり、少なくても、クラブ活動1単位取ることが望ましい」と規定された。

〈1958（昭和33）年、1960（昭和35）年の学習指導要領〉

小・中・高校とも「特別教育活動」という統一名称が使われた。

小学校：「主として中学年以上の同好の児童が組織」して行うこととされ、時間数は明示されていない。ただし、高学年では1単位程度として例示された。

中学校・高等学校：両者同様に「全生徒が参加することが望ましい」とされたが、「学校の事情に応じ適当な時間を設けて、計画的に実施する」とされ、明確な時間数の規定はなかった。

〈1968（昭和43）年（小学校）、1969（昭和44）年（中学校）、1970（昭和45）年（高等学校）の学習指導要領〉

小学校:「主として第4学年以上の児童」が毎週1単位時間の活動を行う全員参加の「必修クラブ」が設置された。つまり、「クラブ活動の必修化」はこの時点でスタートしたのである。

中学校・高等学校:生徒全員参加で行う「必修クラブ」と、放課後に教育課程外に選択クラブとして行う「部活動」に2分化された。

〈1977(昭和52)年(小・中学校)、1978(昭和53)年(高等学校)の学習指導要領〉

小・中・高校三者とも「特別活動」という名称に統一され、クラブ活動は一貫した内容に整備され、時間数も明示されたことが主要な改善点である。

〈1989(平成元)年(小・中・高校)の学習指導要領〉

大きな改訂としては、中学校・高等学校では部活動への参加によってクラブ活動の履修に代替できるようになったことであるが、小学校の内容の変更はほとんどなかった。多くの学校ではクラブ活動の代替として部活動が実施されるようになったことが大きな変化として特筆されよう。これは、学校教育法施行規則によって示された「特別活動」全体の時間数が削減されたことに関連している。

〈1998(平成10)年(小・中学校)、1999(平成11)年(高等学校)の学習指導要領〉

まず、小学校のクラブ活動の時間の規定が削除されて、「年間、学期ごと、月ごとなどに適切に時数を充てる」と変更された。また、中学校、高等学校では、部活動を適切に実施することを前提にして、必修クラブは全面的に廃止されることになった。つまり、この改訂によって「必修クラブ廃止」が実施されることになったのである。

第2節　必修クラブ廃止をめぐる諸問題

(1)　必修クラブ活動廃止の背景要因

児童・生徒が毎週1単位時間の活動を行う全員参加型の「必修クラブ」は、小学校では授業時数外の取り扱いとなったし、また、中学校・高等学校においては

廃止されたのであるが、その背景要因や影響等はいかなるものかについて考察してみよう。

　必修クラブの廃止の背景としては、まず第1に、教育課程の全体のスリム化に連動した「特別活動」のスリム化の問題がある。第2に、児童・生徒の減少による学校の規模の縮小や小人数化等がクラブの廃止につながっていることである。第3として、児童・生徒のニーズの多様化等もあり、適切な指導者が不足している問題が挙げられる。第4は、個性的、特殊なクラブ活動を柔軟な時間設定によって行えるかどうかという問題がある。それから、第5に挙げなければならないのは、新設された「総合的な学習の時間」との関連や相違の問題である。つまり、2002（平成14）年から学校に導入されている「総合的学習」が、児童・生徒の自主的・主導的な活動としての体験を重視するという点で、従来のクラブ活動と共通した学習活動であると考えられることである。

　しかしながら、実際に必修クラブ廃止によって生ずるマイナス面の問題は無いのだろうか。この問題を考えるためには、クラブ活動と部活動の本質や、両者の共通面や相違点について考察しなければならない。たとえば、両者の相違についての問題として、児童・生徒の中には「部活動ではなく、クラブ活動をしたい」というケースも少なからず存在するので、この問題を放置しないためにはどんな方策が必要なのだろうか。

　クラブ活動の本質を考えるために、まず、小学校の学習指導要領における「特別活動」の次の記述を手がかりにしてみよう。すなわち、「学年や学級の所属を離れ、主として第4学年以上の同好の児童をもって組織するクラブにおいて、共通の興味・関心を追求する活動を行うこと」であるというのが、クラブ活動の内容に関する記述である。まず第1に、「学年や学級の所属を離れ、主として第4学年以上の同好の児童をもって組織する」ということの意味は、クラブ活動は、学級集団を単位とする教科の授業活動や学級活動とは違って、学年を縦断した、異年齢集団としての児童（生徒）の活動として組織化されるということである。高度産業化社会である現代の日本社会は、人口の都市集中化と地域の過疎化がセットとなって進行している。過密の都市部では戸外の遊び場はなくなり、過疎地の郡部、地域には少子化で子どもたちが少なく、両者とも仲間集団は倭小化し、特に異年齢の子どもたち同士の交流は激減しているのが実態である。こうし

た現状において、地域における集団活動の場として、学校という場は、これからますます重要であり、異年齢集団のクラブ活動の意義が再評価されなければならないだろう。

　第2に、「共通の興味・関心を追及する活動を行うこと」という記述から、クラブ活動とは、あくまで児童・生徒たちが自らの興味・関心に基づいて、自由意思で自発的、主体的にクラブを選択し、希望して加入したそのクラブで行う活動であるわけで、そこから自分の好きなことをやるという楽しみや満足感を得られるであろう。教科の学習が児童・生徒にとって場合によっては強制された活動で、受動的な活動であるかもしれない学校学習の場で、クラブ活動は、児童・生徒にとって「息抜きの時間」ないし「娯楽・レクリエーション（気晴らし、再生、再創造）の時間」と感じられるというメリットがある。人生においても仕事オンリーではなく、余暇やレクリエーション等によって潤いのある豊かな生活がいかに大切か、ということが認識されつつある現代において、児童・生徒の学校生活においても、クラブ活動によるそうした機能・効能の重要性は、再認識されなければならないだろう。いわば、クラブ活動は、彼らが大人になってからの余暇生活と職業生活とのバランスの取り方を学ぶという積極的な意味も指摘されるべきであろう。

（2）部活動とクラブ活動の本質

　それでは次に、必修クラブ活動と比較して、課外活動としての「部活動」（部活）とは何かについて、その本質を探ってみよう。

　まず第1に、クラブ活動が教育課程内に位置づけされているのに対して、部活動は、「課外活動（extra-curricular activities）」であり、教育課程外の活動であるということである。部活動は、学校休業日にも行われたり授業開始の前の早朝練習もあり、また、放課後遅くまで練習が続けられたり等、時間の制約がほとんどないといってよいだろう。

　第2に、そのような時間制約なしの練習が可能なのは、1つには部活はクラブ活動よりもさらに生徒の自発的、主体的な活動だからである。つまり、部活動のための入・退部は、原則として生徒の選択の自由が認められているので、それは生徒が自らの自由意志、目的意識そして希望に基づいて積極的、自発的に行われ

る。その結果、生徒にとって学校生活全体がより充実した豊かなものになりうるし、部活は、生徒の成長・発達のすぐれた契機となるのである。

第3に、部活動は、自発的かつ自治的な活動であり、生徒は同じ興味・関心・価値・目的等を共有し、自主的なグループとしての運営を行うために、練習や試合あるいは親睦のための行事、その他を計画・立案し、責任を持って実施・遂行していかなければならない。それらの実施過程の中で教科学習では期待できない側面でも、生徒は、一人ひとりたくましく成長していくのである。

第4に、「部活」はすべての生徒が行なうクラブ活動とは異なり、一部の希望者だけが参加する活動なので、各部員はそれぞれ責任感と義務感を持って当該部の目的ないし目標に合わせて協力し、貢献することを期待される。すなわち、部活動は、楽しくやりながらも一方では、集団のルールや取り決めを守り、自分勝手な行動を取ることは許されないのである。

第5に、運動系の「部活」は、対外試合の出場などを1つの目標としているので、高度の技術習得やレベルアップのために、厳しい練習や訓練が伴うことが多い。「部活」には、精神主義、鍛錬主義の行き過ぎた「しごき」なども発生することがある。また、業績主義や技術第一主義ないしは能力主義に関わるさまざまな弊害が生ずる可能性も否定できない。ちなみに、「部活」のこうした一般的な特質を敬遠して、近年、全国の大学においても学生たちの「部活離れ」が進んでおり、いわゆる「同好会」ないし「愛好会」づくりが盛んになっていることは周知の事実である。要するに、学校の「部活」は、クラブ活動のように、児童・生徒が各々の興味・関心のあることを楽しく追求し、それを通して学習するというのではなく、むしろ「部」という集団としての成果、成績をいかに上げるかということこそ、最終目標となる。それゆえ、部員として各々の能力を評価され、それぞれの役割分担が決められるので、運動部であれば、レギュラーの選手になったりなれなかったりする。その結果、自分の能力の限界を悟らせたり、部員仲間に対する敗北感や劣等感あるいは敵対心や反抗心を募らせ、適正な「部活」ができなくなり、挫折して退部に至ることもありうるだろう。

第3節　クラブ活動・部活動による人間形成の視点

(1) 異年齢集団における人間的交流

　これまでクラブ活動と部活動の本質的な違いについて述べてきたが、両者に共通する点も見てきた。たとえば、両者とも学級や学年を越えた異年齢集団としての活動であることや、また、児童・生徒が自分の興味・関心に基づいて、自由意思によって自発的に選択したそれぞれの「クラブ」や、それぞれの「部」に所属して、主体的に行う学習活動である、という点で共通している。これらの活動は、教科の学習とは本質的に異なるが、その目指すところは、教科の学習では達成しえない側面の人間形成作用であるといえる。

　ここで、クラブ活動や部活動がもたらす人間形成作用についてまとめてみよう。まず第1に、クラブ活動・部活動は、学級の壁を取り払い、学年を縦割りにした異年齢からなる児童・生徒の集団活動として組織化されるので、そこでは、上級生や下級生、さらには、担任や教科担当以外の教師との「出逢い」や「心のふれあい」を持つ機会が期待できるということである。「心のふれあい」、「人間的なふれあい」あるいは人間形成にとって重要な契機となる真の「実存的な出逢い」を可能にする学習活動が、正にこれらの活動の主たる目的の1つなのである。この思想的根拠としては、ヤスパース (Jaspers, K., 1883-1969) の Kommunikation（交わり）思想や、ボルノウ (Bollnow, O. F., 1903-1991) の Begegnung（出逢い）論を挙げることができよう。これらの哲学的人間学理論を、学校教育の地平で捉えるならば、クラブ活動・部活動において、上級生が下級生の指導や世話をしたり、リーダーと部員、仲間の人間関係を構築することを通して、児童・生徒たちは、「尊敬心」、「親近感」、「信頼感」あるいは「自己理解」や「自信」など、人間的な成長・発達をもたらす豊かな情緒や知恵を獲得することができるのである。

　クラブ活動や部活動は、多様な自我と個性を持つ児童・生徒、そして教師が年齢の差を越えて交流し合う「人間的交流の場と機会」を提供してくれる。この場合、教師は、教室で教科を教える者、指導者としてではなく、「実存」としての同じ1人の人間として、児童・生徒たちと対等にふれあう存在であることによっ

て、信頼感や親近感が生起するのである。

（2）社会性の涵養

　第2に、クラブ・部活動は、児童・生徒が自分の興味・関心に基づいて、自らの自由意思で選択し、持続的かつ自発的に行うものであり、その際の「自己選択」、「意思決定」、「主体的行為」は、それ自体が成長発達を促進する人間形成の内容を含んでいる。クラブ活動・部活動は、規制の多い日常の学校生活において、自分が選択・決断の主人公になれる好機となっているのであり、充実した、潤いのある学校生活につながるであろう。そして、これらの活動の第3の人間形成作用として、これらの活動を通じて、児童・生徒は、集団との関わりにおいて個性を発揮し、自己の役割を自覚して自己確立を果たし、責任を持って行動することなど、責任と自立的行動を学習することを挙げておきたい。このことは、将来、社会人として、社会の一員として取るべき責任ある行動や規範ないしルールを学び、帰属意識や協力的態度など、社会性や義務感などを身に付け、また、生涯学習の基礎を体得することにも貢献するであろう。

（3）「生」の充実と再創造

　さらに、クラブ・部活動の人間形成に関わる意義として、第4に、次のことを指摘しておきたい。児童・生徒が純粋に自分の興味・関心に基づいて行う学習活動は、上級学校への進学のための受験勉強や、将来役立つ知識の習得などのように、功利的な特定の目的に束縛されておらず、その学習は、正に現在を充実させる活動であるということである。そこから得られる充実感、満足感は、日常的に営まれる「教科の学習」からは得難い「生」の「再創造」（re-creation）に通じるのである。言い換えれば、クラブ・部活動は、遊戯・スポーツ（娯楽）・学習の要素を持っており、日常生活における「息抜き」や「楽しみ」を与えてくれるものである。このことは、児童・生徒にとって「今、この場」で「現在」のために、何ものにも替え難く、真剣に追求する関心事として、「生の充実」の視点から、重要な教育的意味合いを持っているのである。

第4節　学校教育における今後の部活動とクラブ活動のあり方の方向

　ここまでクラブ活動と部活動の共通点ならびに相違点について述べてきた。現在は中学校と高等学校ではクラブ活動が廃止されてしまい、必修のクラブ活動は小学校でだけ実施されている。しかしながら、児童・生徒の共通の興味・関心を主とした異年齢の集団で行われるクラブ活動のもたらす人間形成作用はきわめて重要である。しかも、競争原理が働き、厳しい練習や時間無制限の練習も辞さず勝利至上主義的な「部活」よりも、同好会的なクラブ活動をしたい児童・生徒が全体の中で多数を占めているのが現状である。クラブ活動と部活動における教育的機能すなわち人間形成作用が異なるわけなので、相互に代替することは不可能である。

　そこで、これからのクラブ活動と部活動のあり方について考察するならば、部活動の勝利至上主義や無制約的な練習時間の強制、拘束のない必修クラブ的な、同好会的な自由活動を認める部活動が必要なのではないだろうか。これからの部活動とクラブ活動を、学校教育における重要な人間形成の場として有意義なものとするためには、こうした方向が考慮されなければならないだろう。厳しい「部活」を敬遠して、多くの中学生や高校生は、「帰宅部」組になっているが、「部活」を「クラブ活動化」することによって、良好な人間関係づくりの機会を増やすことが、必要となっている。同年齢集団としての「学級」と異年齢集団で行われる「部活」の両方において、前者は「横の関係」を、また、後者では「縦の関係」（すなわち、先輩－後輩の関係）を学習して身に付けることができるのである。というのも、将来、大人になってから急に人間関係づくりの能力が発達するわけではなく、学校時代から、児童・生徒たちには、社会生活において重要な人間関係を構築する能力、技術を育成し向上させることが求められるからである。

参考文献
江川玟成編『特別活動の理論と方法　改訂版』学芸図書、2006年
末政公徳、富村誠編著『特別活動の創造的実践　第2版・増補』学術図書出版社、2006年
山口満『新版　特別活動と人間形成』学文社、2006年

高旗正人、倉田侃司『新しい特別活動指導論』ミネルヴァ書房、2005年
白井慎、西村誠、川口幸宏編著『新特別活動──文化と自治の力を育てるために』学文社、2005年
相原次男、新富康央編著『個性をひらく特別活動』ミネルヴァ書房、2005年
日本特別活動学会編『キーワードで拓く新しい特別活動』東洋館出版社、2004年
山口五郎、松下静男、羽生隆英、原清治『新訂三版　特別活動の理論と実践』学文社、2002年
笈川達男、井出功孝、加藤高明、小峰直史、篠塚良一『新編　特別活動の理論と実践──教職必修──』実教出版、2000年
木原孝博『学級活動の理論』教育開発研究所、1996年

第9章　人間形成における「総合的な学習の時間」と「特別活動」の関係

　本章では、「総合的な学習の時間」(「総合学習」と略称)の新設の経緯や趣旨について概観してから、次に「総合学習の今」が直面している問題について考える。
　「総合的な学習の時間」は、教育課程の「領域」である「教科」、「道徳」、「特別活動」とは別に、「時間枠」として現行の学習指導要領下の教育課程の中に初めて設置された。
　1998(平成10)年の教育課程審議会答申と、それを受けて改訂された学習指導要領の「総則」には、3つの学習内容が例示されている。すなわち、①国際理解、情報、環境、福祉、健康などの横断的・総合的な課題、②児童・生徒の興味・関心に基づく課題、③地域や学校の特色に応じた課題、である。
　「観点別評価」の「観点」として例示されているのは、①教科との関連からの観点:「学習活動への関心・意欲・態度」、「総合的な思考、判断」、「学習活動に関わる技能・表現」、「知識を応用し総合する能力」など、②一般的な観点:「課題設定の能力」、「問題解決の能力」、「学び方、ものの考え方」など、それから、③各学校の定める目標や内容からの観点:「コミュニケーション能力」、「情報活用能力」など、である。
　教科書に基づいて一律に行われる「特別活動」や「総合学習」などというものはありえないのである。両者の共通的な特質は、たとえば、「体験重視」、「主体性」、「自発性」、「個別的興味・関心に基づく活動」などのキーワードによって端的に示される。それらの学習活動、教育活動は、多かれ少なかれ直接的または間接的に相互に関連し、かつ補完し合いながら、教育課程全体の中で、調和のとれた総合的な活動となることによって、学校教育の使命、目標を達成することを志向するものなのである。

第1節 「総合的な学習の時間」の新設のねらい

(1) 「総合的な学習の時間」創設の経緯

　まず、「総合的な学習の時間」（以下「総合学習」と略称）の新設の経緯や趣旨について概観してから、次に「総合学習の今」が直面している問題について考えてみることにしよう。

　最初に「総合的な学習の時間」の新設について提言されたのは、1996（平成8）年7月の第15期中央教育審議会第1次答申「21世紀を展望した我が国の教育の在り方について」においてである。その創設の趣旨ないしねらいを要約・整理すれば、以下の通りである。第1に、「生きる力」を育成するためには、各教科等の相互の連携を図った指導を進めることが重要だということである。いうまでもなく、各教科等の指導においては教育効果を上げるためのさまざまな工夫をしたり、効果的な方法を導入したりすることが重要である。第2に、「生きる力」とは、全人的、総合的な力であるので、個別教科を超えて横断的、総合的な活動を指導する方法が必要であることである。第3に、現代の社会的ニーズとして、環境教育、情報教育、金銭・消費生活教育や国際理解教育（あるいは異文化間コミュニケーション教育）が高まっており、これらは、すべての教科等にも幅広く深く関わる内容を持った教育であるので、教科横断的に行う総合的な指導が必要不可欠であるということである。第4に、基礎・基本の徹底を目的として、カリキュラムのスリム化を行うために、各教科内容を精選することによって捻出された時間を充当して、「総合的な学習の時間」（仮称）を新設し、総合的、教科横断的な指導を行う必要性があることである。

　その2年後、1998（平成10）年7月に、この答申の提言を受けて、「教育課程審議会」答申において、「総合的な学習の時間」の創設の趣旨について、次のように述べている。すなわち、「総合的な学習の時間を創設する趣旨は、各学校が地域や学校の実態などに応じて、創意工夫を生かして特色ある活動を展開できるような時間を確保することである。また、自ら学び自ら考える力などの生きる力は、全人的な力であることを踏まえ、国際化や情報化をはじめ社会の変化に主体的に対応できる資質や能力を育成するために、教科等の枠を超えた横断的・総合

的な学習をより円滑に実施するための時間を確保することである」。以上のことから明らかなように、「生きる力」を育成する「総合学習の時間」に求められているのは、第1に、「創意工夫を生かした特色ある教育活動」と、第2に、「教科等の枠を超えた横断的・総合的な学習」であり、さらに、この時間が、「自ら学び自ら考える力」などの総合的な「生きる力」を育むことを主眼とする、今次の教育課程改善の趣旨を実現するために、最も重要な役割を担うものであるということである。

（2）現行カリキュラムにおける「総合的な学習の時間」の授業時間数

さて、2つの答申を踏まえて、1998（平成10）年12月に、小学校ならびに中学校の学習指導要領が改訂され、新しい教育課程が共に2002（平成14）年度から実施されることになった。なお、高等学校の学習指導要領は、翌年の1999（平成11）年3月に改訂され、2003（平成15）年度から現行の新教育課程が実施されている。現在、「総合的な学習の時間」は、小学校、中学校、高等学校それから盲学校、聾学校ならびに養護学校小学部・中学部・高等部のすべての学校の教育課程において設置され、実施されている。なお、「総合的な学習の時間」は、教育課程の3領域である「教科」、「道徳」、「特別活動」とは別に、「時間枠」として現行の学習指導要領下の教育課程の中に初めて設置・導入されたことに留意しなければならない。ちなみに、1998（平成10）年12月14日付けの学校教育法施行規則第24条と第53条では、小学校と中学校のそれぞれの「総合学習の時間」の授業時間数について規定されており、小学校では第3・第4学年が105時数、第5・6学年が110時数となっており、中学校では、第1学年が70～100時数、第2学年が70～105時数、そして第3学年は70～130時数となっている。中学校の場合は、各学校とも各学年一律ではなく、選択科目との関連で、適宜に調整して決定してもよいことになっている。なお、これらの時数は、年間の標準授業時間数の「めやす」として示されているので、毎週定期的に一律にこの「時間」を実施することが義務づけられているのではなく、学習活動の内容の特質に対応して、適宜に特定の時間に集中して実施することも可能とされている。また、高等学校では、3年間で105～210単位時間とされ、上限と下限の幅が示されているのは、定期的に行わなくてもよいことと、集中的に行うことなど、中

学校の場合よりもさらに弾力的な時間編成を可能とすることを前提にしているからである。

第2節 「総合的な学習の時間」の学習内容と学習活動

(1) 「総合的な学習の時間」の学習活動内容

　1998（平成10）年の教育課程審議会答申と、それを受けて改訂された学習指導要領の「総則」には、学習内容として次の3つが例示されている。すなわち、①国際理解、情報、環境、福祉、健康などの横断的・総合的な課題、②児童・生徒の興味・関心に基づく課題、③地域や学校の特色に応じた課題、である。なお、小学校においては、国際理解教育の一環として、「外国語会話特に英会話」が提案・例示されているし、高等学校においては、「総合的な学習」を「課題研究」あるいは「産業社会と人間」と関連づけることや、生徒の将来の進路選択に関わる学習内容を設定し、キャリア教育の一環になるような配慮も求めている。ただし、これらの例示された内容に捉われるのではなく、各学校やそれぞれの地域や児童・生徒の実態に応じて、特色ある、創意工夫のある活動を展開することが望ましいのである。なぜなら、激動する現代社会、現代世界における重要な学習課題は、次つぎと出現しているからである。

　そこで、具体的な学習課題や学習方法について、「答申」でも、この「時間」のねらいに鑑みて、児童や生徒が主体的に選択し決定する方法が推奨されている。また、設定された学習課題に取り組むための学習形態は、通常の一斉授業つまり、座学中心で知識を教え込む講義形式ではこの「時間」創設の趣旨に合致しない。「総則」でも「総合学習の時間」の学習活動を展開するに当たっての配慮事項が示されているように、たとえば、自然体験やボランティア活動などの社会体験、観察や実験、見学や調査、発表や討論、ものづくりや生産活動などの体験的な学習、問題解決的な学習など、多様な学習形態を導入し、活用することが求められる。これらの多くは「校外学習」の場合もあるので、それに関わる計画や指導上の留意点も検討課題の1つである。「校外学習」としては、たとえば、企業や工場現場、博物館や図書館あるいは美術館に出かけたり、地域の伝統的行事

に参加したりして、さまざまな学習資源を活用して、学校内での学習では学びえないことを、積極的に計画して学習できるように配慮し、自動・生徒を支援することが必要であろう。

（2）「総合的な学習の時間」の学習方法

次に、教師側の指導体制について述べると、多様な児童・生徒のさまざまな興味・関心や、多様な学習活動に対応するためには、「グループ学習」や学年を超えた「異年齢集団による学習」などの学習集団を形成することも必要となるであろう。教師は、自らの教科の専門に関係なく、個々の児童・生徒の自発的、主体的な学習活動を支援することが求められるし、また、各学校は、個々の教科や学級の枠を超え出て、さまざまな相互連携・協力する指導体制を確立していかなければならないであろう。

また、この「時間」の活動は、校外学習の場合が多くなることから、地域の資源（学習機関や諸施設あるいは企業など）を積極的に活用して学習効果を上げるためには、地域の人びとやさまざまな機関の関係者たちとの結びつきを強化し、連携・協力による指導体制を構築していく必要がある。その際、学校教師は、地域社会の中核的なネットワークを形成する重要な存在となることを認識し、そうしたネットワークづくりのために大いなる熱意と努力が期待されるであろう。

（3）新しい評価方法の導入

ここで、「総合的な学習の時間」の学習活動に関する指導について、その「評価」はいかに行われるべきかに言及しておきたい。「総合学習の時間」の評価については、現行学習指導要領の「総合的な学習の時間の取り扱い」においては言及されていないが、「総則」の配慮事項として、「児童（生徒）の良い点や進歩の状況等を積極的に評価するとともに、指導の過程や成果を評価し、指導の改善を行い、学習意欲の向上に生かすようにすること」と述べられている。

周知の通り、現行の学習指導要領の実施以後、従来の評価の仕方とは異なる新しい評価方法が導入された。上記の「総則」の配慮事項はその新しい評価の考え方が、教育課程全体、すなわち各教科、道徳、特別活動、総合的な学習の時間の全教育に適用されるべきことを示唆しているものと考えられよう。ちなみに、

現行の教育課程における「新しい評価方法」とはどのようなものか。まず、それは、指導の改善のための評価という原理に基づいている。それは、一人ひとりの児童・生徒の「学ぶ意欲」、「思考力」、「判断力」、「表現力」等の資質や能力の育成に役立つような評価方法である。また、それは、基礎・基本の理解の徹底を図り、一人ひとりの個性を生かし伸長する教育を目指し、一人ひとりの「学習の過程を重視し、児童・生徒の良い点や進歩の状況を積極的に評価するやり方」である。つまり、それは、児童・生徒が自ら学習の過程を点検し、自分の新しい目標や課題に向かって学習を続行し、目標を達成するために努力することへ邁進していくことができるような評価でなければならないのである。それは、従来の「相対評価」と決別して児童・生徒一人ひとりの「絶対評価」を行うことでもある。さて、「総合的な学習の時間」の創設の趣旨ないしねらいに則した評価は、テストの成績などによって行う数値的評価は適切ではない。このことについては、2000（平成12）年12月の教育課程審議会答申「児童生徒の学習と教育課程の実施状況の評価の在り方について」において、小・中学校の指導要録に記載する総合的な学習の時間の評価への言及が見られる。すなわち、各学校における「学習指導」ならびに指導の目標や内容に基づいて定めた「観点」を挙げて、児童・生徒がその学習活動を通じてどのような能力が付与されたかなどを、「文章で」記述する「評価欄」を設けるべきことを提言している。なお、高等学校に関しては、「学習活動」と「評価欄」を設け、各学校は、評価を行う際には指導の目標や内容に基づいて定められた「観点」に則して行うべきことが述べられている。

　いわゆる「観点別評価」が提案されているのであるが、その「観点」として例示されているのは、次のような項目である。

① 教科との関連からの観点：「学習活動への関心・意欲・態度」、「総合的な思考、判断」、「学習活動に関わる技能・表現」、「知識を応用し総合する能力」など。

② 一般的な観点：「課題設定の能力」、「問題解決の能力」、「学び方、ものの考え方」など。

③ 各学校の定める目標や内容からの観点：「コミュニケーション能力」、「情報活用能力」など。

要するに、「総合学習の時間」における学習活動の評価にではなく、「機能的

な学力」の評価にウエイトを置いているのである。それゆえ、教師は、指導上の留意点として、児童・生徒の日常的な行動を含む全活動を常に注意深く観察したり、必要に応じて一人ひとりと面接してその結果を記録に残したり、児童・生徒の製作物（たとえば、作文や作品やノートブック、その他）を手がかりにして、きめ細かい指導に役立てることなどを心がける必要があろう。

第3節　「総合的な学習の時間」の具体的な学習活動の実践

　他の教科と異なり、「総合学習の時間」の教科書というものは作成されていない。また、この「時間」を担当するための教員免許の種類も設けられていない。これは、この「時間」を担当するのは特定の教員ではなくて、校長、教頭、教科担当の教諭、学校栄養教諭、養護教諭など、全教職員が連携・協力し、学校全体で取り組むべきことを前提としているからである。

　地域や個別の学校のそれぞれの特色に応じた具体的な学習活動の実践として、次のようなものが想定されている。①児童・生徒の生活圏である郷土の市町村などで実施されている再開発や町おこし計画の現状や課題について、地域の人たちや関係者たち（たとえば、県庁、市役所、町村役場などの職員など）へのメールによるアンケートや聴き取りのためのインタビュー等によって調査し、収集されたさまざまな情報や資料を参考にして、児童・生徒たち自身の感想や提案や解決策などを考えてまとめる。②児童・生徒の郷土である市町村などにおける生活環境たとえば、政治、経済、福祉、文化や教育、あるいは企業・産業等の現状や直面している諸課題について幅広く調査し、郷土の活性化や未来像について意見をまとめたり、自分たちの考える解決策などを提案したりする。③児童・生徒の生活圏である郷土の市町村などの固有の伝統文化について、地域の大人たちから学ぶプログラムを策定したり、大きな自然災害や事件について、教科書からは学べないような学習資源ないしは学習環境として、それらを活用したりする。そうした学習活動は、将来、社会人となってからのボランティア活動や防災意識の啓発につながるだろう。

　いずれにしても、「総合学習の時間」における学習活動は、児童・生徒たちが

主体的、自発的、積極的に自ら課題を設定して、自分の頭で問題を解決する態度・能力を身に付けるように指導することが肝要である。そして、この「時間」の学習活動のねらいは、特定の課題について具体的に解決することそれ自体にあるのではなくて、あくまでも課題に取り組む学習の過程こそ重要なのであり、「学び方」や「ものの考え方」を体得することが第一義的に重要なのである。

第4節 「総合的な学習の時間」と「特別活動」の関連

(1) 「総合的な学習の時間」と「特別活動」の相違点

まず、前者の「総合的な学習の時間」のねらいは、教育課程の中に次のように位置づけられている。すなわち、「①自ら課題を見つけ、自ら学び、自ら考え、主体的に判断し、より良く問題を解決する資質や能力を育てること、②学び方やものの考え方を身に付け、問題の解決や探究活動に主体的、創造的に取り組む態度を育て、自己の生き方を考えることができるようにすること」が「総合学習の時間」の趣旨・ねらいである。また、「特別活動」のねらい、目標は、「望ましい集団活動を通して、心身の調和のとれた発達と個性の伸長を図るとともに、集団の一員としての自覚を深め、協力してより良い生活を築こうとする自主的、実践的な態度を育てる」ことである、と教育課程の中に位置づけられている。

ここから両者の相対的な独自性について、これまで以下4つの点が指摘されている。その要点を述べると、第1に、「特別活動」は、児童・生徒たち自身の日常的な学校生活に関わる問題を解決したり、諸問題に取り組むことを主眼とする学習活動であるが、一方「総合学習の時間」は、社会的、世界的な学習課題を設定して取り組む学習活動であるという点である。すなわち、前者は、「特別活動」の4領域である学級・ホームルーム活動、児童会ならびに生徒会活動、学校行事それから部活動、クラブ活動などにおいて、各自の学級生活や学校生活に関わって生じたさまざまな問題を解決するために、児童・生徒が主体的・自発的に協力して、改善向上を目指して実践的活動を行うものである。後者は、主として地球環境、情報、健康・福祉、国際理解、戦争と平和など、現代の社会的、世界的な課題に取り組む学習活動である。

第2に、「特別活動」は、集団による実際の行動を基本とした学習活動であり、一方、「総合的な学習の時間」は、行動や実践を前提とするものではなく、しばしば知的理解の段階で終わることもあるが、ただし、それは教科横断的な学習活動である。また、「特別活動」においては、特に行動力や思考力、判断力が重視され、児童・生徒が主体的に目標を設定し、企画立案し、その計画に基づいて実践・実行するところに意義があるのである。

　第3に、「特別活動」は、その歴史的経緯において、教科外活動として扱われ、現在の「教育課程」（カリキュラム）に組織化されて位置づけられるまでは、「教科課程」（「教育課程」の旧称）には含まれていなかったし、それは、あくまで児童・生徒の「自治的な活動」として扱われていた。一方、「総合的な学習の時間」は、教育課程の3領域に含まれない「時間」として現行学習指導要領によって新設されたわけであるが、各教科との関係からいえば、それは、各教科を超えて横断的に、総合的に学習活動を展開することを趣旨としているので、複数の教科内容と緊密に関係する、実践的・応用的な学習活動であるといえよう。

　第4に、「特別活動」は、個別学習としてではなく、学級や学校全体での集団を通して行う学習活動であり、望ましい「集団づくり」が主要な目的の1つであるが、一方、「総合学習の時間」は、必ずしも「集団づくり」が目的というわけではないということである。ちなみに、「特別活動」の目標は、「望ましい集団活動を通して心身の調和のとれた発達と個性の伸長を図るとともに、集団の一員としての自覚を深め、協力してより良い生活を築こうとする自主的、実践的な態度を育てる」ことである、と教育課程に位置づけられている。ここで強調されているのは、「特別活動」において重要なこととして、「集団活動」、「自主性」、「実践性」そして「協働性」などである。

（2）「総合的な学習の時間」と「特別活動」の類似点ないし共通点

　「総合的な学習の時間」は、小学校3年生以上を対象にして、2002（平成4）年度から導入され、現在は中学校ならびに高等学校まですべての校種にわたって実施されている。ここで、従来から正式に教育課程の中の「領域」の1つとして位置づけられてきた「特別活動」との類似点と共通点についても見てみよう。両者の類似性や共通性については、一般に以下の3つの点が指摘されている。

第1に、両者の学習内容、目標などにおける類似性ないし共通点である。たとえば、①学校行事における「健康安全・体育的行事」で行われてきた内容は、「総合学習の時間」で例示されている学習内容の「福祉・健康」の「領域」と呼応しているといえよう。また、学校行事の「勤労生産・奉仕的行事」は、「総合学習の時間」で行われている「職場体験」や「ボランティア活動」とほとんど重なっているし、さらにまた、「学芸的行事」の趣旨である「平素の学習活動の成果を総合的に生かし、その向上の意欲をいっそう高めるような活動を行う」と、正に教科横断的な学習を行う「総合学習の時間」の趣旨とぴったり重なっているといえよう。それから、「学級活動」の内容として挙げられている「学業生活の充実、将来の生き方と進路の適切な選択に関すること」と、「総合学習の時間」の趣旨の1つである「自己の生き方を考えることができるようにすること」とは、明白な共通性があると指摘することができる。
　第2に、学習方法ないし学習の形態の面での類似性が見られる。「総合学習の時間」の学習活動は、教科の座学の場合とは異なり、「為すことによって学ぶ」という実践行動を方法的原理とするものであり、これは、正に、従来の「特別活動」の方法でもある。人間形成という視点からいえば、両者は、共に「生きる力」の育成を重要な目標にしており、そのために特に実践的態度の育成にウエイトを置く学習活動であるという共通性を指摘することができる。
　第3に、両者が「生きる力」の育成を目指すとしても、特にそのための教科書というものはないということである。各学校、各地域においてなされる両者の活動は、それぞれの学校や地域の特殊事情やそれぞれの特色に応じて独自のやり方で、自由裁量によって実施することが求められているのである。教科書に基づいて一律に行われる「特別活動」や「総合学習」などというものはありえないのである。両者の共通的な特質は、たとえば、「体験重視」、「主体性」、「自発性」、「個別的興味・関心に基づく活動」などのキーワードによって端的に示されよう。

（3）　「総合的な学習の時間」と「特別活動」との関係

　以上において、両者の独自性と類似点ないし共通点について、さまざまな角度から比較してみたが、実際の教育活動では、それらが別個に独立して行われるものではないことは明白である。つまり、それらの学習活動、教育活動は、多かれ

少なかれ直接的または間接的に相互に関連し、かつ補完し合いながら、教育課程全体の中で、調和のとれた総合的な活動となることによって、学校教育の使命、目標を達成することを志向するものなのである。たとえば、両者の連携による活動として、全国の学校からいくつかの実例が報告されている。その概要を述べると、児童会活動の1つとして、代表委員会活動で自分たちの学校生活の充実と向上を図ることを目指して「リサイクル運動」を提案し、それが全校の合意・賛成を得た場合、委員会活動でリサイクル運動を実際に推進するために、新聞・放送委員会がリサイクル文献・資料展示などを企画・実施したりする。さらにまた、集会委員会は、児童集会活動として、各学年や学級ごとにリサイクル活動に関して発表会（リサイクル運動集会）を開催したりして、総合的学習の時間の学習活動の1つのテーマである環境や健康などについて、教科横断的・総合的な学習活動を展開するのである。

　報告された2つ目の実例では、ある小学校で、「総合学習の時間」の学習成果を、特別活動によってさらに充実させるさまざまな工夫について紹介されている。それは「古里学習」と呼ばれ、学習の成果を学校劇やワークショップで表現する「ふるさと学習発表会」や、各学年単位で学習の成果を報告する「子どもふるさとサミット」、あるいは学習の集大成として、町当局に対して学習成果を報告、提案したりする「子ども議会」等、さまざまな実践活動を行っている。

　3つ目の実践例として、ある女子高等学校の「ボランティア学習」という選択授業で行われた学習活動である。報告によれば、これは、「公民館」、「学校」、「グループサークル」の三者が連携・協力して行った活動である。その内容は、「絵本の読み聞かせ」が中心となっている。この高校の附属幼稚園の子どもたちに対して、この高校の生徒たちが、園児たちが喜びそうな絵本を選んで、その読み聞かせを行い、読んであげることの楽しさを実感したり、それまで気がつかなかった絵本の持つ素晴らしさを認識したりするという体験報告がなされているという。この実例は、「総合的な学習の時間」の学習行動が単なる調査や発表だけで終了するのではなく、一歩踏み込んで、地域社会における「特別活動」を通して体験活動にまで進んだケースである。学習の成果が地域で活用されたことは、生徒たちにとって自信とそれ以降の新たな体験へ進むための力となり、現行教育課程が目指している「生きる力」の育成に寄与してくれるであろう。

以上の具体的な実践例からも明らかなように「総合的な学習の時間」と「特別活動」との連携協力は、「前者から後者へ」というパターンと、また、「後者から前者へ」というパターンと2つの方向がある。各学校ならびに教師たちは、教育課程の3領域である「各教科」、「道徳」、「特別活動」と、領域ではないが「総合的な学習の時間」を、緊密な関連を持った全体として捉え実践してこそ、学校教育活動の十全なる成果が期待されるのである。

（4）学力低下論争と「総合的な学習の時間」

　現行学習指導要領において強調されている「生きる力」と、新設された「総合的な学習の時間」のコンセプトが、「学力低下論」者たちから批判されている。両者のねらいは、連動しており、「生きる力」の内容とは、①自分で課題を見つけ、自ら学び、主体的に判断・行動し、問題を解決する能力、②他者と協調し協力し、他者を思いやる心や感動する心、自律心・自立心などの豊かな人間性、それから、③たくましく生きるための精神力、健康ならびに体力などが含まれている。そして「総合的な学習の時間」は、こうした資質や能力を育成することを主眼とする教科横断的な学習活動を想定している。各学校が、それぞれの地域や、自らの事情に合わせて創意工夫をした教育活動を実践するために、「教科学習」とは異なり、統一教科書を使うことはしない。

　新しい学習観に基づき、「ゆとり教育路線」が打ち出され、新しい学習指導要領に基づいた教育課程が、2002（平成14）年4月から小学校と中学校で実施されて現在に至っている。ところが、「ゆとり」や「生きる力」を前面に掲げ、教育改革を推進しようとする教育行政側の見解に批判的な立場を取り、「学力崩壊」ないし「学力低下」を憂うるいくつかのグループが、さまざまな調査結果や事実を踏まえて、自らの主張を展開し、「ゆとり教育路線」を批判した。この問題は、単なる学力低下論争というよりも、日本の今後の教育のあり方に大きく関わるので、ここで少し詳しく立ち入って述べてみよう。

　市川（2002）によれば、学力低下論には次のような3つの源流がある。
　第1の源流：大学生の数学力が極端に低下しているという指摘である。たとえば、「東大、京大生も学力崩壊」（『週刊朝日』1999年3月26日号）や、「大学における数学教育の現場から」（『UP』東京大学出版会、1999年6月号）などがある。

また、応用物理学会、日本応用数学理学会、日本数学会、日本科学会、日本物理学会、その他の諸学会が、改訂学習指導要領に対して声明を発表したが、その声明には、「算数、数学、理科の時間の削減は遺憾であること」や、「総合的な学習の時間には、科学的な視点を取り入れることを要望する」などが盛り込まれた。

　第2の源流：大学受験から見た学力低下傾向の指摘である。たとえば、和田秀樹、市川伸一共著『学力危機―受験と教育をめぐる徹底討論』（河出書房新社、1999年4月）や、和田秀樹『学力崩壊―「ゆとり教育」が子どもをダメにする』（PHP研究所、1999年8月）などが挙げられる。和田の主張の根拠としては、受験圧力が緩和され弱化した結果、日本の子どもたちが極端に勉強しなくなってしまった、という現状認識があるようである。

　それから第3の源流：高校生の学習時間が大幅に減少しているという指摘である。近年の教育改革の結果、社会全体として勉強軽視、知識軽視の風潮を生み、全体的な知識水準の低下と階層間格差の拡大をもたらしてきたのではないか、という主張である。たとえば、苅谷剛彦「学力の危機と教育改革―大衆教育社会のエリート」（『中央公論』1999年8月）など。彼は、「学習時間の変化」についての調査結果を分析して、全体として高校生の学習時間が落ち込んでいるが、親の職業や学歴のような社会階層の違いによって、その落ち込み方に大きな違いがあることを明らかにした。すなわち、専門・管理職の親を持っている子どもほど、学習時間が長く、育つ環境によって勉強しようとする努力にも影響を与えているというのである。

　その後、「学力低下論」は、多様な視点と広がりを見せ、長尾彰夫がまとめたところによると、次のようになる。①「学力低下」は国を滅ぼす―国家危機説、②「ゆとり教育」そのものに原因がある―ゆとり教育見直し説、③やっぱり基礎・基本の学力が大切だ―基礎学力防衛説、④社会階層を反映した学習意欲の低下が問題―社会階層拡大説、⑤今や子どもたちは「学ぶことから逃走」し始めた―学びからの逃走説、⑥学力は本当に低下しているといえるのか―「学力低下論者」批判説、などである（「学力低下論争の構図」『「学力低下」批判』AS選書、2002年長尾彰夫・志水宏吉・本田由紀・他著）。

　さて、以上のような多彩な学力低下論が広範に展開された結果、それらは社会的な影響を持つようになってきた。その後の文部科学省の対応策について、いく

つか見てみよう。当初、文部省（2001（平成13）年からは「文部科学省」）は、「ゆとり」を掲げた教育改革路線に自信と強気の姿勢を示していたが、徐々に路線変更へとシフトしていく。そして、結局、遠山敦子文部科学大臣は、2001年夏以降は明確に「学力向上」を前面に打ち出し、遂に「学力向上フロンティアプラン」を発表した。これは、はっきりと学力低下論に対応した路線転換の方向に舵を切ったことを意味する。2002年の4月から実施される改訂学習指導要領の導入の前に、遠山文部科学省大臣は、「学びのすすめ」という緊急アピールを行った。そこでは、「学力向上」と「確かな学力」が強調されており、「ゆとり」のコンセプトは消えてしまっている。つまり、ここに掲げられた5つの方針と、各学校で取り組んでほしい詳細な課題を示している前述の「学力向上フロンティアプラン」の実施によって、学力向上、学力重視への路線転換に踏み切ったのである。

　さて、このような流れの中で、2008（平成20）年2月15日に小・中学校の学習指導要領改定案が公表された（読売新聞、2008年2月16日付朝刊）。なお、高校のそれは同年秋に公表される予定である。「ゆとり」から「脱ゆとり」へという「ゆとり教育の見直し」路線として、主要教科の授業時間を増やし、「総合的な学習の時間」が削減されることになった。算数を142時間、数学を70時間増加させ、理科は小学校で55時間、中学校では95時間増やされる。総合的な学習の時間は、最大で150時間削減されることになる。1970年代から授業内容の軽減が進んできたが、ここにきて約30年ぶりに学習項目や学習内容が増加に転じることになった。これは、現行学習指導要領のもとでの学力低下批判を意識したものであることは明白である。なお、2008（平成20）年3月に告示されたこの新学習指導要領は、本格実施まで3～4年間の移行期間が設けられるが、2009（平成21）年度から一部前倒しして実施されることになっている（読売新聞、2008年4月25日付朝刊）（表9-1、図9-1参照）。

　しかしながら、この新学習指導要領の実施については、懸念や不安ないし批判も少なからず表明されている。たとえば、これによって本当に学力向上が期待されうるのか、余裕を持った授業ができるのか、「落ちこぼし」が増えるのではないだろうか、現状でも教員の負担が重くて多忙なのに、これからさらに多忙化するのではないだろうかなど、現場教師からさまざまな危惧が表明されている。特に、中学校の標準時間数から「選択教科等」の枠が消えたこと、小・中学校とも

第9章 人間形成における「総合的な学習の時間」と「特別活動」の関係　139

表9-1　学習指導要領の変遷

改定年	改定の内容	実施年度 小	実施年度 中	実施年度 高
1958 ↓ 1960	教育課程の基準としての性格の明確化 （道徳の時間の新設、科学技術教育の向上など）	1961	1962	1963
1968 ↓ 1970	教育内容の現代化 （時代の進展に対応した教育内容の導入）	1971	1972	1973
1977 ↓ 1978	ゆとりある充実した学校生活の実現 （各教科などの目標・内容をしぼる）	1980	1981	1982
1989	社会の変化に自ら対応できる心豊かな人間の育成 （生活科の新設、道徳教育の充実）	1992	1993	1994
1998 ↓ 1999	基礎・基本を確実に身に付けさせ、自ら学び自ら考える力などの「生きる力」の育成 （教育内容の厳選、「総合的な学習の時間」の新設）	2002	2002	2003
2008 ↓ 2009	改定学習指導要領	2011	2012	2013

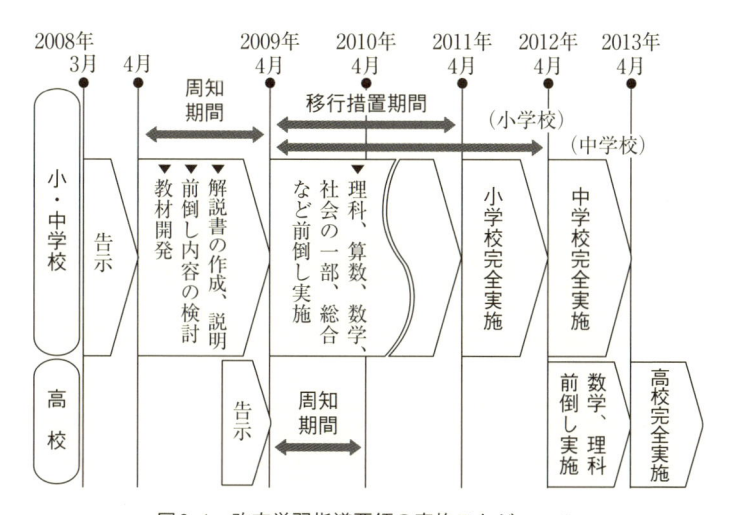

図9-1　改定学習指導要領の実施スケジュール

「総合的な学習の時間」が削減され、それが教科授業を増量するのに充当されたことについては、戸惑いと不満が多い。「総合的な学習の時間」は、各学校、各教師が独自にテーマや実施方法を決めて行うが、なぜこの「総合学習」が期待通りの成果を上げることができなかったのか、その精密な検証がなされないまま、時間削減となったのである。学校現場からは、準備、研修、情報、人員や余裕などが不足であるという指摘があるし、また、教員の資質・能力を向上させるために国の財政措置など、「総合学習」を充実させるためには、さまざまな条件の整備が急がれなければならないであろう。「総合学習」は、それぞれの学校の取り組み方や熱意や条件の違いにより、失敗例もあったし、多大な成果を上げて成功したケースも少なからずあることが報告されている。ようやく方法論も確立し、学校教育の中に「総合学習」が定着しかけているのが現状である。「生きる力」の育成や、「総合学習」の充実は、教科学習や知識教育と対立するものではなくて、むしろ補完し合うものであるという認識こそ必要ではないだろうか。これからの重要課題の１つは、「真の学力」とは何か、真に子どもたちにとって必要な学力とは何かを問うことであり、それなしには学校教育の再生もありえないであろう。

参考文献

「総合学習削減─現場に戸惑い」『中国新聞』、2008年5月2日付朝刊
藤田英典『誰のための「教育再生」か』岩波書店、2007年
丸橋唯郎、佐藤隆之編著『学生と語る教育学』学文社、2007年
柴田義松編著『教育の方法と技術』学文社、2006年
江川玫成編『特別活動の理論と方法（改訂版）』学術図書、2006年
末松公徳、富村誠『特別活動の創造的実践』学術図書出版、2006年
山口満編著『新版 特別活動と人間形成』学文社、2006年
高旗正人、倉田侃司編著『新しい特別活動指導論』ミネルヴァ書房、2005年
田中圭治郎『総合演習の基礎』ミネルヴァ書房、2004年
市川伸一『学力低下論争』ちくま新書359、筑摩書房、2002年
長尾彰夫、志水宏吉、本田由紀、他『「学力低下」批判』、AS選書、アドバンテージサーバー、2002年
江見佳俊、紫山茂夫、酒井亮爾編著『教育実践のための心理学Ⅱ』学術図書出版社、2000年
松本良夫、麻生誠、秦政春編著『教科外指導の課題─子どもの豊かな自己実現をめざして─』学文社、1995年

第10章 「教科学習」と「特別活動における学習」の補完関係

　教科課程は、教科の種類や内容の各学年別の配当を順番に配列し系統化したものであるが、一方、教育課程は、教科の種類、その内容ならびに各学年別配当だけではなく、教科以外の活動の種類や内容の学年別配当も含んでいる。すなわち、教育課程は、学校の全教育活動を含んでおり、「教科課程」と「教科以外の活動」、すなわち「教科外課程」から構成されているのである。
　教科指導とは、教科の学習指導のことであり、その主要な目的は、学力を育成することである。一方、教科外指導については、その主たる目的は、人格の形成を目指すところにあるとされる。ここで重要なことは、近代学校教育の理念は、この両者の活動がバランスよく行われることによって、児童・生徒の「人格の完成」を目指すことである。
　これからの教育方法や指導法はどうあるべきかを考えるために、教育史全体から教育観と教育方法の変遷について概観する。各教科と特別活動との関連、相補的関係についていえば、まず第1に、特別活動における集団活動の学習成果は、各教科の学習活動に際して集団的基礎として貢献するということである。そして第2に、特別活動の成果は、各教科の学力の強化ないし充実に寄与するということである。そして第3に、教科の学習で習得した知識は、日常生活における児童・生徒の態度や行動の変容をもたらしたり、また、特別活動を通して体得した知恵、意欲あるいは態度が教科学習に転移したりするという意味で、両者は相互的補完関係を有するのである。

第1節　教科と教科課程

(1)「教科課程」の名称変更

　現代日本における学校教育は、周知の通り、学習指導要領に立脚して実施されている。学校教育における教育課程（curriculum：カリキュラム）の中核をなすのは各「教科」である。各教科は、それぞれ独自の存在価値と各々の機能を持っている。たとえば、文化的技術を習得するための「用具教科」として、国語や算数・数学があり、一定の系統的知識をその内容とする「内容教科」として、社会や理科があるし、また、人間の感性や心情に関する「芸術的表現教科」として、音楽や美術・図画工作などがある。それから「技能教科」として、体育や技術科ならびに家庭科があり、これらの教科は、技術の習得や操作の指導に関する、いわば実技中心の教科である。これらの各教科は、一つひとつばらばらで単独に存在しているものではなく、さまざまな関係を有しており、戦前は、「教育課程」ではなく「教科課程」あるいは「学科課程」と呼ばれていた。

　現代の日本の学校における「教育課程」は、ラテン語を語源とする英語の"curriculum"（カリキュラム）の訳語で、原意は「競争路、レース・コース」である。これが教育の分野で転用されて、「学習のコースないし全課程の内容」を意味するようになったのである。なお、「教科課程」から正式に「教育課程」という用語に変わったのは、1950（昭和25）年からである。ちなみに、教科課程は、教科の種類や内容の各学年別の配当を順番に配列し系統化したものであるが、一方、教育課程は、教科の種類、その内容ならびに各学年別配当だけではなく、教科以外の活動の種類や内容の学年別配当も含んでいる。すなわち、教育課程は、学校の全教育活動を含んでおり、「教科課程」（subject curriculum）と「教科以外の活動」（extra-curricular activities）、すなわち「教科外課程」から構成されているのである。

(2)「教科」の種類

　教科指導とは、教科の学習指導のことであり、その主要な目的は、学力を育成することであるとされる。ただし、学力とは何かについては、後で詳しく取り上

げなければならないが、一方、教科外指導については、その主たる目的は、人格の形成を目指すところにあるとされる。ここで重要なことは、近代学校教育の理念は、この両者の活動がバランスよく行われることによって、児童・生徒の「人格の完成」を目指すことであるということである。

各教科とは何か。「学校教育法施行規則」で定められている各教科としては、小学校の場合（同規則24条）、国語、社会、算数、理科、生活、音楽、図画工作、家庭、体育がある。また、中学校の各教科としては、同規則53条で、国語、社会、数学、理科、音楽、美術、保健体育、技術、家庭、外国語、その他特に必要な教科となっている。さらに、高等学校の各教科としては、同規則57条の「別表第三に定める各教科」によれば、国語、地理、歴史、公民、数学、理科、保健体育、芸術、外国語、家庭、情報（以上、普通教育に関する教科）、農業、工業、商業、水産、家庭、看護、情報、福祉、理数、体育、音楽、美術、英語（以上、専門教育に関する教科）、その他特に必要な教科となっている。なお、これら各教科の各指導目標ならびにその内容については、「学習指導要領」に明示されている。それゆえ、教科指導は、その目標を達成するために教材を使用したり、実験・実習、その他の指導を通して、児童・生徒の学習活動を促進し、学力の形成を図るのである。

（3）教科指導の方法

先に既に触れたように、学力とは何かについては、さまざまな見方があるが、いずれにしてもそれは、時代や社会（国家や民族）によって変化し、異なっている。代表的な2つの学力観を挙げると、①文化的・社会的遺産としての客観的知識の量が、学力であるとする見方と、②問題や課題に直面して、それらを解決する実行力や、創造的能力や前進力などを学力とする見方である。前者の学力観の立場を取る教育観は、「系統学習」の指導法につながるし、後者の学力観に立てば、「問題解決学習」の指導法が駆使されることになる。それでは次に、系統学習と問題解決学習とは何かについて見てみよう。

まず、系統学習についていえば、系統学習は、主知主義的教育観の立場に立っており、学校教育は、次世代を担う児童・生徒たちに、人類の文化遺産としての知識や諸価値などを伝達し、継承させることを主たる使命・役割として担ってい

るとする考え方である。そのための方法として、知識や技術などを系統的に配列し、その順序に従って、児童・生徒に学習させなければならないとする。それゆえ、この指導法では、教授者（教師）中心の授業となり、詰め込み式の「注入教育」となる傾向がある。この場合、児童・生徒の方は、もっぱら教え込まれる受動的な学習者となるので、主体的かつ能動的な学習にはつながらず、創造力、想像力あるいは思考力の発達という観点から問題がある、と指摘されている。しかしながら、時代背景を考えれば、系統学習は一定の成果を上げたし、効果的な教科指導法であったということもできよう。というのは、明治期の文明開化の時代は、欧米先進諸国に追いつくための"catching-up"政策のもとに、それらの国々の科学・技術を迅速に摂取し、あるいは諸制度を導入することが、日本政府の焦眉の課題であったからである。近代国家を目指す日本政府が、いかに効率よく大量の知識を国民に伝達・注入するかという観点からすれば、系統学習は、正に最適な方法であったのである。

　ところが、戦後、すなわち1945（昭和20）年以降の日本は、民主主義社会へと転換し、学校では新しい教育観、すなわちジョン・デューイ（Dewey, J., 1859-1952）らに代表される経験主義的な教育観に基づく問題解決学習が導入されることになった。戦前は、学習者である児童・生徒の主体性や自発性が軽視ないし無視され、注入教育、すなわち知識の詰め込み教育が当然視され、その学習内容も、国家主義的で軍国主義的な色彩が色濃く反映されていた。しかしながら、人権尊重・人間尊重、そして自由主義を基盤とする民主主義社会への転換を目指す戦後日本においては、児童・生徒の主体性を重んじ、彼らが日常生活の中で直面する問題に立ち向かい、それを解決していく正にそのプロセスこそ重要なのであり、そのプロセスにおいて、判断力や思考力、あるいは実践的な生きた知識や知恵を習得させることが、第一義的に重要であると考えられた。このような教育観による教科学習指導は、確かに人間性の回復に貢献したが、一方では、次のような批判も行われた。すなわち、経験主義的な教育観による問題解決学習では、児童・生徒の狭い経験の範囲のことしか学習することができないし、広範な基礎学力や教養的知識ないし系統的な知識を習得することは困難である、と。

　以上述べたように、時代によって、また、社会の変化によって、要請される教育観の相違から、指導方法ないし教育方法も異なってくる。ここで取り上げた

2つの指導法も、ある時期は、系統学習が主流であったり、また、ある時期には、問題解決学習の方が優勢になったりしながらも、現代の学校では、両者それぞれのメリットを勘案して活用されているのが現状である。

(4) 教育方法の変遷と今後の展望

それでは、次に、これらの教育方法や指導法はどうあるべきかを考えるために、教育史全体から教育観と教育方法の変遷について概観してみよう。近代以前、すなわち、古代、中世ならびに近世の教育については割愛し、ここでは近代・現代における教育方法、教授法の開発・展開について述べる。というのも、授業の基本的単位である「クラス」ないし「学級」集団の概念が登場したのが、16世紀の前半であり、中世から近代への移行期であったし、近代教授学の創始者といわれるコメニウス（Comenius, J. A., 1592-1670）が、『大教授学』(1632) を著し、この「クラス」を単位とする近代的な教授方法を開発したからである。

彼は、本書において「あらゆるひとに、あらゆる事柄を教授する普遍的な方法を提示する」ことを志向して、知識を「言葉」で伝達するのではなく、「人間の五感」である視覚、聴覚、触覚、味覚、臭覚にさらすことを重視した。すなわち、彼は、言語による認識よりも、学習者の感覚的な認識を重要視したのである。彼は、子どもを感覚的主体として把握し、子どもの能動性、主体性を子どもの「感覚」に求め、「直観教授」を提唱したのである。彼のその思想は、世界最初の挿し絵入りの教科書である「世界図絵」(1658) において展開されている。いわゆる「百聞は一見にしかず」の通り、その挿し絵を見ることによって言葉や概念を直観的に理解できることを強調し立証している。

次に、暗記による「言葉の詰め込み」を脱して、「直観による内的諸力の発達へと向かったのは、ペスタロッチ（Pestalozzi, J. H., 1746-1827）である。彼は、「直観のABC」を確立し、それは、後述する「近代教育学の父」と称されるヘルバルト（Herbart, J. F., 1776-1841）にも継承されることになる。先述したコメニウスにとっての視覚、「見える」ということは、認識の補助手段であったが、ペスタロッチの場合は、その「視覚」は、正に認識作用の中心的位置を占めている。彼は、『エミール』(1762) を著したルソー（Rousseau, J. J., 1712-1778）の

「自然な発達に即す」という思想を継承しながら、あらゆる認識の絶対的な基礎は「直観」であることを強調し、それを実践したのであった。彼のそのような直観に基づく「直観教授法」は、「本質直観」にまで深められ、学習者の創造力ないし想像力や、主体的・自発的活動を促して諸能力を発達させるところから、「開発教授法」とも呼ばれている。

ディースターヴェーク（Diesterweg, F. A. W., 1790-1866）は、ペスタロッチの直観教授法を継承し、暗記中心の学習を批判する。彼によれば、真理は、認識の対象として既に出来上がったものとして存在しているのではなく、真理それ自体が生み出され、「発見」されるべき課題なのである。彼にとって、広い「知識人」よりも、深い「教養人」こそが求められるのであり、そのためには、追求し続ける時間の確保のみではなく、考え抜くに値する「どうしても知っておく必要がある対象」を選択することが必要となる。この点にこそ、彼が教科課程の編成へ向かう契機があるのである。なお、コメニウスの「感覚」から、ペスタロッチの「直観」を経て、ディースターヴェークの「発見」へという発展は、子どもの「主体性」に関する知見の深化の道程であったといえるだろう。別言すれば、学習者を思考主体として捉え、学問の創造と真理の発見へ向けての知的活動の主体として確立することは、正に近代の教授法から現代の教授法への発展の移行を示すものである。

ヘルバルト（Herbart, J. F., 1776-1841）は、現代の教授法に基礎を提供し、心理学の知見を援用しながら、「4段階教授説」を展開した。彼は、西洋教育史において「近代教育学の父」と呼ばれるように、教育思想を包括的に体系化することを試みた。教授法、教育方法の領域において、彼は、認識の過程を「興味」という観点から、以下の4段階に分けて捉えている。

① 「明瞭」—これは、ある特定の対象をじっくりと観察して、明確に把握する段階である。
② 「連合」—これは、その対象を既習の事柄やその他の事柄を関連づける段階である。
③ 「系統」—これは、観察・把握・連合した事柄を系統づけて整理する段階である。
④ 「方法」—これは、系統づけられた事柄を実際に応用する段階である。

この4段階の認識過程を、教授法に応用して、「明瞭」の段階では、新しい学習事項について説明し、理解させること、「連合」では、その学習内容をその他の学習事項や既習の事柄と関連づけて理解の深化を図ること、「系統」段階では、学習事項ないし学習内容をまとめること、そして、最後の「方法」段階では、それらを応用させること、として4段階教授説を展開したのである。

　なお、彼が没した後、ヘルバルト学派と呼ばれる多数の後継者たちが、それを継承し、さらに、それを「5段階教授法」として発展させた。たとえば、ツィラー（Ziller, T., 1817-1882）は、①分析、②総合、③連合、④系統、⑤方法として、ヘルバルトの4段階説を5段階の教授法に発展させたし、また、ライン（Rein, W.）は、このツィラーの5段階教授法を整理して、①予備：学習動機の喚起、②提示：新観念の提示、③連結：新・旧観念の比較・統合、④総括：新・旧観念の概念や法則の整理、⑤応用：新観念の実施・応用、として確立発展させた。付言するならば、日本にヘルバルト教育学を導入したのは、19世紀後半に、帝国大学（現東京大学）で教育学の講義を担当していたラインの弟子であるハウスクネヒト（Hausknecht, E., 1853-1927）である。ヘルバルト学派の教授理論は、日本においては1890年代以降、特に初等教育界において大歓迎され、1900年代以降も長期にわたり、教育界を風靡したのであった。

　ところで、19世紀初頭、ヘルバルトの教授段階説が提唱された時期は、国民国家の出現と産業革命の突入によって、一般民衆の効率的な教育の必要性が叫ばれるようになった。特に、イギリスの産業革命期には、この必要性が強まり、D. ベルと J. ランカスターによって開発された「一斉教授法」は「ベル・ランカスター・システム」と呼称され、イギリスから始まり、他の国々にも広範に普及し始めた。いうまでもなく、この教授方法は、200年以上も続く現代の一斉教授のルーツであり、教師1人が、多数の児童・生徒を相手に、主として、特定の教材を使用して行う授業形式であり、「個別教授」とは対極にあるものである。

　さて、以上において述べた教授段階説と一斉教授法は、教育方法の代表的なモデルとして、公教育制度の中に導入されたわけであるが、両者とも「教える側」からの視点に立っているという意味で、「教師中心主義」の教育方法であった。19世紀末頃から学習者の視点を強調する教育方法が、次々と開発され、20世紀に入り、それらは確立・発展していくことになる。その代表的な「学習者

中心」の教育方法の1つである「プロジェクト・メソッド」について、以下にその要点をまとめてみよう。これは、J. デューイの弟子であるキルパトリック（Kilpatrick, W. H., 1871-1963）が提唱した「社会的環境における専心的目的的活動」というプロジェクトが、その思想的根拠となっており、彼は、「教授プロセス」よりも「学習プロジェクト」にウエイトを置いている。彼によれば、学習は、教授に対する直接的な反応として「基本学習」が成立し、直接は教えられていないが、間接的に喚起される疑問やアイデアなどの反応として成立する「関連学習」や、さらに、教授とは関係なく展開される態度や感情に関わる。各教科や教師への好き嫌いというような反応として、「付随学習」が成立するとされる。そして、これら3つの学習が、最高の形で展開されるのがプロジェクトにおける学習活動なのである。プロジェクトにおける活動のプロセスは、①目的の設定、②計画、③実行、④判断の4段階で展開される。この方法は、従来の教授者、教授を中心とするやり方とは異なり、学習者、学習の側に立っており、学習プロセスの分析や、学習者の心理への配慮を重視するところに最大の特徴があるといえよう。

　1950年代から1960年代、つまり20世紀半ばからは、教育方法の改革が活発化し、さまざまな教授＝学習法が開発され提唱された。たとえば、それらのうちいくつかの代表的なものを挙げるならば、まず、①「完全習得学習」（マスタリー・ラーニング）がある。これは、ブルーム（Bloom, B. S., 1913-）が、学習心理学を駆使して発展させた「形成的評価」に立脚している。この方法は、一人ひとりの子どもが、それぞれの能力や適性に応じた学力を身に付けることを保障しようとするものである。次に、②「プログラム学習」がある。これは、スキナー（Skinner, B. F., 1904-1990）学派の新行動主義心理学の学習理論を基礎として開発された方法である。これは、現代において有力かつ優勢な教育工学ないしコンピュータに支援された教育方法、いわゆる CAI（computer-assisted instruction）の先駆けとなった方法である。すなわち、この方法は、①細分化（ステップ化）された学習内容を、②個別的に学習して、③その結果をフィードバック（確認）するプログラムを作成し、諸々の教育機器類を使用して学習させるものである。

　それでは最後に、現代の教育方法改革の動向についても瞥見しておこう。ま

表 10-1　西洋教育史略年表

時　代	出版年		著者ならびに著書
近代	1657	（チェコ）	コメニウス『大教授学』
	1658	（チェコ）	コメニウス『世界図絵』
	1693	（英）	ジョン・ロック『教育に関する一考察』
	1748	（仏）	モンテスキュー『法の精神』
	1762	（仏）	ルソー『エミール』『社会契約論』
	1776	（独）	カント『教育学』
	1780	（独）	ザルツマン『蟹の書』
	1781	（スイス）	ペスタロッチ『リーンハルトとゲルトルート第1巻』
	1792	（仏）	コンドルセ『公教育一般組織に関する報告および法案』
	1797	（スイス）	ペスタロッチ『ゲルトルート児童教育法』
	1802	（独）	ヘルバルト『ペスタロッチの直観のABCの理念』
	1807	（独）	フィヒテ『ドイツ国民に告ぐ』
	1818	（英）	ミル『教育論』
	1826	（独）	フレーベル『人間の教育』
	1835	（独）	ヘルバルト『教育学講義綱要』
	1861	（英）	スペンサー『教育論（知育・徳育・体育論）』
	1862	（露）	トルストイ『国民教育論』
	1899	（独）	ナトルプ『社会的教育学』
		（米）	デューイ『学校と社会』
	1900	（スウェーデン）	エレン・ケイ『児童の世紀』
	1909	（伊）	モンテッソーリ『モンテッソーリ法』
		（白）	メーテルリンク『青い鳥』
	1910	（独）	ケルシェンシュタイナー『公民教育の概念』
	1915	（ソ）	クループスカヤ『国民教育と民主主義』
	1916	（米）	デューイ『民主主義と教育』
	1917	（米）	スミス・ヒューズ法（職場教育の振興）
	1919	（独）	シュプランガー『文化と教育』
現代	1927	（独）	ハイデッガー『存在と時間』
	1932	（英）	ラッセル『教育と社会体制』
	1933	（ソ）	マカレンコ『教育史』
	1956	（イスラエル）	ブーバー『教育論』
	1959	（独）	ボルノウ『実存哲学と教育学』
	1960	（米）	ブルーナー『教育の過程』
	1970	（米）	シルバーマン『教室の危機』
	1983	（米）	アメリカ教育省諮問委員会『危機に立つ国家』

ず第1に、現在、一人ひとりの児童・生徒に配慮し、複数の教師の協力体制を確立して、共同で指導する「ティーム・ティーチング」方式が導入されている。この場合、授業や指導計画において協働することや、教科あるいは単元、その他の分担などの形で行われることになる。また、この方式によって複数の教師が協働

して、学級や学年単位を超えた集団の児童・生徒を指導することが可能となる。

それから第2に、「マルチメディアの導入」による教育方法について述べると、従来も教科書などの紙教材にもっぱら頼る子との弊害を排して、さまざまな視聴覚教材、たとえば、スライド、映画、TV、OHP、VTRあるいは写真や模型などを駆使して直観教授を強化してきたが、現代においては、音声、文字、映像などのマルチメディアであるコンピュータ機器を導入・駆使した教育方法が開発されている。このマルチメディアによる教育方法は、さまざまな改善がなされており、今後ますます普及していくだろう。

しかしながら、マルチメディア方式の教育方法は、確かに大きな効果があるとしても、一方で、新たないくつかの課題が発生していることも認識しておかなければならないだろう。たとえば、パーソナル・コンピュータ（パソコン）でインターネットによる情報の真偽を判別することや、現実と仮想の世界を区別することなどは、重要な問題である。また、「ネット中毒」などといわれるように、現実の他者との交流機会が過少になったり、書物（教科書も含めて）をじっくりと読むことができなくなったり、身体行動を伴う学習が減少したりする傾向も危惧されるところである。マスメディア教育は、その利便性にのみ注目するのではなく、教室の外部も視野に入れた教育改革の視点が必要不可欠であり、いわゆるネチケット（netiquette: net と etiquette の合成語で、ネットワーク上のマナーのこと）や、ネチズン（netizen: net と citizen の合成語でネットワーク市民のこと）の問題も、学校教育において今後避けて通れないだろう。

第2節 学習指導要領における教育課程の3領域

このように、学校教育の内容である教育課程は、教科課程と教科外課程の2大領域から構成されているが、ここで、教育課程についてやや詳しく立ち入って見てみよう。日本の学習指導要領による教育課程は、2001（平成13）年度までのそれと、2002（平成14）年度からのそれとの構成は若干異なっている。すなわち、前者では、小、中学校のそれは、①各教科、②道徳、③特別活動の3領域からなっており、また、高等学校の教育課程は、①各教科と②特別活動の2領域

構成になっていた。また、後者では、学校完全週5日制になったことと関連して、小、中学校は、①各教科、②道徳、③特別活動、そして総合的な学習の時間から構成され、高等学校は、①各教科、②特別活動、そして総合的な学習の時間で構成されている。つまり、現行の学習指導要領下の教育課程は、小・中学校では3領域と総合的学習の時間から、また、高等学校では「道徳」がないので2領域と総合的学習の時間で編成されている。これらのそれぞれの「領域」と「時間」から構成されている教育課程、すなわち教科課程と教科外課程（活動）は、ばらばらに無関係に行われるのではなく、それぞれ独自の意義を保持しながらも、十分な相互的関連性を持つように編成されることが重要なのである。

第3節 特別活動と教科指導

（1）特別活動の教育課程化

　特別活動と教科の関連性について述べる前に、特別活動つまり教科以外の活動の教育課程化の経緯について概観しておく必要がある。教科以外の諸活動が学校教育に導入され、現行の学習指導要領における特別活動として、教育課程の必須の構成要素となるまでには、時代の推移による学校教育について何段階かの考え方の変容があった。「課外活動」という用語は、カリキュラムが教科課程のみであった時代において、その課程外の活動という意味であり、教科以外の諸々の活動を意味するものであった。その後、カリキュラムの概念が広義に拡大され、カリキュラムが児童にとって有意義な教育的な全活動、全領域を包含するようになり、教科以外のさまざまな活動も、カリキュラムを構成する重要な要素となり、教育課程外を表す「課外活動」という言葉は不適切となってきた。そのため日本の学校教育においては、1951（昭和26）年以降は、小学校では「教科以外の活動」、また、中学校では「特別教育活動」と呼ばれるようになった。

　元来、課外活動は、児童・生徒の自由で主体的な活動として認められ、発達してきたものである。それは、教科内容以外の児童・生徒の諸々の活動をカリキュラムに正規に組み込む契機となり、それまでの教科課程に教科外課程として付加され、教育課程の2大領域の1つとして定着するに至ったのである。さらに、

1968（昭和43）年に改訂された小学校学習指導要領において、特別教育活動と学校行事等は統合されて「特別活動」と改称された。その結果、各教科ならびに道徳とならんでこの特別活動は、教育課程を構成する「領域」の1つとなり、今日の教育課程の中に確固として定着するようになったのである。

この時代は、進学率の向上による受験競争がますます激化し、「入試地獄」、「四当五落」とか「受験戦争」あるいは「灰色の青春」などといった言葉まで生み出され、学校教育は知識偏重に傾いていた。そこで、教育課程の改善の基本方針の1つとして、「人間形成における調和と統一」が挙げられ、人間教育の重視が目指された。「教育課程審議会」（略称『教課審』）の答申（1967年）において、「各教科および道徳とあいまって人間形成のうえから重要な活動を統合して、新たな特別活動を設ける」とされている。ここで注目すべきことは、人間形成、人間教育という学校教育の本来の使命、機能を完遂するために、知識教育と特別活動による教育の両者のバランスを考慮するという基本姿勢が表明されていることである。

（2） 各教科と特別活動の相補的関係

さて、それでは各教科と特別活動との関連、相補的関係について考察してみよう。一般的にいえば、両者の関係として、次の2つの点を指摘することができよう。すなわち、まず第1に、特別活動における集団活動の学習成果が、各教科の学習活動に際して集団的基礎として貢献するという点である。そして第2点目は、特別活動の成果は、各教科の学力の強化ないし充実に寄与するということである（図10-1参照）。以下において、これらの2つの点についてやや詳しく述べてみよう。

周知の通り、特別活動の4領域として、①学級活動、②児童会・生徒会活動、③クラブ・部活動、それから④学校行事活動がある。これらの活動は、それぞれ異なる独自の目的を持っている一方で、「集団活動」であるという点で共通している。特別活動は、「集団」を基本とした活動であることから、より良い集団の形成がきわめて重要であり、たとえば学級集団づくりによる「学級文化」の形成には、メンバー全員の参加が必要不可欠の条件である。つまり、特別活動の学習・教育効果の向上のために必要不可欠なのは、集団機能を高める適切な集団指

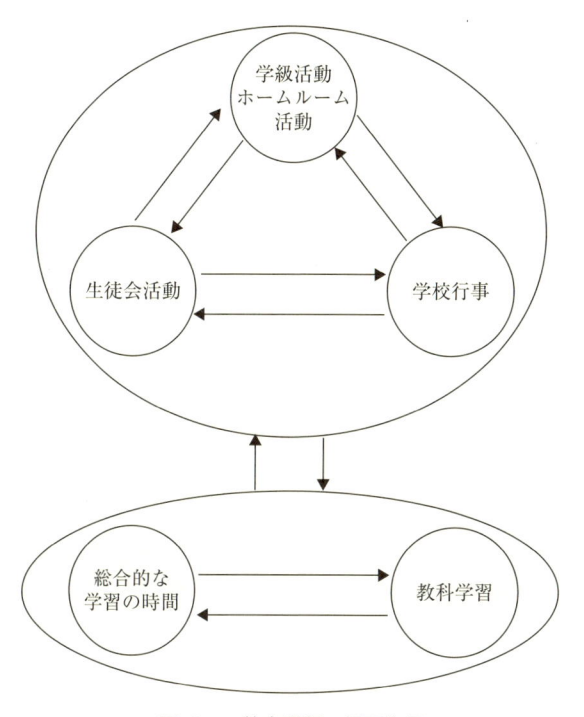

図10-1　教育課程の相互作用

導を行うことである。「集団」理論によれば、集団機能は次の2つに大別される。すなわち、その第1は、「課題達成機能」(task performance function)と呼ばれる。そして、その第2は、「集団維持機能」(group maintenance function) である。

(3) 集団の2つの機能

　集団の課題達成機能とは、集団の目的達成に直接関係する機能である。学級活動による学級文化づくりや学芸会や文化祭あるいは児童会・生徒会活動における自発的、主体的な行動の基礎となるのは、各教科で育成される学力や知識、判断力など、学級の一人ひとりの力量であり、それがその集団の成果や活動の仕上げに直結するのである。また、集団の課題達成にとって重要なのは、児童・生徒の「話し合い」によって、効率的に集団を管理・運営する方法ないし技術である。学級活動やさまざまな学校行事の開催などにおいて、その「話し合い」の技術な

いしコミュニケーション力が向上するように指導し、児童・生徒がスムーズに集団活動を展開する力量を養成することが大切なのである。このような集団機能の指導は、各教科の指導とも連動しているのである。

次に、集団の維持機能について見てみよう。学級活動が十分に機能し、学級が形成・維持されるためには、「全員参加」の工夫をすることが最も重要である。学級全員の協力・参加によって学級を運営することが基本である。仲間はずれやいじめなどがないようにすること、協同的な集団を形成するように指導することが集団の崩壊・学級崩壊を防止し、学級の集団維持機能を向上させることにつながる。学級における良好な人間関係を育成すること、集団の中であるべき態度を育成することは、教科学習の際の集団維持に対しても、良好な影響を及ぼすことになる。言い換えれば、学級経営を良好に行うことができれば、教科の指導にも連動し、授業もうまくいくといわれるように、特別活動における成果が、集団機能として授業活動にも転移されるのである。このことは学級の「準拠集団化」という観点から首肯されるであろう。

それでは「準拠集団」とは何か。その集団の特性から、「所属集団」(membership group) と「準拠集団」(reference group) がある。前者は、「1人の人間が、家族や宗教団体や職場（会社）や学校や政治団体あるいは試合のチームやその他の何らかの社会集団の成員であることを、他の人間によって承認されている集団」のことである。一方、後者の「準拠集団」とは、所属している当人が当該集団とどのように関わっているかという、その関わり方や当該集団に対する当人の主観的判断、態度によって規定される。それゆえ、所属集団の共有する規範を主体的に、積極的に共有する場合に、その人間の所属集団が初めて準拠集団へと変質し移行するのである。いわば、準拠集団とは、個人がそれに所属し同化したいという願望を抱くような集団なのである。先に述べた学級の「準拠集団化」とは、すなわち、当該学級の児童・生徒が他の学級ではなくその学級（集団）に所属することに満足と喜びを感じ、その学級に居ることを「心の拠り所」とするような、そういう好ましい学級集団になることを意味している。

それでは次に、学級が準拠集団となるための必要条件について考えてみよう。児童・生徒の健全な人格を育成するためには、健全な集団生活をさせることが最も重要であろう。特別活動の目標として現行の学習指導要領の中で示されている

児童・生徒の「人格」は、次の6つの要素の統一体である。すなわち、①心身の調和的発達、②個性の伸長、③集団や社会の一員としての自覚、④自主的、実践的態度、⑤人間としての生き方の深化、それから、⑥自己を生かす能力である。児童・生徒の人格が、以上の6つの要素を調和的に身に付けるためには、これら6つの側面を全体的に育成できる条件を満たす集団活動でなければならない。なぜなら人格は、集団活動の質の良し悪しに対応しており、その集団活動を通じて形成されるものであるからである。

（4）特別活動の目標—望ましい集団活動—

特別活動の最も重要な第1の目標は、「望ましい集団活動」を実現することである。「望ましい集団活動」とは、具体的に言えば、学級活動、児童会・生徒会活動、クラブ・部活動、学校行事等の集団活動のあり方を指している。その意味において、特別活動の方法的原理の1つは「集団活動」であるといえよう。それではどのような集団活動が「望ましい集団活動」なのであろうか。まず第1に、それは、自主的で自治的な集団活動であることである。一人ひとりが主体的に活動に関わる「全員参加」であること、つまり、一人ひとりが集団の中で自分の役割を担って皆と一緒に活動している状態、これが「全員参加」ということの意味である。児童・生徒は、他の各々の役割を担っている成員に対する理解と敬意を持つことが求められる。というのも集団の目標達成のための活動は、相互の連携・協力による協働精神が必要であり、これは「民主主義」の基盤となるものであるからである。教師は、児童・生徒が自主的な活動や自治的な集団活動ができるようにするために、常に児童・生徒集団の文化や構造の現状を的確に認識するための努力が必要であり、決して「自由放任」の態度をとるべきではないことは自明の理である。

第2に、心身の調和的発達を促進する集団活動であるためには、自己中心的な行動ではなく、他者の役割や立場を理解し、他者を思いやる他者配慮的な行動に基づく人間関係を構築することが重要である。教師は、心と身体つまり精神的な発達と身体的な発達のバランスに留意し、児童・生徒一人ひとりを公平に受容するという指導的態度を保持しなければならない。最近特に良好な生活環境や食糧事情などにより、児童・生徒の身体的発達が加速し、成熟の段階に達するのが

早まっている。肉体的早熟化と精神的未発達とのギャップが大きく、さまざまな問題的行動が発生し、時には重大な社会的犯罪を惹き起こしたりするのも決して稀ではなくなっている。心身の発達のアンバランスを克服し、調和的な発達を促進し、安定した人間関係を築くために集団による特別活動の果たす機能はきわめて重要なのである。

　第3に、個性の伸長を図るためには、教師も児童・生徒も自らの集団の一人ひとりのありのままを受け入れ、その個性を尊重し、集団活動の中に位置づけて生かすようにすることが肝要である。そのような集団活動こそは、児童・生徒がその集団や社会の一員としての役割を自覚し、一員であることの「誇り」と「喜び」を持つことができるのである。彼ら一人ひとりが集団や社会の一員であるという自覚、そして自分たちの活動を通して社会や集団づくりを目指す態度は、彼らの自律的な態度を育成することにつながる。集団活動における協同や話し合い活動は、児童・生徒一人ひとりの生き方についての自覚をもたらし、かつ、より良い生活を築くために自分たちで決めたルールや規範を遵守し、社会秩序を維持する態度を育むのである。

　以上述べてきたように、望ましい集団活動は、6つの人格特性をバランスよく育成し、児童・生徒のより良い人間形成に大いに貢献する活動であり、別言すれば、特別活動の使命は、正にこうした「望ましい集団活動」を組織し実践することなのである。特別活動は、児童・生徒の主体的活動それ自体を通して一人ひとりの望ましい態度や能力や習慣を形成することを目指している。また、教科の指導は、文化遺産、文化財としての知識等を次の世代に伝達し、知識や技術を習得させることを主眼としている。先に述べたように、学校教育の使命は、児童・生徒の人間形成、人格の完成へ向けての活動である。その意味で、特別活動も教科の指導も、このような使命、役割に資するものである。

　教科の学習と特別活動の関連についてさらに述べるならば、教科の学習で習得した知識によって、日常生活における態度や行動の変容がもたらされたり、また、特別活動を通して体得した知恵、意欲あるいは態度が教科学習に転移したりするという意味で、両者は相互的補完関係を有するのである。ただし、両者の性格上の相違点として、教科は、社会の要求から、また、特別活動は、児童・生徒たちの関心、要求からそれぞれカリキュラムの主要領域に取り入れられたことで

ある。教科は、基本的に学級集団による個別的活動であり、一方、特別活動は、原則として学級集団以外の諸々の集団による選択的、個性的、かつ自主的な活動である。つまり、教科学習は、一定の教科内容を学ぶのに対して、特別活動は、一人ひとりの児童・生徒の希望・興味・関心によって主体的に選択してさまざまな活動を行うものである。その意味においても両者の本来の意義を踏まえた、両者のバランスある教育活動が求められるのである。そうすれば、各教科で学習した知識や技術が、さまざまな特別活動の多様な場面で、応用・活用され、また、特別活動で育成された主体的、積極的かつ意欲的な態度や実行力が各教科の学習に転移するという学習への好影響、好循環が期待されうるし、実現されるであろう。

参考文献

山口満編著『新版　特別活動と人間形成』学文社、2006年
高旗正人、倉田侃司『新しい特別活動指導論』ミネルヴァ書房、2005年
松井春満編『生きる力を培う教育』学術図書出版、2003年
日本特別活動学会編『キーワードで拓く新しい特別活動』東洋館出版社、2000年
文部省『小学校学習指導要領解説　特別活動編』東洋館出版社、1999年
文部省『中学校学習指導要領解説　特別活動編』ぎょうせい、1999年
文部省『高等学校学習指導要領解説　特別活動編』東山書房、1999年
宮川八岐・成田國英編『新しい教育課程と学習活動の実際——特別活動』東洋館出版社、1999年
宇留田敬一『特別活動論』(教育学大全集32) 第一法規出版、1981年
飯田芳郎『児童・生徒の活動』高陵社、1977年

第11章 「特別活動」の歴史的変遷と現代の「特別活動」の問題状況

　西洋教育史の中で教育学の観点から捉えるならば、ペスタロッチの「生活教育の思想と実践」は、20世紀の初期に世界中で展開された「新教育運動」にも大きな影響を与え、特別活動の教育的意義の理論的根拠ともなったと考えられる。ちなみに、ペスタロッチは、「生活が陶冶する」という命題を、実践を通して論証したのであるが、その生活教育の思想とは、学校は、教師と子どもたちの共同生活の場であり、その教育内容は、個別の教科として分割されたものではなく、生活することそれ自体から構成されるべきものである、という考え方である。

　現代の学校教育における特別活動の実質的な発祥地は、19世紀のアメリカにおいてであるとされる。1920年代のアメリカ教育界において、さまざまな論議の中で課外活動の意義が認識され、その積極的な教育力を重視する主張が強まってきたのである。1930年以降は、課外活動の教育課程化への動きが活発になり、「無関心」から徐々に「奨励」へ、そして「組織化」、「計画化」へと移行していった。

　日本における課外活動の萌芽は、たとえば、学芸会や運動会、遠足や修学旅行、あるいは儀式等の学校行事に見られる。本章では、日本におけるこれらの学校行事の起源について概観する。戦後の特別活動の変遷を教育課程の編成の根拠となる学習指導要領の改訂を手がかりとして辿ってみる。

第1節　特別活動の源流

（1）ペスタロッチの「生涯教育」の思想

　西洋教育史を紐解けば、学校のルーツは古代ギリシャや古代ローマにまでさかのぼることができる。それ以後、二千数百年にわたる学校の歴史の中で、教科の教育が中心的な位置を占めていたことは確かであるが、教科内容に組織化されない、いわば教科外活動として、文化活動や武芸・スポーツ活動あるいは自治活動等、さまざまな活動がメインの教科の教育を補足する役割を担ってきたのである。そのようなさまざまな活動として知られているのは、たとえば、古代ギリシャの学校で行われた体育や食卓を囲んだ社交、演説会あるいは18世紀以降のイギリスのパブリック・スクールでのクリケット、ボート、ゴルフやフットボール等である。これらは、19世紀末以降のアメリカの公教育の場で、課外活動として組織化され、定着し発達してきた。

　また、西洋教育史の中で教育学の観点から捉えるならば、ペスタロッチの「生活教育の思想と実践」は、20世紀の初期に世界中で展開された「新教育運動」にも大きな影響を与え、特別活動の教育的意義の理論的根拠ともなったと考えられる。ちなみに、ペスタロッチは、「生活が陶冶する」という命題を、実践を通して論証したのであるが、その生活教育の思想とは、学校は教師と子どもたちの共同生活の場であり、その教育内容は、個別の教科として分割されたものではなく、生活することそれ自体から構成されるべきものであるという考え方である。

　彼は、自らの教育実践や思想を多彩な著作によって報告しているが、たとえばノイホーフにおいて作物の栽培や動物の飼育、紡績機を使って行なう作業等を通して、子どもたちが自立した生活者に育つように、伝統的な知育中心の教育をやめて、日常的な生活や生産活動ないし労働活動を中心にすえた学校教育を志向したのであった。

　ところで現代の学校教育における特別活動の実質的な発祥は、19世紀のアメリカにおいてであるとされる。1920年代のアメリカ教育界において、さまざまな論議の中で課外活動の意義を認め、その積極的な教育力を重視する主張が強

まってきたのである。1930年以降は、課外活動の教育課程化への動きが活発になり、無関心から徐々に奨励へ、そして組織化、計画化へと移行していった。

（2）教科外活動の教育課程化への動き

このような変遷の背景要因として、①課外活動は、児童・生徒の自発的、人間的欲求に根差した自然発生的な活動であることが、教師たちや関係者たちによって認識されるようになったこと、②課外活動は、人格形成ならびに身体の鍛錬や教科学習の適切な息抜きになる等の点で、教育的価値があると認知されたこと、③先にも触れた新教育運動が展開され、経験主義、全人主義、児童中心主義等を重視し、従来の教科中心主義に対立する教育思想を唱道したデューイ学派の活動が優勢となり、そうした状況の中で課外活動が大いに注目されるようになってきたこと、等が指摘されるだろう。なお、このような新教育運動は、主知主義的、知育偏重主義への批判的立場に立っており、このアメリカの動向は、日本を含む全世界の教育界にも大きな影響を与えたことは周知の事実である。すなわち、この時以来、学校教育において、児童・生徒の人格形成、人間形成の側面で課外活動の果たす重要な役割が認知され、明確に市民権を得たといってもよいだろう。

第2節　戦前の日本の「特別活動」

近代日本の学校における教科外活動の歴史的変遷について概観してみよう。日本の公教育は、学制が制定された1872（明治5）年にスタートした。明治政府は、実学的知識の普及にウエイトを置いたので、学校ではもっぱら教科中心の授業が行われ、教科以外の活動にはあまり関心が向けられなかった。しかしながら、日本における課外活動の萌芽は、たとえば、学芸会や運動会、遠足や修学旅行、あるいは儀式等の学校行事に見られる。そこで、これらの学校行事の起源について概観してみよう。

1）運動会

明治20年代に兵式体操の要素が運動会に導入され普及したのであるが、この頃の小学校の運動会は、近隣のいくつかの学校が共催する「連合運動会」の形式

が採られた。明治30年代に入ってから、現代風の単一の学校単位の運動会へ、そして校庭での運動会へと変わった。競技の競争的性格や遊戯的性格に起因して、次に述べる学芸会と同様に「地域ぐるみ」の行事となったのである。ただ当時の戦争状況に影響されて、運動会も軍事的色彩を帯び、昭和初期には「鍛錬運動会」と呼称され、さらに「興亜聖戦の体育会」(1940年)と改称され、軍国主義教育の一環として組み込まれるようになった。

2) 学芸会

学芸会の萌芽としては、明治20年代の父兄懇話会、談話会や音楽会等を経て明治30年代の教科練習会、学業練習会、あるいは児童談話会等が行われたこと、これが学芸会の起源であるとされている。その内容は、朗読や唱歌、スピーチ(談話)等であり、いわば日常的な教科学習の成果を発表する場、つまり、学芸会は「学習発表会」のようなものであった。後になって大正・昭和時代には演劇的要素等が追加されるようになったのだが、それは大正期の新教育運動の勃興に呼応し、芸術教育の振興によって学校劇が学芸会に導入されたためであった。

しかしながら、1931(昭和6)年の満州事変勃発以降の日本は、戦時体制が続き、新教育運動の衰退も重なり、学芸会の内容は、国家主義的、軍事的な傾向が強く見られるようになった。

3) 遠足

遠足の起源は、当初、野外で開催されていた「連合運動会」に参加するために、往復を徒歩で行く活動に求められる。それは「運動遠足」と呼ばれていたが、後に運動と遠足が分離され、明治30年代には遠足は独立した行事になった。ちなみに「運動遠足」の時代には、遠足は、隊伍を組んで軍歌を斉唱しながら整然と行進する行軍としての色彩が濃厚であったが、後にそのような性格は徐々に弱くなり、校外学習として見学や実地学習、経験の意義が重要視されるようになったのである。ちなみに、現代の「修学旅行」のルーツは、1886(明治19)年に実施された東京高等師範学校の行軍式の「長途遠足」であるといわれている。

4) 儀　式

戦前の学校行事は、教育勅語が制定されて以降、とくに国家主義的な国民教化体制の中に位置づけられて行われた点に、日本独自の特徴を見ることができる。儀式活動は、その最も代表的な活動であるといえよう。教育勅語は1890(明治

23）年に発布されたのであるが、「記紀神話に由来する、万世一系の神である天皇による統治を、わが『国体の精華』」とし、そこに教育の「淵源」を求め、忠孝から博愛・知能啓発にいたる和洋混合のさまざまな徳目」と「存亡危機の非常時に身命を国家にささげる忠君愛国の志気涵養」を目指すものであった。

　その翌年の1891（明治24）年には、「小学校祝日大祭日儀式規定」が公布され、祝日大祭日の儀式においては、御真影の拝礼、天皇・皇后の万歳奉祝、勅語奉読を行わなければならないことが定められた。また、「儀式規定」に基づいて制定された「教育勅語奉読」は、明治・大正期には、三大節（紀元節—建国記念日、元始節—元旦、天長節—天皇誕生日）において、また、昭和期に入って四大節（明治節—明治天皇誕生日）の儀式において行われた。それは、独自の形式、内容ならびに雰囲気を持った儀式であった。ちなみに、その内容は、日の丸の掲揚、御真影拝礼、万歳奉祝、教育勅語奉読、校長訓話、そして式歌（君が代）斉唱であり、天皇の「忠良の臣民」を形成するための集団的訓育の機能を持つ場であった。儀式活動は、学校教育の重要な構成要素として、児童・生徒の精神形成に多大な影響を持ったのであり、特に「教育勅語奉読」は、この儀式活動の中心として展開された。

第3節　第2次大戦後の日本の「特別活動」

　終戦によって、日本は天皇制国家が解体され、主権在民の民主主義国家へと変貌した。戦後の学校教育は、教育勅語が廃止されて、日本国憲法ならびに教育基本法に基づいて、民主主義の理念に立脚し、教科外活動は、その教育的意義が認識し直され、教育課程の中に適正に位置づけられることになった。占領軍の指令で日本の教育改革が着々と行われ、学校教育の教育課程の基本的内容と目標は、学習指導要領によってその方向性が示されることになった。これまで約10年ごとに6次の改訂が行われ、この第6次の現行学習指導要領も、2007年に改訂されたので、2008年の移行措置を経て4年後の2012年には、この新学習要領が完全実施されることになる。戦後の特別活動の変遷を教育課程の編成の根拠となる学習指導要領の改訂を手がかりとして辿ってみることにしよう。

1) 1947（昭和22）年版

最初の学習指導要領は、1947年に「学習指導要領一般編（試案）」として制定された。現在の教育課程は、「教科課程」と呼ばれ、選択科目の1つとして「自由研究」が設けられた。この「自由研究」が、現代の「特別活動」の先駆をなす原型であり、その内容としては、①教科の発展としての自由な学習、②クラブの組織による活動、③当番、委員としての仕事、が挙げられている。

2) 1951（昭和26）年版

小学校では、「自由研究」が廃止されて「教科以外の活動」が新設された。その内容としては、①児童が学校の民主的運営に参加できるよう、児童会、各種委員会、児童集会等をつくり、その活動を保障し、育成すること、②学級を単位とする学級会や種々の委員会活動を育成すること、③クラブ活動を育成すること、等が挙げられている。

また、中学校ならびに高等学校では、「自由研究」が廃止されて「特別教育活動」が新設された。その内容は、現代の特別活動につながる「ホームルーム」「生徒会」「クラブ活動」等となっている。この1951年版の学習指導要領から、従来の「教科課程」に替わって、正規の課程を示すより広義の「教育課程」という用語が使われるようになった。

3) 1958（昭和33）年版

前の第2版までは、学習指導要領は、「試案」という形式で発表されていたが、1958年版から「文部大臣告示」という形式で公布されることになった。つまり、学習指導要領は法規化され、これ以降、それは、「法的拘束力」を有することになった点に注目する必要がある。小・中学校の教育課程は、各教科、道徳、特別教育活動、学校行事等の4領域編成となり、高等学校のそれは、1960（昭和35）年から各教科、特別教育活動、学校行事等の3領域編成となった。

4) 1968・1969（昭和43・44）年版

小学校は、1968年、中学校は、1969年の改訂によって、特別教育活動と学校行事等の2つの領域が「特別活動」として統合された。高等学校でも、1970（昭和45）年の改訂によって、特別教育活動と学校行事等は、「各教科以外の教育活動」として統合された。

5) 1977（昭和52）年版

「ゆとりの時間」が新設され、これは「特別活動」に活用できる時間とされた。教科の授業時数の削減や、教科内容の精選がなされた背景としては、従来の過度の詰め込み教育が招いたとされる落ちこぼれ（落ちこぼし）や不登校、非行の増

表11-1 特別活動の変遷

昭和22年（小・中・高）学習指導要領一般編（試案）	第3次改訂　昭和43年（小）44年（中）45年（高）学習指導要領一般編（官報告示）
・名称：「自由研究」 ・内容：教科の発展としての自由な学習クラブ活動、当番・学級委員の仕事 ・備考：教科の中の選択科目として設置	・名称：（小・中）「特別活動」 　　　　（高）「各教科以外の教育活動」 ・内容：（小・中）児童（生徒）会活動、学校行事、学級指導 　　　　（高）ホームルーム活動、生徒会活動、クラブ活動、学校行事 ・備考：学校行事の導入、生徒指導の充実
新制中学校の教科と時間数の改正について（通達）　昭和24年（中）	第4次改訂　昭和52年（小・中）53年（高）学習指導要領一般編（官報告示）
・名称：（中）「特別教育活動」 ・内容：運動・趣味・娯楽、ホーム・ルーム活動、生徒会活動 ・備考：生徒指導の一環としてのホーム・ルーム活動	・名称：（小・中・高）「特別活動」 ・内容：（小・中）児童（生徒）会活動、学校行事、学級指導 　　　　（高）ホームルーム活動、生徒会活動、クラブ活動、学校行事 ・備考：小・中・高の関連化、ゆとりの時間の活用
第1次改訂　昭和26年（小・中・高）学習指導要領一般編（試案）	第5次改訂　平成元年（小・中・高）学習指導要領一般編（官報告示）
・名称：（小）「教科以外の活動」 　　　　（中・高）「特別教育指導」 ・内容：（小）児童会、学級会、クラブ活動 　　　　（中・高）ホームルーム、生徒会、生徒集会、クラブ活動 ・備考：自由研究の発展的解消	・名称：（小・中・高）「特別活動」 ・内容：（小・中）学級活動、児童（生徒）会活動、クラブ活動、学校行事 　　　　（高）ホームルーム活動、生徒会活動、クラブ活動、学校行事 ・備考：学級活動の新設
第2次改訂　昭和33年（小・中）35年（高）学習指導要領一般編（官報告示）	第6次改訂　平成10年（小・中）11年（高）学習指導要領一般編（官報告示）
・名称：（小・中・高）「特別教育活動」 ・内容：（小）児童会活動、学級会活動、クラブ活動 　　　　（中）生徒会活動、クラブ活動、学級活動 　　　　（高）ホームルーム活動、生徒会活動、クラブ活動 ・備考：自発的・自主的な活動の強調	・名称：（小・中・高）「特別活動」 ・内容：（小）学級活動、児童会活動、クラブ活動、学校行事 　　　　（中）学級活動、生徒会活動、学校行事 　　　　（高）ホームルーム活動、生徒会活動、学校行事 ・備考：クラブ活動の削減（中・高）

出所：高旗・倉田（2005）

大等の弊害を除去し、豊かな人間性を育むために、特別活動の充実等が目指されたことである。なお、高等学校では、1978（昭和53）年の改訂によって、「各教科以外の教育活動」は、小・中学校と同一の「特別活動」という呼称に改められた。

6）1989（平成元）年版

内容的には1977（昭和52）年版の方針が踏襲されたといってもよいが、儀式における国旗掲揚と国歌斉唱について、それまでの「望ましい」から「指導するものとする」と強い表現に変わった点に留意しておく必要がある。因みに、小・中・高等学校の学習指導要領が同年に同時に改訂され、各校の一貫性を顧慮して、特別活動の目標もほとんど同一の表現となっている。

7）1998・1999（平成10・11）年版

小・中学校は、1998（平成10）年に、高等学校は1999（平成11）年に改定された。教育内容を厳選し、基礎・基本を確実に身に付けさせること、それから激変する社会の中で自ら学び自ら考える力など「生きる力」を育成することを重視し、「総合的な学習の時間」新設された。そこで、今後ともこの「総合的な学習の時間」と「特別活動」との関連をいかにして有機的に関連づけるか、という課題に取り組んでいく必要がある。

以上の経過の要点について図表化したものを、表11-1に掲げておくので、今後の「第7次改訂」については、各自で補足していただきたい。

参考文献
教職問題研究編『教科外教育の理論と実践Q&A』ミネルヴァ書房、2006年
山口満編著『新版　特別活動と人間形成』学文社、2006年
高旗正人、倉田侃司編著『新しい特別活動指導論』ミネルヴァ書房、2005年
相原次男、新富康央編著『個性をひらく特別活動』ミネルヴァ書房、2005年
安彦忠彦、新井郁男・他編『新版　現代学校教育大事典』ぎょうせい、2002年
宇留田敬一編『特別活動の基礎理論と実践』明治図書、1992年
教員養成基礎教養研究会編『特別活動研究』教育出版、1992年
佐藤秀夫『学校ことはじめ事典』小学館、1987年
文部省『小学校学習指導要領』大蔵省印刷局、1958年
文部省『学習指導要領一般編』大蔵省印刷局、1951年

第12章　日本における教員養成改革の動向と特別活動

　本章では、わが国の教師の資質能力の考え方について、最近の政策動向を手がかりにして確認する。

　教師の資質能力に関しては、文部省（現在の文部科学省）の教育職員養成審議会の第1次答申（1997年）、同第2次答申（1998年）、同第3次答申（1999年）において詳述されている。第1次から第3次までの答申タイトルは、それぞれ「新たな時代に向けた教員養成の改善方策について」、「修士課程を積極的に活用した教員養成の在り方について―現職教員の再教育の推進―」、「養成と採用、研修との連携の円滑化について」となっている。

　その後、中央教育審議会は、2006年に、「今後の教員養成・免許制度の在り方について」（答申）を取りまとめた。この答申は、教員が国民や社会から尊敬と信頼を得られる存在となるために必要な改革の方向を示すとともに、改革の具体的方策を提言したものである。

　当答申において、現在、教員に最も求められていることは、「国民や社会から尊敬と信頼を得られるような存在となること」であり、このためにはまず、教員自身が自信と誇りを持って教育活動に当たることが重要であり、同時に、養成・採用・現職研修等の各段階における改革を総合的に進めることが必要であるが、とりわけ教員養成・免許制度の改革は、他の改革の出発点に位置づけられるものであり、重要であるとしている。現在、日本の教育体制は、大きく変わろうとしている。

第1節　「教育職員養成審議会」答申を中心として

わが国の教師の資質能力の考え方について、最近の政策動向を手がかりとして点検・確認してみよう。

（1）臨教審第2次答申から教養審答申へ

教師の資質能力に関しては、文部省（現在の文部科学省）の教育職員養成審議会（以下「教養審」と略称）の第1次答申（1997年）、同第2次答申（1998年）、同第3次答申（1999年）において詳述されている。第1次から第3次までの答申タイトルは、それぞれ「新たな時代に向けた教員養成の改善方策について」、「修士課程を積極的に活用した教員養成の在り方について―現職教員の再教育の推進―」、「養成と採用、研修との連携の円滑化について」となっている。

これらの答申の背景を辿って見ると、「臨時教育審議会」（以下「臨教審」と略称）第2次答申で、教師の資質向上の課題について論及している。そこでは、教師がその専門性を向上させるためには、①子どもに対する教育愛、②高度の専門的知識、③実践的な指導技術等の資質の向上方策が必要であるとしている。つまり「臨教審」は、教師の資質能力として、人格的側面と専門的・技術的側面の両者を指摘しているのである。この答申の後、1987（昭和62）年に「教員の資質能力の向上方策について」と題する教養審答申が公表された。そして、この教養審答申は、上述の臨教審第2次答申を受けた内容となっている。そこでは、教師の資質能力として、以下の6点が挙げられている。すなわち、①教育者としての使命感、②人間の成長発達についての深い理解、③幼児・児童・生徒に対する教育的愛情、④教科等に関する専門的知識、⑤広く豊かな教養、⑥これらを基盤とした実践的指導力である。ここでも人格的側面として、「教育者としての使命感」や「幼児・児童・生徒に対する教育的愛情」と、専門的・技術的側面としての「成長発達についての深い理解」や「教科に関する専門的知識」ならびに「実践的指導力」の両方が、教師の資質能力に含まれているのである。なお、付言するならば、答申等で「資質能力」とされているものは、教育研究者たちの場合、「資質」は人格的側面、「能力」を専門的・技術的側面と捉えて、両者を区別して

使っている。

(2)「教養審第 1 次答申」の概要

さて、1987 年のこの教養審答申を充実・発展させて、先述した 1997 年からの教養審第 1 次から第 3 次答申がなされたことは明白である。つまり、1987 年答申に見られる教師の資質能力に関する内容を、より詳細に論及するために、まず、第 1 次答申で①「いつの時代も教員に求められる資質能力」と、②「今後とくに教員に求められる具体的資質能力」に分けて、具体的に教師の資質能力について述べている。これらを整理して、以下に挙げておこう。

〈教師の資質・能力（第 1 次答申：1997 年）〉
① いつの時代も教員に求められる資質能力
・教育者としての使命感
・人間の成長・発達についての深い理解
・幼児・児童・生徒に対する教育的愛情
・教科等に関する専門的知識
・広く豊かな教養
・これらを基盤にした実践的指導力
② 今後とくに教員に求められる具体的資質能力
・地球的視野に立って行動するための資質能力
・変化の時代を生きる社会人に求められる資質能力
・教員の職務から必然的に求められる資質能力

これらのうち、①の「いつの時代も教育に求められる資質能力」は、1987 年答申の内容をそのまま踏襲したものであるが、②の「今後とくに教員に求められる具体的資質能力」は、新たに設けられた枠組みであり、その詳細は表 12-1 の通りである。

本答申は、さらに③として、「得意分野を持つ個性豊かな教員の必要性について」、以下のように強調している。

表 12-1　今後特に求められる具体的資質能力の例

地球的視野に立って行動するための資質能力
地球、国家、人間等に関する適切な理解 　例：地球観、国家観、人間観、個人と地球や国家の関係についての適切な理解、社会・集団における規範意識 豊かな人間性 　例：人間尊重・人権尊重の精神、男女平等の精神、思いやりの心、ボランティア精神 国際社会で必要とされる基本的資質能力 　例：考え方や立場の相違を受容し多様な価値観を尊重する態度、国際社会に貢献する態度、自国や地域の歴史・文化を理解し尊重する態度
変化の時代を生きる社会人に求められる資質能力
課題解決能力等に関わるもの 　例：個性、感性、創造力、応用力、論理的思考力、課題解決能力、継続的な自己教育力 人間関係に関わるもの 　例：社会性、対人関係能力、コミュニケーション能力、ネットワーキング能力 社会の変化に適応するための知識および技能 　例：自己表現能力（外国語のコミュニケーション能力を含む）、メディア・リテラシー、基礎的なコンピュータ活用能力
教員の職務から必然的に求められる資質能力
幼児・児童・生徒や教育のあり方に関する適切な理解 　例：幼児・児童・生徒観、教育観（国家における教育の役割についての理解を含む） 教職に対する愛着、誇り、一体感 　例：教職に対する情熱・使命感、子どもに対する責任感や興味・関心 教科指導、生徒指導等のための知識、技能および態度 　例：教職の意義や教員の役割に関する正確な知識、子どもの個性や課題解決能力を生かす能力、子どもを思いやり感情移入できること、カウンセリング・マインド、困難な事態をうまく処理できる能力、地域・家庭との円滑な関係を構築できる能力

　このように教員には多様な資質能力が求められ、教員一人ひとりがこれらについて最小限必要な知識、技能等を備えることが不可欠である。しかしながら、すべての教員が一律にこれらの多様な資質能力を高度に身に付けることを期待しても、それは現実的ではない。
　むしろ学校では、多様な資質能力を持つ個性豊かな人材によって構成される教員集団が連携・協力することにより、学校という組織全体として充実した教育活動を展開

すべきものと考える。また、いじめや登校拒否の問題をはじめとする現在の学校を取り巻く問題の複雑さ・困難さの中では、学校と家庭や地域社会との協力、教員とそれ以外の専門家（学校医、スクール・カウンセラー等）との連携・協働がいっそう重要なものとなることから、専門家による日常的な指導・助言・援助の体制整備や学校と専門機関との連携の確保などを今後さらに積極的に進める必要がある。

　さらに、教員一人ひとりの資質能力は決して固定的なものでなく、変化し、成長が可能なものであり、それぞれの職能、専門分野、能力・適性、興味・関心等に応じ、生涯にわたりその向上が図られる必要がある。教員としての力量の向上は、日々の教育実践や教員自身の研鑽により図られるのが基本であるが、任命権者等が行う研修もまたきわめて重要である。現職研修の体系や機会は着実に整備されつつあるが、今後いっそうの充実が期待される。

　このようなことを踏まえれば、今後における教員の資質能力のあり方を考えるに当たっては、画一的な教員像を求めることは避け、生涯にわたり資質能力の向上を図るという前提に立って、全教員に共通に求められる基礎的・基本的な資質能力を確保するとともに、さらに積極的に各人の得意分野づくりや個性の伸長を図ることが大切である。結局は、このことが学校に活力をもたらし、学校の教育力を高めることに資するものと考える。

　以上見てきたように、教養審答申において、教師の資質・能力については、①いつの時代にも教員に求められる資質能力、②今後とくに教員に求められる具体的資質能力、さらに③得意分野を持つ個性豊かな教員の必要性、という3つの観点から総合的に考察され、まとめられている。

　この教養審答申における教師の資質能力についての見解の特徴を若干指摘すれば、第1に、教職に携わる者（教師）に幅広い視野や社会性などを求めた点である。つまり、これまでの教師は、視野が狭く、硬直化した思考や、社会性の欠如の問題を指摘されてきたことを踏まえたものである。

　第2の特徴として、「実践的指導力」すなわち、児童・生徒理解や指導のための臨床的な知識・技能・態度（行動力）など、いわば、「特別活動」の指導力を取り上げて、特にそれらを重視していることである。「実践的指導力」の具体的な内容としては、「教科指導、生徒指導等のための知識・技能・態度」について、「カウンセリング・マインド」や「困難な事態を処理する能力」、「地域・家庭との関係構築能力」等を挙げて、それらの重要性をこれまで以上に強調している。つまり、大学の教職課程教育を受けて学んだ知識等を、教育現場におい

て実際の教育実践の際に使用することができる能力の必要性を指摘しているのである。

なお、教師の資質能力つまり力量形成について、1987年の教養審答申「教員の資質能力の向上方策等について」の要点をここで整理しておきたい。本答申で「教員としての資質能力は、養成・採用・現職研修の各段階を通じて形成されていくものであり、その向上を図るための方策は、それぞれの段階を通じて総合的に講じられる必要」があるということ、そして、「教員の職責にふさわしい資質能力は、教員養成のみならず、教職生活を通じて次第に形成されていくもの」であると述べられている。要するに、教員としての力量形成は、養成段階、採用段階さらに現職研修段階の生涯にわたって継続的にその向上が目指されるべきであるということである。

（3）大学の教職課程の役割について

ここでは大学の教職課程の役割について、本答申の内容を概述してみよう。

〈養成段階で特に教授・指導すべき内容の範囲〉

1) 教職への志向と一体感の形成

教職の意義、教員の役割、職務内容等に関する理解を深めさせることを通じ、教員を志願する者に教職に対する自らの適性を考察させるとともに、教職への意欲や一体感の形成を促す観点から、指導・助言・援助を行う。

このようなことは、教職課程全体の履修を通じて繰り返し行われるべきものであり、したがって、以下の3つの領域は相互に深く関連するものである。

すなわち、①教職課程における履修計画・内容等についての指導、②教職についての理解を深めるための指導、そして③教職への道の選択・決定の指導である。

2) 教職に必要な知識および技能の形成

教科指導、生徒指導などを含む教科外指導など、学校における教育活動を進める上で必要な知識および技能を、当該教育活動に関する学問的研究の基礎を含めて理解させる。

教育職員免許法における「教職に関する科目」との関連に関する規定でいえば、①理論的な知識等の教授、②理論と実践との結合、そして、③実践的

な技能等の教授、ということである。
3) 教科に関する専門的知識および技能の形成
　学校教育における教科の内容に関する諸学問領域に係る専門的知識および技能を修得させる。大学教育においては、教養教育や専門教育を通じてそれらが教授されることとなるが、その場合、各学校種・教科種に応じ、内容的にそれぞれ適切な広がりと深みを持たせることに特に配慮して、必要な知識および技能の形成が図られる必要がある。
　なお、大学の教職課程教育の実際においては、以上の3つの各領域に属する内容については、特定の授業科目の中で何度も重複して教授されるのが普通の状況であり、また、複数の内容に関わる授業科目が連携して教授されることによって、相互的な影響と効果が期待されるであろう。

第2節　中央教育審議会答申
　—「今後の教員養成・免許制度のあり方について」の骨子—

　中央教育審議会（「中教審」）は、2006（平成18）年7月11日に、「今後の教員養成・免許制度の在り方について」（答申）を取りまとめた。
　この答申は、教員が国民や社会から尊敬と信頼を得られる存在となるために必要な改革の方向を示すとともに、改革の具体的方策を提言したものである。本答申について、文部科学省初等中等教育局教職員課による要点解説が発表されている。以下にその概要をまとめてみよう。

（1）改革の経緯
　「教育は人なり」といわれるように、使命感や責任感を持ち、高い専門知識と指導力を備えた教員を確保することは、教育行政上の重要課題の1つである。特に昨今、学校教育が抱える課題はますます複雑化・多様化しており、また、家庭や地域社会の教育力の低下等もあり、学校や教員に対する期待はいっそう高まっている。
　一方で、いわゆる指導力不足教員の増加等を背景に、国民の教員に対する信

頼が揺らぎつつあることも否定できない。今後、保護者や国民から信頼される学校づくりを進めていくためには、学校教育の直接の担い手である教員に質の高い人材を確保することがきわめて重要である。

こうした状況を踏まえ、2004（平成16）年10月、文部科学大臣から中央教育審議会に対して、標記の諮問が行われた。この諮問では、今後の教員養成・免許制度のあり方について、幅広く検討する必要があり、特に、①教員養成における専門職大学院のあり方、②教員免許制度の改革、とりわけ教員免許更新制の導入の2点について、早急な検討が求められたところである。これを受けて、中央教育審議会では、教員養成部会を中心に検討し、2005（平成17）年12月8日には中間報告が取りまとめられた。

その後も中間報告に対する各方面の意見を踏まえつつ、さらに審議を深め、2006（平成18）年7月11日に答申を取りまとめた。

（2） 改革の基本的考え方

答申では、現在、教員に最も求められていることは、「国民や社会から尊敬と信頼を得られるような存在となること」であり、このためにはまず、教員自身が自信と誇りを持って教育活動に当たることが重要であり、同時に、養成・採用・現職研修等の各段階における改革を総合的に進めることが必要であるが、とりわけ教員養成・免許制度の改革は、他の改革の出発点に位置づけられるものであり、重要であるとしている。

改革を進めるに当たっては、わが国の教員養成の原則である「大学における教員養成」や、教員養成系大学・学部のみならず、一般の大学・学部においても教員養成を可能とする「開放制」の原則を維持することとしているが、教員が尊敬と信頼を得るためには、養成課程と免許制度が社会の信頼に足りうるものでなければならないとの観点から、以下の2つの改革の方向を示している。

①大学の教職課程を、教員に必要な資質・能力を確実に身に付けさせるものに改革する。

②教員免許状を、教職生活の全体を通じて、教員としての必要な資質・能力を確実に保証するものに改革する。

（3）改革の具体的方策

　以上のような基本的な考え方に立ち、答申では、具体的方策として、①教職課程の質的水準の向上、②教職大学院制度の創設、③教員免許更新制の導入の3つの柱を示しているほか、採用・研修等の改善・充実について提言している。

　これらは、それぞれ別個に提言されているものではなく、養成段階から教職生活に至る全プロセスを通じて、資質保持のために総合的に改革を推進するという考え方のもとに提言されたものである。

1）教職課程の質的水準の向上

　わが国の教員養成は、学部段階が中心となっている現状を踏まえると、まず既設の教職課程、特に学部段階の教員養成教育の改善・充実を図ることが重要であり、大学の学部段階の教職課程が、教員として必要な資質・能力を確実に身に付けさせるものとなるためには、なにより大学自身の教職課程の改善・充実に向けた主体的な取り組みが重要であるとしている。

　こうした観点から、教職課程の履修を通じて、教員としての使命感や責任感を持って、教科指導や生徒指導等を実践できる資質・能力を確実に身に付けさせるとともに、その資質・能力の全体を明示的に確認するため、教職課程の中に、新たに必修科目「教職実践演習（仮称）」（2単位程度）を設けることを提言している。

　また、教職実践演習（仮称）には、教員として求められる4つの事項（①使命感や責任感、教育的愛情等に関する事項、②社会性や対人関係能力に関する事項、③幼児・児童・生徒理解や学級経営等に関する事項、④教科・保育内容等の指導力に関する事項）を含めることが適当であるとしている。

　教育実習については、大学の教員と実習校が連携して指導に当たる機会を積極的に取り入れることや、事前に学生の能力や適性・意欲等を確認し、教育実習に出さないという対応や実習の中止も含め、適切な対応を取るなど、大学が、教育実習の全般にわたり、学校や教育委員会と連携しながら、責任を持って指導に当たることが重要であるとしている。

　また、大学の教職課程が法令や審査基準に照らして適切に運営されているかどうかを、事後的・定期的にチェックし、問題が認められた場合には、必要に応じて是正勧告を行うとともに、改善が見られない場合には、最終的に教職課程の

認定の取り消しを可能とする仕組みを整備することについて提言している。
　その他、教職課程全体を通じたきめ細かい指導・助言・援助が行われるよう、教職指導の充実、教員養成カリキュラム委員会の機能の充実・強化、教職課程の認定審査の充実について提言している。

2）「教職大学院」制度の創設

　近年の社会の大きな変動の中、さまざまな専門的職種や領域において、大学院段階で養成される、より高度な専門的職業能力を備えた人材が求められている。このことから、より高度な専門性を備えた力量ある教員を養成し、また、教職課程改善のモデルとなるよう、教員養成に特化した専門職大学院として「教職大学院」制度を創設することを提言している。

　具体的には、教職大学院では、
① 学部段階での資質能力を修得した者の中から、さらにより実践的な指導力・展開力を備え、新しい学校づくりの有力な一員となりうる新人教員の養成、
② 現職教員を対象に、地域や学校における指導的役割を果たしうる教員等として不可欠な確かな指導理論と優れた実践力・応用力を備えたスクールリーダー（中核的・指導的な役割を担う教員）の養成、

を主な目的・機能としている。そのため、
① 必要修得単位数45単位のうち、10単位以上は学校における実習とすること、
② 理論と実践を融合した体系的な教育課程を編成すること（具体的には、共通科目領域として、教育課程の編成・実施に関する領域、教科等の実践的な指導方法に関する領域、生徒指導・教育相談に関する領域、学級経営・学校経営に関する領域、学校教育と教員のあり方に関する領域）、
③ 実践的な指導力を育成するため、その授業方法としても、事例研究や授業観察・分析、フィールドワーク等を積極的に導入すること、
④ 必要専任教員のうち4割以上を学校教育関係者等の実務家教員とすること、
⑤ 附属学校以外の学校の中から連携協力校を設定することを義務づけること、

等を提言している。

3) 教員免許更新制の導入

　教員免許更新制の導入は、学校教育を取り巻く激しい変化に対応するためには、養成段階を修了した後も、そのときどきで求められる教員として必要な資質・能力が確実に保持されるよう、教員免許状に一定の有効期限を付し、その到来時に、知識・技能の刷新（リニューアル）を図るための方策として、提言されている。

　答申においては、この更新制が、いわゆる不適格教員の排除を直接の目的とするものではなく、教員が、更新後の10年間を保障された状態で、自信と誇りを持って教壇に立ち、社会の尊敬と信頼を得ていくという前向きな制度であることを明示している。

　また、更新制を導入し、専門性の向上や適格性の確保に関わる他の教員政策と一体的に推進することは、教員全体の資質・能力の向上に寄与するとともに、教員に対する信頼を確立するうえで、大きな意義を有するとしている。

　具体的には、教員免許状に10年の有効期限を付し、有効期限の満了前の直近2年程度の間に、30時間程度の「免許更新講習」を受講・修了することで更新されることとしている。免許更新講習は、教職課程の認定を受けた大学や教育委員会等が開設主体となり、国が定める基準を満たした講習を、国が認定することとしている。

　免許更新講習を受講しない、あるいは修了しないなど更新の要件を満たさない場合には、免許状は失効することとなるが、回復講習を受講・修了すれば、再授与の申請は可能とすることとしている。

　現職教員を含む現に教員免許状を有する者の取り扱いについては、公教育に対する保護者や国民の信頼に応えるためには、更新制の基本的な枠組みを適用することが適当であるとしている。具体的には、免許状に有効期限は付さないものの、10年ごとに定期講習の受講・修了を義務づけ、修了しない場合は免許状は失効することとしている。この場合も、事後的に回復講習を受講・修了すれば、再授与の申請は可能である。

　以上のほか、「答申」では、教員の資質・能力の向上を図り、国民の信頼を高めていく観点から、採用や現職研修・人事管理・教員評価等についても、さまざ

まな提言を行っている。

具体的には、採用選考については、養成段階の改善・充実を受けて、たとえば、人物評価や教職課程の履修状況等をいっそう適切に評価すること、現職研修については、養成段階の改善・充実に対応して、初任者研修や10年経験者研修等の内容・方法や評価のあり方などを見直すこと、また、教員評価については、一人ひとりの教員の能力や業績を適正に評価し、その結果を適切に処遇に反映することが重要であることなどを提言している。

(4) 答申を受けて

現在の学校教育にはさまざまな課題があるが、その解決に向けて中心的な役割を果たすのは、学校現場で日々教育活動に当たる教員であり、教員の仕事は、保護者や国民の信頼があって初めて成り立つものである。この改革を円滑に遂行し、新しい教員像を確立するためには、教員自身の努力・意識改革はもとより重要であるが、なによりも、保護者や国民の幅広い理解と協力が重要である。

文部科学省では、教職大学院制度については、2006（平成18）年度に必要な省令改正を行い、これにより、2007（平成19）年度から設置認可申請の受け付けを開始し、2008（平成20）年度から全国のいくつかの大学で開設されている。また、2009（平成21）年度からの教員免許更新制の本格的な導入については、現在、大学関係者・教育委員会関係者・学校関係者等からなる「教員免許更新制の導入に関する検討会議」を設置し、免許更新講習のモデル・カリキュラム（表12-2参照）や、円滑な実施のための条件整備等について検討しているところである。

第3節　教育職員免許法改正における「教員免許更新制」導入に関わる諸問題

現在、日本の教育体制は、大きく変わろうとしている。前安倍政権が前面に打ち出した「教育再生」というスローガンのもとに、教育基本法が改正され、首相直属の「教育再生会議」における論議や、文部科学大臣の諮問機関である「中

第12章 日本における教員養成改革の動向と特別活動

表12-2 講習内容に関する各種基準

事項	細目	開設認定基準（含めるべき内容）	開設認定基準（留意事項）	修了認定基準（到達目標）	修了認定基準（確認指標）
1. 教育の使命に関する事項及びその細目に割り当てられるべき時間（18時間以上）	① 教職についての省察並びに教員の役割	・学校をめぐる近年のさまざまな状況変化について、各自の教職生活を振り返り返る機会を与え、子どもの変化、教育観、専門職としての教員の役割等について省察させること。	・各種報道、世論調査、統計資料等も用いるなど、具体的な材料を適切に扱うこと。・教育的愛情、倫理観、遵法精神など、教員に対する社会の要請の強い事柄については特に留意すること。	・学校をめぐる近年のさまざまな状況変化について、客観的な具体的に理解している。・教員に国民が何かを期待しているのか理解している。	・各種報道、世論調査、統計資料等の動向かを自ら分析し、自らが向かうべき方向を意識し、説明することができるか。・各自の現状を自ら分析し、自らが向かうべき方向を意識し、説明できるか。
	② 子どもの変化についての理解	・子どもの発達、心理学的知見に基づく内容や、特別支援教育に関するものを含む。（以下同）	・LD、ADHDはじめ特別支援教育に関する課題については、必ず扱うこと。・居場所づくりと学級担任と応じた集団形成の視点、生活習慣の変化を踏まえた生徒指導、社会の経済的環境の変化、キャリア形成等の課題について、具体的に扱うこと。・カウンセリング・マインドの必要性にも留意すること。	・子どもの発達に関する科学的知見の概要を理解している。・子どもの生活の変化を踏まえた指導のあり方を理解している。	・LD、ADHDはじめ特別支援教育に関するものを含め、子どもの発達に関する最近の科学的知見を理解し、説明できるか。・子どもの生活の変化を踏まえた具体的な指導及び対処方法を理解し、説明できるか。
	③ 教育政策の動向についての理解	・学習指導要領の改訂の動向等について、適切に理解させる内容であるべきこと。	・網羅的な理解させる内容を適切に扱うこと。・法改正、国の審議会の状況等について、適切に取り扱うこと。	・学習指導要領の改訂の動向等の概要を理解している。・教育改革の動向の概要を理解している。	・学習指導要領の改訂の動向等について理解し、説明することができるか。・教育改革の動向について、校内での役割と関連付けながら理解し、説明することができるか。
	④ 学校の内外における連携協力についての理解	・学校内の各組織内における対応のあり方	・学校組織の一員としてのマネジメント、マインド、内部・外部との連携等、適切に扱うこと。・特に対人関係、日常的コミュニケーション等の重要性に留意すること。	・さまざまな問題に対する組織的対応の必要性について理解している。	・さまざまな問題に対する組織的対応の必要性について、校内での役割と関連付けながら理解し、説明することができるか。
	⑤ 学校における危機管理上の課題	・学校における危機管理上の課題を、適切に扱うこと。	・校内外の安全確保に関する内容はじめ、その他、情報モラル、必ず含めること。近年の状況を踏まえた内容を適切に扱うこと。	・学校における危機管理の必要性について、理解している。	・子どもの安全確保はじめ具体的な危機管理の背景について、近年の状況を踏まえ、説明することができるか。
2. 教科指導・生徒指導その他の教育の充実に関する事項（18時間以上）		・幼児・児童・生徒に対する指導上必要な課題について取り扱うこと。	・指導法、指導の背景となる専門的知見、指導の技術のいずれかについて最新の内容を含めること。	・幼児・児童・生徒に対する指導上の必要な課題について理解している。	・子どもの背景となる専門的知見、指導方法、技術のいずれかについて最新の内容を理解することができるか。

注：①〜⑤の各事項及びその細目に割り当てられるべき時間、講義の順序・担当教員の組み合わせ等については、大学の判断による。
出所：文部科学省

教審」の答申を経て、2009年4月より「教員免許更新制」が導入されることが決まった。教員免許更新制（「更新制」と略記）とは何か、また、その導入の背景や問題点などについて概観してみよう。

（1）「教員免許更新制」とは何か

「更新制」とは、これまで永久ライセンスであった教員免許に10年の有効期限を設け、更新するためには期限満了の2年前から受けることのできる講習を30時間以上受講し、修了しなければならないというものである。ただし、勤務実績が優秀と判定されれば、講習が免除になる場合もある。期限満了までに修了できない場合は、原則として、免許は失効するが、失効した場合でも、その後の講習を修了すれば免許は回復する。講習は、ハードルが高いわけではなく、「よほどの問題がない限り修了できる」と文科省は言明している。これは、いわゆるペーパー・ティーチャーも同様で、講習を受けずに失効した場合でも、その後の講習を受講し修了すれば回復する方向で検討中であるという。

ところで、更新制導入のモデルとされているアメリカ合衆国の多くの州では、複数種の免許が設けられ、下級免許は、一定期間内に上級免許に切り替えない限り失効するシステムになっている。また、上級免許においても、一定期間ごとの更新が義務づけられている。しかし、その切り替えや更新のプロセスにおいては、一定期間の成功裏の勤務と、各種の研修プログラムへの参加が主な要件とされており、基本的には研修奨励策の意味合いが強い。アメリカにおける「指導力不足教員」の排除は、学区（任命権を持つ行政単位）ごとの分限制度に主に依拠して行われている。

ここから読み取れるのは、専門職としての教員の職能成長のサポート（研修—免許更新）と、公教育の質保障としての「指導力不足教員」の排除（行政—分限）とが明確に分かれているということである。

加えて日本では、免許制度と研修制度との関連が薄く、大学（院）で所定の単位を取得することで、切り替えを要しない上級免許が取得可能である。免許状取得と採用の時期も一致しない。「開放制」原則のもとで大量のペーパー・ティーチャーが存在している。したがって、職能成長のサポートの機会として教員免許更新制を導入するのもむずかしいのである。

（2）「免許更新制」導入の背景要因

　更新制が導入された理由として挙げられるのは、教師の資質・能力の低下があり、不適格教師の存在がある。すなわち、教師のわいせつ行為や、授業のできない教師が教育現場で問題となり、生徒や保護者による学校に対する不信感が強まっている。

　「指導力不足教師」については、全国の都道府県や指定都市教育委員会が、それぞれその定義を行っている。それゆえ、その定義は、各都道府県によって異なるが、共通している内容は、教師としての資質能力に課題のある者、教科に関する専門的知識や技術に問題があるもの、児童・生徒の心を理解する能力や意欲に欠ける者、などである。そして、その認定手続きは、各都道府県が設置する「判定委員会」等によって認定される。この判定委員会等の構成も各都道府県によって異なるが、医師、弁護士、保護者を中心にその他、校長や大学教授、民間企業経営者などが含まれる地域もある。なお、「指導力不足」という認定を受ける教師は、年々増加する傾向にあり、2004（平成16）年度中に全国で560人を数えた。

（3）「免許更新制」の問題点

　ここで少なくとも2つの問題点を指摘しておく必要がある。第1点は、各都道府県の中には、指導力不足教師の定義として「心を理解する能力や意欲」のような評価し難いものを含ませているところもあることである。このような基準は、責任感や使命感、教育的愛情の評価と同様に、評価する者の主観的な判断に左右されるので、客観的で公正な判断は困難である。こうしたあいまいで主観に左右される基準を評価対象とすることは、一人ひとりの教師の自由な教育を侵害する危険性があり、教育の質を劣化させることにもなりうるであろう。

　問題の第2点目は、その判定委員会の委員の構成である。まず、委員名はすべて公表されないということであるが、それでは実際に指導力が不足している教師よりも、教育委員会や校長にとって不都合な教師を、学校から排除する手段として濫用される場合も、当然ありうるだろう。そうすれば、教員は警戒し萎縮し、教育委員会や校長あるいは児童・生徒の保護者の顔色ばかり伺いながら、指導力不足教師としてレッテルを貼られたり認定されたりしないように、うまく立ち回るような教育をせざるをえなくなってしまうだろう。その意味で、このよう

な指導力不足教師の認定という制度は、教師の地位を大いに脅かす危険を伴うのである。それゆえ、今後、この制度を運用するに当たっては、指導力不足教師を認定する際の適正な手続きを十分に行う努力が必要不可欠であろう。

（4）「講習」の内容

「更新制」を有効性のあるものにするためには、講習の内容が現代の教師の抱える問題と密接であり、充実したものでなければならない。また、個々の講習に共通する明確な基準を設定しなければならない。講習にかかる費用3万円は、各教師が負担することになっている。指導力とともに、児童・生徒や保護者への対応能力の充実・強化を目指し、最新の指導方法の伝達はもちろん、「教科の指導力」、「社会性・対人関係」、「使命感・責任感」、「最近の教育課題」、「生徒指導、学級運営」の5科目を開講する。土・日曜日や夏休みなどを利用して行われる予定であるが、詳細な具体的内容については、今後とも継続して検討し、2009（平成21）年度からの実施が予定されている。

第4節　新設「教職実践演習」科目とは何か

ここでは、「教職実践演習」科目新設のねらいと具体的内容について、大学における教職課程に新設される「教職実践演習」のねらいや具体的な授業内容について概述する。

（1）「教職実践演習」新設のねらい

この答申では、大学における戦後の開放制の教員養成の原則を是認したうえで、次のような大学における教職課程の課題を指摘している。
① 各大学の教員養成に対する明確な理念（養成する教員像）の追求・確立がなされていないこと、
② 専門職業人としての教員を養成しようとする大学教員の意識の希薄さのために、教員免許法に定める「教科に関する科目」や「教職に関する科目」の整合性・連続性が図られず、大学における教職課程カリキュラム編成が

不十分であること。
③　教職科目が、大学教員の専門性に偏重し、講義中心の授業が多く、学校現場が抱えるさまざまな課題に対応していないこと。

　このように、大学における開放制の教員養成を担当する教員が、学校現場や社会が求めている教員育成の役割を十分に果たしてこなかったことを指摘している。

　これらの課題を克服するために答申では、教職課程認定大学のすべての教員が教員養成に携わっているという自覚のもとで、大学全体としての組織的な指導体制を整備し、「教職実践演習」を設置することを提言している。そして、大学における教職課程を履修した学生が、「教職実践演習」を、大学の全期間の「学びの軌跡の集大成」と位置づけられるように、最後の学年の後期に新設（2単位程度）するとしている。

　今後、大学における開放制の教員養成を充実させ、実効あるものにするためには、各大学におけるファカルティ・ディヴェロップメント（FD）の実践を通して、大学全体としての組織的な指導体制の整備が必要不可欠になってくる。

（2）「教職実践演習」の具体的な到達目標とその内容

　教職実践演習は、教職課程内の他の授業科目の履修ばかりでなく、新設のねらいにもあるように、教職課程外でのさまざまな学生の学習・体験活動を通じて、学生が身に付けた資質・能力（「学びの軌跡の集大成」）を確認する場として設けられる。そこでは、将来、教師を目指す学生が、教員として最低限必要な資質・能力を有機的に統合し、どの程度まで形成しているかについて評価を受ける。

　答申では、教職課程認定大学に対しては、自らの養成する教員像や到達目標等に照らして、最終的に「学生の学びの軌跡の集大成」を「教職実践演習」で確認することを求めている。

　また、学生は、この科目を履修することで、将来、教員になるうえで、自己にとって何が課題であるかを自覚し、必要に応じて不足している知識や技能等を補い、その定着を図り、教員生活を円滑にスタートできるように期待されている。

　このような「教職実践演習」を、4年生の後期（10月以降）に開講する場合、現状では、公立学校の教員採用試験が7～8月に実施され、その試験結果が出

る時期が9〜10月であるため、試験の合否が学生の受講態度に影響することが予想される。また、4年次の卒業論文（研究）指導と教職実践演習との整合性も課題の1つである。

「教職実践演習」では、教員として求められる次の4つの事項が示された。
① 使命感や責任感、教育的愛情等に関する事項。
② 社会性や対人関係能力に関する事項。
③ 幼児・児童・生徒理解や学級経営等に関する事項。
④ 教科・保育内容等の指導力に関する事項。

この科目の企画・立案・実施について、答申では、大学が学校教育現場や教育委員会との緊密な連携・協力を行うことを提言している。具体的に、それぞれ4つの事項の到達および確認指標例を、次のように示している。

〈①の到達目標と確認指標例〉
① 教育に関する使命感や情熱を持ち、常に子どもから学び、共に成長しようとする姿勢が身に付いている（確認指標例：○誠実、公平かつ責任感を持って子どもに接し、子どもから学び、共に成長しようとする意識を持って、指導に当たることができるか）。
② 高い倫理観と規範意識、困難に立ち向かう強い意思を持ち、自己の職責を果たすことができる（確認指標例：○教員の使命や職務についての基本的な理解に基づき、自発的・積極的に自己の職責を果たそうとする姿勢を持っているか。○自己の課題を認識し、その解決に向けて、自己研鑽に励むなど、常に学び続けようとする姿勢を持っているか）。
③ 子供の成長や安全、健康を第一に考え、適切に行動することができる（確認指標例：○子供の成長や安全、健康管理に常に配慮して、具体的な教育活動を組み立てることができるか）。

〈②の到達目標と確認指標例〉
① 教員としての職責や義務の自覚に基づき、目標や状況に応じた適切な言動を取ることができる（確認指標例：○挨拶や服装、言葉遣い、他の教職員への対応、保護者に対する接し方など、社会人としての基本が身に付い

ているか)。
② 組織の一員としての自覚を持ち、他の教職員と協力して職務を遂行することができる（確認指標例：○他の教職員の意見やアドバイスに耳を傾けるとともに、理解や協力を得ながら、自らの職務を遂行することができるか。○学校組織の一員として、独善的にならず、協調性や柔軟性を持って、校務の運営に当たることができるか)。
③ 保護者や地域の関係者と良好な人間関係を築くことができる（確認指標例：○保護者や地域の関係者の意見・要望に耳を傾けるとともに、連携・協力しながら、課題に対処することができるか)。

〈③の到達目標と確認指標例〉
① 子どもに対して公平かつ受容的な態度で接し、豊かな人間的交流を行うことができる（確認指標例：○気軽に子どもと顔を合わせたり、相談に乗ったりするなど、親しみを持った態度で接することができるか)。
② 子どもの発達や心身の状況に応じて、抱える課題を理解し、適切な指導を行うことができる（確認指標例：○子供の声を真摯に受け止め、子どもの健康状態や性格、生育暦等を理解し、公平かつ受容的な態度で接することができるか。○社会状況や時代の変化に伴って生じる新たな課題や子どもの変化を、進んで捉えようとする姿勢を持っているか)。
③ 子どもとの間に信頼関係を築き、学級集団を把握して、規律ある学級経営を行うことができる（確認指標例：○子どもの特性や心身の状況を把握したうえで学級経営案を作成し、それに基づく学級づくりをしようとする姿勢を持っているか)。

〈④の到達目標と確認指標例〉
① 教科書の内容を理解しているなど、学習指導の基本事項（教科等の知識や技能など）を身に付けている（確認指標例：○自ら主体的に教材研究を行うとともに、それを活かした学習指導案を作成することができるか。○教科書の内容を十分理解し、教科書を介してわかりやすく学習を組み立てるとともに、子どもからの質問に的確に応えることができるか)。

② 板書、話し方、表情など、授業を行ううえでの基本的な表現力を身に付けている（確認指標例：〇板書や発問、的確な話し方など基本的な授業技術を身に付けるとともに、子どもの反応を生かしながら、集中力を保った授業を行うことができるか）。
③ 子どもの反応や学習の定着状況に応じて、授業計画や学習形態等を工夫することができる（確認指標例：〇基礎的な知識や技能につい反復して教えたり、板書や資料の提示をわかりやすくしたりするなど、基礎学力の定着を図る指導法を工夫することができるか）。

以上のような、教員として必要最低限のスキルに対する到達目標を達成するための授業方法については、「役割演技（ロールプレイング）」「グループ討議」「事例研究」や「現地調査（フィールドワーク）」等の実践的な演習を導入し、演習科目としての適正規模を20名程度として、規模に応じてティーチング・アシスタント（TA）の活用も提言している。さらに、評価方法については、複数教員（教職経験者を含む）による、学校現場の視点も加味した多面的な角度から行うように求めている。また、教育実習も含めて、新たな教職の科目区分の見直しも提言した。

なお、「教職実践演習」の新設に関する課題としては、今後、これまでの大学における教職課程の教育理念や哲学を踏まえながら、教職実践演習におけるスキル・トレーニングとカリキュラム全体のバランスを取ることが求められる。

参考文献
戸田忠雄『「ダメな教師」の見分け方』筑摩書房、2005年
大塚智孝『季刊教育法―特集：指導力不足教員』（No. 129）エイデル研究所、2001年
影山昇『日本の教育の歩み―現代に生きる教師像を求めて―』（増補版）有斐閣、2001年
OECD著、奥田かんな訳『教師の現職教育と職能開発』ミネルヴァ書房、2001年
佐藤　学『教育改革をデザインする』岩波書店、1999年
文部省教育助成局『新しい教員免許制度に関する資料』1998年7月
教育職員養成審議会「新たな時代に向けた教員養成の改善方策について」（第1次答申）1997年7月
第15期中央教育審議会「21世紀を展望したわが国の教育の在り方について―子供に「生きる力」と「ゆとり」を―」（第1次答申）1996年7月、（第2次答申）1997年6月

今津孝次郎『変動社会の教師教育』名古屋大学出版会、1996年
加澤恒雄「私立工科系大学における『教職課程』教育の現状と課題―『教職課程』教育の充実をめざして―」『教師教育研究』、第9号、1996年
加澤恒雄『大学教育における教師養成の諸問題』『文部省放送教育開発センター研究紀要』、第10号、1994年
加澤恒雄「改正『教育職員免許法』のもとでの新しい『教育実習』方法論―開放制教師教育の危機―」『広島工業大学研究紀要』第28巻、1994年
稲富忠彦、久富善之編『日本の教師文化』東京大学出版会、1994年
季刊教育法編集部編『臨教審のすべて』エイデル研究所、1985年

資 料 編

1. 日本国憲法（抄）
2. 教育基本法（全文）
3. 地方公務員法（抄）
4. 教育公務員特例法（抄）
5. 学校教育法（抄）
6. 学校教育法施行規則（抄）
7. 教育職員免許法（抄）
8. 中学校学習指導要領（抄）

1. 日本国憲法（抄） 　（昭和21年11月3日公布　昭和22年5月3日施行）

第13条（個人の尊重、生命・自由・幸福追求の権利の尊重）
　すべて国民は、個人として尊重される。生命、自由及び幸福追求に対する国民の権利については、公共の福祉に反しない限り、立法その他の国政の上で、最大の尊重を必要とする。

第14条（法の下の平等）
　すべて国民は、法の下に平等であつて、人種、信条、性別、社会的身分又は門地により、政治的、経済的又は社会的関係において、差別されない。

第15条（公務員の本質）
2　すべて公務員は、全体の奉仕者であつて、一部の奉仕者ではない。

第20条（信教の自由、国の宗教活動の禁止）
　信教の自由は、何人に対してもこれを保障する。いかなる宗教団体も、国から特権を受け、又は政治上の権力を行使してはならない。
2　何人も、宗教上の行為、祝典、儀式又は行事に参加することを強制されない。
3　国及びその機関は、宗教教育その他いかなる宗教的活動もしてはならない。

第23条（学問の自由）
　学問の自由は、これを保障する。

第25条（生存権）
　すべて国民は、健康で文化的な最低限度の生活を営む権利を有する。

第26条（教育を受ける権利、教育を受けさせる義務、義務教育の無償）
　すべて国民は、法律の定めるところにより、その能力に応じて、ひとしく教育を受ける権利を有する。
2　すべて国民は、法律の定めるところにより、その保護する子女に普通教育を受けさせる義務を負ふ。義務教育は、これを無償とする。

第27条（勤労の権利・義務、児童酷使の禁止）
　すべて国民は、勤労の権利を有し、義務を負ふ。
3　児童は、これを酷使してはならない。

第89条（公の財産の支出利用の制限）
　公金その他の公の財産は、宗教上の組織若しくは団体の使用、便益若しくは維持のため、又は公の支配に属しない慈善、教育若しくは博愛の事業に対し、これを支出し、又はその利用に供してはならない。

2. 教育基本法（全文）　　（平成18年12月22日法律第120号）

前文
　我々日本国民は、たゆまぬ努力によって築いてきた民主的で文化的な国家を更に発展させるとともに、世界の平和と人類の福祉の向上に貢献することを願うものである。
　我々は、この理想を実現するため、個人の尊厳を重んじ、真理と正義を希求し、公共の精神を尊び、豊かな人間性と創造性を備えた人間の育成を期するとともに、伝統を継承し、新しい文化の創造を目指す教育を推進する。
　ここに、我々は、日本国憲法の精神にのっとり、我が国の未来を切り拓く教育の基本を確立し、その振興を図るため、この法律を制定する。

第1章　教育の目的及び理念
第1条（教育の目的）
　教育は、人格の完成を目指し、平和で民主的な国家及び社会の形成者として必要な資質を備えた心身ともに健康な国民の育成を期して行われなければならない。
第2条（教育の目標）
　教育は、その目的を実現するため、学問の自由を尊重しつつ、次に掲げる目標を達成するよう行われるものとする。
　一　幅広い知識と教養を身に付け、真理を求める態度を養い、豊かな情操と道徳心を培うとともに、健やかな身体を養うこと。
　二　個人の価値を尊重して、その能力を伸ばし、創造性を培い、自主及び自律の精神を養うとともに、職業及び生活との関連を重視し、勤労を重んずる態度を養うこと。
　三　正義と責任、男女の平等、自他の敬愛と協力を重んずるとともに、公共の精神に基づき、主体的に社会の形成に参画し、その発展に寄与する態度を養うこと。
　四　生命を尊び、自然を大切にし、環境の保全に寄与する態度を養うこと。
　五　伝統と文化を尊重し、それらをはぐくんできた我が国と郷土を愛するとともに、他国を尊重し、国際社会の平和と発展に寄与する態度を養うこと。
第3条（生涯学習の理念）
　国民一人一人が、自己の人格を磨き、豊かな人生を送ることができるよう、その生涯にわたって、あらゆる機会に、あらゆる場所において学習することができ、その成果を適切に生かすことのできる社会の実現が図られなければならない。
第4条（教育の機会均等）
　すべて国民は、ひとしく、その能力に応じた教育を受ける機会を与えられなければならず、人種、信条、性別、社会的身分、経済的地位又は門地によって、教育上差別されない。
2　国及び地方公共団体は、障害のある者が、その障害の状態に応じ、十分な教育を受けられるよ

う、教育上必要な支援を講じなければならない。
3　国及び地方公共団体は、能力があるにもかかわらず、経済的理由によって修学が困難な者に対して、奨学の措置を講じなければならない。

第2章　教育の実施に関する基本
第5条（義務教育）
　国民は、その保護する子に、別に法律で定めるところにより、普通教育を受けさせる義務を負う。
2　義務教育として行われる普通教育は、各個人の有する能力を伸ばしつつ社会において自立的に生きる基礎を培い、また、国家及び社会の形成者として必要とされる基本的な資質を養うことを目的として行われるものとする。
3　国及び地方公共団体は、義務教育の機会を保障し、その水準を確保するため、適切な役割分担及び相互の協力の下、その実施に責任を負う。
4　国又は地方公共団体の設置する学校における義務教育については、授業料を徴収しない。
第6条（学校教育）
　法律に定める学校は、公の性質を有するものであって、国、地方公共団体及び法律に定める法人のみが、これを設置することができる。
2　前項の学校においては、教育の目標が達成されるよう、教育を受ける者の心身の発達に応じて、体系的な教育が組織的に行われなければならない。この場合において、教育を受ける者が、学校生活を営む上で必要な規律を重んずるとともに、自ら進んで学習に取り組む意欲を高めることを重視して行われなければならない。
第7条（大学）
　大学は、学術の中心として、高い教養と専門的能力を培うとともに、深く真理を探究して新たな知見を創造し、これらの成果を広く社会に提供することにより、社会の発展に寄与するものとする。
2　大学については、自主性、自律性その他の大学における教育及び研究の特性が尊重されなければならない。
第8条（私立学校）
　私立学校の有する公の性質及び学校教育において果たす重要な役割にかんがみ、国及び地方公共団体は、その自主性を尊重しつつ、助成その他の適当な方法によって私立学校教育の振興に努めなければならない。
第9条（教員）
　法律に定める学校の教員は、自己の崇高な使命を深く自覚し、絶えず研究と修養に励み、その職責の遂行に努めなければならない。
2　前項の教員については、その使命と職責の重要性にかんがみ、その身分は尊重され、待遇の適正が期せられるとともに、養成と研修の充実が図られなければならない。

第10条（家庭教育）
　父母その他の保護者は、子の教育について第一義的責任を有するものであって、生活のために必要な習慣を身に付けさせるとともに、自立心を育成し、心身の調和のとれた発達を図るよう努めるものとする。
2　国及び地方公共団体は、家庭教育の自主性を尊重しつつ、保護者に対する学習の機会及び情報の提供その他の家庭教育を支援するために必要な施策を講ずるよう努めなければならない。
第11条（幼児期の教育）
　幼児期の教育は、生涯にわたる人格形成の基礎を培う重要なものであることにかんがみ、国及び地方公共団体は、幼児の健やかな成長に資する良好な環境の整備その他適当な方法によって、その振興に努めなければならない。
第12条（社会教育）
　個人の要望や社会の要請にこたえ、社会において行われる教育は、国及び地方公共団体によって奨励されなければならない。
2　国及び地方公共団体は、図書館、博物館、公民館その他の社会教育施設の設置、学校の施設の利用、学習の機会及び情報の提供その他の適当な方法によって社会教育の振興に努めなければならない。
第13条（学校、家庭及び地域住民等の相互の連携協力）
　学校、家庭及び地域住民その他の関係者は、教育におけるそれぞれの役割と責任を自覚するとともに、相互の連携及び協力に努めるものとする。
第14条（政治教育）
　良識ある公民として必要な政治的教養は、教育上尊重されなければならない。
2　法律に定める学校は、特定の政党を支持し、又はこれに反対するための政治教育その他政治的活動をしてはならない。
第15条（宗教教育）
　宗教に関する寛容の態度、宗教に関する一般的な教養及び宗教の社会生活における地位は、教育上尊重されなければならない。
2　国及び地方公共団体が設置する学校は、特定の宗教のための宗教教育その他宗教的活動をしてはならない。

第3章　教育行政
第16条（教育行政）
　教育は、不当な支配に服することなく、この法律及び他の法律の定めるところにより行われるべきものであり、教育行政は、国と地方公共団体との適切な役割分担及び相互の協力の下、公正かつ適正に行われなければならない。
2　国は、全国的な教育の機会均等と教育水準の維持向上を図るため、教育に関する施策を総合的に策定し、実施しなければならない。

3　地方公共団体は、その地域における教育の振興を図るため、その実情に応じた教育に関する施策を策定し、実施しなければならない。
4　国及び地方公共団体は、教育が円滑かつ継続的に実施されるよう、必要な財政上の措置を講じなければならない。

第17条（教育振興基本計画）
　政府は、教育の振興に関する施策の総合的かつ計画的な推進を図るため、教育の振興に関する施策についての基本的な方針及び講ずべき施策その他必要な事項について、基本的な計画を定め、これを国会に報告するとともに、公表しなければならない。
2　地方公共団体は、前項の計画を参酌し、その地域の実情に応じ、当該地方公共団体における教育の振興のための施策に関する基本的な計画を定めるよう努めなければならない。

第4章　法令の制定
第18条　この法律に規定する諸条項を実施するため、必要な法令が制定されなければならない。

3．地方公務員法（抄）
（昭和25年12月13日法律261号　最終改正平成19年12月5日法律128号）

第1章　総　則
（この法律の目的）
　第1条　この法律は、地方公共団体の人事機関並びに地方公務員の任用、職階制、給与、勤務時間その他の勤務条件、分限及び懲戒、服務、研修及び勤務成績の評定、福祉及び利益の保護並びに団体等人事行政に関する根本基準を確立することにより、地方公共団体の行政の民主的かつ能率的な運営並びに特定地方独立行政法人の事務及び事業の確実な実施を保障し、もつて地方自治の本旨の実現に資することを目的とする。

第3章　職員に適用される基準
第1節　通　則
（平等取扱の原則）
　第13条　すべて国民は、この法律の適用について、平等に取り扱われなければならず、人種、信条、性別、社会的身分若しくは門地によつて、又は第16条第5号に規定する場合を除く外、政治的意見若しくは政治的所属関係によつて差別されてはならない。
（情勢適応の原則）
　第14条　地方公共団体は、この法律に基いて定められた給与、勤務時間その他の勤務条件が社会一般の情勢に適応するように、随時、適当な措置を講じなければならない。
2　人事委員会は、随時、前項の規定により講ずべき措置について地方公共団体の議会及び長に勧

告することができる。

第2節 任 用

(任用の根本基準)

　　第15条　職員の任用は、この法律の定めるところにより、受験成績、勤務成績その他の能力の実証に基いて行わなければならない。

(欠格条項)

　　第16条　次の各号の一に該当する者は、条例で定める場合を除くほか、職員となり、又は競争試験若しくは選考を受けることができない。
　　一　成年被後見人又は被保佐人
　　二　禁錮以上の刑に処せられ、その執行を終わるまで又はその執行を受けることがなくなるまでの者
　　三　当該地方公共団体において懲戒免職の処分を受け、当該処分の日から2年を経過しない者
　　四　人事委員会又は公平委員会の委員の職にあつて、第5章に規定する罪を犯し刑に処せられた者
　　五　日本国憲法施行の日以後において、日本国憲法又はその下に成立した政府を暴力で破壊することを主張する政党その他の団体を結成し、又はこれに加入した者

第5節　分限及び懲戒

(分限及び懲戒の基準)

　　第27条　すべて職員の分限及び懲戒については、公正でなければならない。
2　職員は、この法律で定める事由による場合でなければ、その意に反して、降任され、若しくは免職されず、この法律又は条例で定める事由による場合でなければ、その意に反して、休職されず、又、条例で定める事由による場合でなければ、その意に反して降給されることがない。
3　職員は、この法律で定める事由による場合でなければ、懲戒処分を受けることがない。

(降任、免職、休職等)

　　第28条　職員が、左の各号の一に該当する場合においては、その意に反して、これを降任し、又は免職することができる。
　　一　勤務実績が良くない場合
　　二　心身の故障のため、職務の遂行に支障があり、又はこれに堪えない場合
　　三　前2号に規定する場合の外、その職に必要な適格性を欠く場合
　　四　職制若しくは定数の改廃又は予算の減少により廃職又は過員を生じた場合
2　職員が、左の各号の一に該当する場合においては、その意に反してこれを休職することができる。
　　一　心身の故障のため、長期の休養を要する場合
　　二　刑事事件に関し起訴された場合
3　職員の意に反する降任、免職、休職及び降給の手続及び効果は、法律に特別の定がある場合を除く外、条例で定めなければならない。
4　職員は、第16条各号（第3号を除く。）の一に該当するに至つたときは、条例に特別の定があ

る場合を除く外、その職を失う。
(懲戒)
　第29条　職員が次の各号の一に該当する場合においては、これに対し懲戒処分として戒告、減給、停職又は免職の処分をすることができる。
　一　この法律若しくは第57条に規定する特例を定めた法律又はこれに基く条例、地方公共団体の規則若しくは地方公共団体の機関の定める規程に違反した場合
　二　職務上の義務に違反し、又は職務を怠つた場合
　三　全体の奉仕者たるにふさわしくない非行のあつた場合
2　職員が、任命権者の要請に応じ当該地方公共団体の特別職に属する地方公務員、他の地方公共団体若しくは特定地方独立行政法人の地方公務員、国家公務員又は地方公社（地方住宅供給公社、地方道路公社及び土地開発公社をいう。）その他その業務が地方公共団体若しくは国の事務若しくは事業と密接な関連を有する法人のうち条例で定めるものに使用される者（以下この項において「特別職地方公務員等」という。）となるため退職し、引き続き特別職地方公務員等として在職した後、引き続いて当該退職を前提として職員として採用された場合（一の特別職地方公務員等として在職した後、引き続き一以上の特別職地方公務員等として在職し、引き続いて当該退職を前提として職員として採用された場合を含む。）において、当該退職までの引き続く職員としての在職期間（当該退職前に同様の退職（以下この項において「先の退職」という。）、特別職地方公務員等としての在職及び職員としての採用がある場合には、当該先の退職までの引き続く職員としての在職期間を含む。次項において「要請に応じた退職前の在職期間」という。）中に前項各号のいずれかに該当したときは、これに対し同項に規定する懲戒処分を行うことができる。
3　職員が、第28条の4第1項又は第28条の5第1項の規定により採用された場合において、定年退職者等となつた日までの引き続く職員としての在職期間（要請に応じた退職前の在職期間を含む。）又はこれらの規定によりかつて採用されて職員として在職していた期間中に第1項各号の一に該当したときは、これに対し同項に規定する懲戒処分を行うことができる。
4　職員の懲戒の手続及び効果は、法律に特別の定がある場合を除く外、条例で定めなければならない。

第6節　服　務

(服務の根本基準)
　第30条　すべて職員は、全体の奉仕者として公共の利益のために勤務し、且つ、職務の遂行に当つては、全力を挙げてこれに専念しなければならない。
(服務の宣誓)
　第31条　職員は、条例の定めるところにより、服務の宣誓をしなければならない。
(法令等及び上司の職務上の命令に従う義務)
　第32条　職員は、その職務を遂行するに当つて、法令、条例、地方公共団体の規則及び地方公共団体の機関の定める規程に従い、且つ、上司の職務上の命令に忠実に従わなければならない。

(信用失墜行為の禁止)
　第33条　職員は、その職の信用を傷つけ、又は職員の職全体の不名誉となるような行為をしてはならない。
(秘密を守る義務)
　第34条　職員は、職務上知り得た秘密を漏らしてはならない。その職を退いた後も、また、同様とする。
2　法令による証人、鑑定人等となり、職務上の秘密に属する事項を発表する場合においては、任命権者（退職者については、その退職した職又はこれに相当する職に係る任命権者）の許可を受けなければならない。
3　前項の許可は、法律に特別の定がある場合を除く外、拒むことができない。
(職務に専念する義務)
　第35条　職員は、法律又は条例に特別の定がある場合を除く外、その勤務時間及び職務上の注意力のすべてをその職責遂行のために用い、当該地方公共団体がなすべき責を有する職務にのみ従事しなければならない。
(政治的行為の制限)
　第36条　職員は、政党その他の政治的団体の結成に関与し、若しくはこれらの団体の役員となつてはならず、又はこれらの団体の構成員となるように、若しくはならないように勧誘運動をしてはならない。
2　職員は、特定の政党その他の政治的団体又は特定の内閣若しくは地方公共団体の執行機関を支持し、又はこれに反対する目的をもつて、あるいは公の選挙又は投票において特定の人又は事件を支持し、又はこれに反対する目的をもつて、次に掲げる政治的行為をしてはならない。ただし、当該職員の属する地方公共団体の区域（当該職員が都道府県の支庁若しくは地方事務所又は地方自治法第252条の19第1項の指定都市の区に勤務する者であるときは、当該支庁若しくは地方事務所又は区の所管区域）外において、第1号から第3号まで及び第5号に掲げる政治的行為をすることができる。
　一　公の選挙又は投票において投票をするように、又はしないように勧誘運動をすること。
　二　署名運動を企画し、又は主宰する等これに積極的に関与すること。
　三　寄附金その他の金品の募集に関与すること。
　四　文書又は図画を地方公共団体又は特定地方独立行政法人の庁舎（特定地方独立行政法人にあつては、事務所。以下この号において同じ。）、施設等に掲示し、又は掲示させ、その他地方公共団体又は特定地方独立行政法人の庁舎、施設、資材又は資金を利用し、又は利用させること。
　五　前各号に定めるものを除く外、条例で定める政治的行為
3　何人も前2項に規定する政治的行為を行うよう職員に求め、職員をそそのかし、若しくはあおつてはならず、又は職員が前2項に規定する政治的行為をなし、若しくはなさないことに対する代償若しくは報復として、任用、職務、給与その他職員の地位に関してなんらかの利益若しくは不利

益を与え、与えようと企て、若しくは約束してはならない。
4　職員は、前項に規定する違法な行為に応じなかつたことの故をもつて不利益な取扱を受けることはない。
5　本条の規定は、職員の政治的中立性を保障することにより、地方公共団体の行政及び特定地方独立行政法人の業務の公正な運営を確保するとともに職員の利益を保護することを目的とするものであるという趣旨において解釈され、及び運用されなければならない。

(争議行為等の禁止)
　　第37条　職員は、地方公共団体の機関が代表する使用者としての住民に対して同盟罷業、怠業その他の争議行為をし、又は地方公共団体の機関の活動能率を低下させる怠業的行為をしてはならない。又、何人も、このような違法な行為を企て、又はその遂行を共謀し、そそのかし、若しくはあおつてはならない。
2　職員で前項の規定に違反する行為をしたものは、その行為の開始とともに、地方公共団体に対し、法令又は条例、地方公共団体の規則若しくは地方公共団体の機関の定める規程に基いて保有する任命上又は雇用上の権利をもつて対抗することができなくなるものとする。

(営利企業等の従事制限)
　　第38条　職員は、任命権者の許可を受けなければ、営利を目的とする私企業を営むことを目的とする会社その他の団体の役員その他人事委員会規則（人事委員会を置かない地方公共団体においては、地方公共団体の規則）で定める地位を兼ね、若しくは自ら営利を目的とする私企業を営み、又は報酬を得ていかなる事業若しくは事務にも従事してはならない。
2　人事委員会は、人事委員会規則により前項の場合における任命権者の許可の基準を定めることができる。

第7節　研修及び勤務成績の評定
(研修)
　　第39条　職員には、その勤務能率の発揮及び増進のために、研修を受ける機会が与えられなければならない。
2　前項の研修は、任命権者が行うものとする。
3　地方公共団体は、研修の目標、研修に関する計画の指針となるべき事項その他研修に関する基本的な方針を定めるものとする。
4　人事委員会は、研修に関する計画の立案その他研修の方法について任命権者に勧告することができる。

(勤務成績の評定)
　　第40条　任命権者は、職員の執務について定期的に勤務成績の評定を行い、その評定の結果に応じた措置を講じなければならない。
2　人事委員会は、勤務成績の評定に関する計画の立案その他勤務成績の評定に関し必要な事項について任命権者に勧告することができる。

4. 教育公務員特例法（抄）
（昭和24年1月12日法律1号　改正平成19年6月27日法律98号）

第1章　総　則
（この法律の趣旨）
　第1条　この法律は、教育を通じて国民全体に奉仕する教育公務員の職務とその責任の特殊性に基づき、教育公務員の任免、給与、分限、懲戒、服務及び研修等について規定する。
（定義）
　第2条　この法律で「教育公務員」とは、地方公務員のうち、学校教育法（昭和22年法律第26号）第1条に定める学校であつて同法第2条に定める公立学校（地方独立行政法人法（平成15年法律第118号）第68条第1項に規定する公立大学法人が設置する大学及び高等専門学校を除く。以下同じ。）の学長、校長（園長を含む。以下同じ。）、教員及び部局長並びに教育委員会の教育長及び専門的教育職員をいう。
《改正》平19法096
2　この法律で「教員」とは、前項の学校の教授、准教授、助教、副校長（副園長を含む。以下同じ。）、教頭、主幹教諭、指導教諭、教諭、助教諭、養護教諭、養護助教諭、栄養教諭及び講師（常時勤務の者及び地方公務員法（昭和25年法律第261号）第28条の5第1項に規定する短時間勤務の職を占める者に限る。第23条第2項を除き、以下同じ。）をいう。
《改正》平19法096
3　この法律で「部局長」とは、大学（公立学校であるものに限る。第26条第1項を除き、以下同じ。）の副学長、学部長その他政令で指定する部局の長をいう。
4　この法律で「評議会」とは、大学に置かれる会議であつて当該大学を設置する地方公共団体の定めるところにより学長、学部長その他の者で構成するものをいう。
5　この法律で「専門的教育職員」とは、指導主事及び社会教育主事をいう。

第4章　研　修
（研修）
　第21条　教育公務員は、その職責を遂行するために、絶えず研究と修養に努めなければならない。
2　教育公務員の任命権者は、教育公務員の研修について、それに要する施設、研修を奨励するための方途その他研修に関する計画を樹立し、その実施に努めなければならない。
（研修の機会）
　第22条　教育公務員には、研修を受ける機会が与えられなければならない。
2　教員は、授業に支障のない限り、本属長の承認を受けて、勤務場所を離れて研修を行うことができる。

3　教育公務員は、任免権者の定めるところにより、現職のままで、長期にわたる研修を受けることができる。
(初任者研修)
　第23条　公立の小学校等の教諭等の任命権者は、当該教諭等（政令で指定する者を除く。）に対して、その採用の日から1年間の教諭の職務の遂行に必要な事項に関する実践的な研修（以下「初任者研修」という。）を実施しなければならない。
2　任命権者は、初任者研修を受ける者（次項において「初任者」という。）の所属する学校の副校長、教頭、主幹教諭（養護又は栄養の指導及び管理をつかさどる主幹教諭を除く。）、指導教諭、教諭又は講師のうちから、指導教員を命じるものとする。
3　指導教員は、初任者に対して教諭の職務の遂行に必要な事項について指導及び助言を行うものとする。
(10年経験者研修)
　第24条　公立の小学校等の教諭等の任命権者は、当該教諭等に対して、その在職期間（公立学校以外の小学校等の教諭等としての在職期間を含む。）が10年（特別の事情がある場合には、10年を標準として任命権者が定める年数）に達した後相当の期間内に、個々の能力、適性等に応じて、教諭等としての資質の向上を図るために必要な事項に関する研修（以下「10年経験者研修」という。）を実施しなければならない。
2　任命権者は、10年経験者研修を実施するに当たり、10年経験者研修を受ける者の能力、適性等について評価を行い、その結果に基づき、当該者ごとに10年経験者研修に関する計画書を作成しなければならない。
3　第1項に規定する在職期間の計算方法、10年経験者研修を実施する期間その他10年経験者研修の実施に関し必要な事項は、政令で定める。
　　平成14年法63追加
(研修計画の体系的な樹立)
　第25条　任命権者が定める初任者研修及び10年経験者研修に関する計画は、教員の経験に応じて実施する体系的な研修の一環をなすものとして樹立されなければならない。
　　平成14年法63追加
(指導改善研修)
　第25条の2　公立の小学校等の教諭等の任命権者は、児童、生徒又は幼児（以下「児童等」という。）に対する指導が不適切であると認定した教諭等に対して、その能力、適性等に応じて、当該指導の改善を図るために必要な事項に関する研修（以下「指導改善研修」という。）を実施しなければならない。
2　指導改善研修の期間は、1年を超えてはならない。ただし、特に必要があると認めるときは、任命権者は、指導改善研修を開始した日から引き続き2年を超えない範囲内で、これを延長することができる。
3　任命権者は、指導改善研修を実施するに当たり、指導改善研修を受ける者の能力、適性等に応

じて、その者ごとに指導改善研修に関する計画書を作成しなければならない。
4　任命権者は、指導改善研修の終了時において、指導改善研修を受けた者の児童等に対する指導の改善の程度に関する認定を行わなければならない。
5　任命権者は、第1項及び前項の認定に当たつては、教育委員会規則で定めるところにより、教育学、医学、心理学その他の児童等に対する指導に関する専門的知識を有する者及び当該任命権者の属する都道府県又は市町村の区域内に居住する保護者（親権を行う者及び未成年後見人をいう。）である者の意見を聴かなければならない。
6　前項に定めるもののほか、事実の確認の方法その他第1項及び第4項の認定の手続に関し必要な事項は、教育委員会規則で定めるものとする。
7　前各項に規定するもののほか、指導改善研修の実施に関し必要な事項は、政令で定める。
　　平成19法98・追加

（指導改善研修後の措置）
　　第25条の3　任命権者は、前条第4項の認定において指導の改善が不十分でなお児童等に対する指導を適切に行うことができないと認める教諭等に対して、免職その他の必要な措置を講ずるものとする。
　　平成19法98・追加

5．学校教育法（抄）
　　（昭和22年3月31日法律26号　一部改正平成19年6月27日法律96号）

第2章　義務教育
　　第21条　義務教育として行われる普通教育は、教育基本法（平成18年法律第120号）第5条第2項に規定する目的を実現するため、次に掲げる目標を達成するよう行われるものとする。
　一　学校内外における社会的活動を促進し、自主、自律及び協同の精神、規範意識、公正な判断力並びに公共の精神に基づき主体的に社会の形成に参画し、その発展に寄与する態度を養うこと。
　二　学校内外における自然体験活動を促進し、生命及び自然を尊重する精神並びに環境の保全に寄与する態度を養うこと。
　三　我が国と郷土の現状と歴史について、正しい理解に導き、伝統と文化を尊重し、それらをはぐくんできた我が国と郷土を愛する態度を養うとともに、進んで外国の文化の理解を通じて、他国を尊重し、国際社会の平和と発展に寄与する態度を養うこと。
　四　家族と家庭の役割、生活に必要な衣、食、住、情報、産業その他の事項について基礎的な理解と技能を養うこと。
　五　読書に親しませ、生活に必要な国語を正しく理解し、使用する基礎的な能力を養うこと。
　六　生活に必要な数量的な関係を正しく理解し、処理する基礎的な能力を養うこと。

七　生活にかかわる自然現象について、観察及び実験を通じて、科学的に理解し、処理する基礎的な能力を養うこと。
八　健康、安全で幸福な生活のために必要な習慣を養うとともに、運動を通じて体力を養い、心身の調和的発達を図ること。
九　生活を明るく豊かにする音楽、美術、文芸その他の芸術について基礎的な理解と技能を養うこと。
十　職業についての基礎的な知識と技能、勤労を重んずる態度及び個性に応じて将来の進路を選択する能力を養うこと。

第4章　小学校

　第30条　小学校における教育は、前条に規定する目的を実現するために必要な程度において第21条各号に掲げる目標を達成するよう行われるものとする。
2　前項の場合においては、生涯にわたり学習する基盤が培われるよう、基礎的な知識及び技能を習得させるとともに、これらを活用して課題を解決するために必要な思考力、判断力、表現力その他の能力をはぐくみ、主体的に学習に取り組む態度を養うことに、特に意を用いなければならない。
　第31条　小学校においては、前条第1項の規定による目標の達成に資するよう、教育指導を行うに当たり、児童の体験的な学習活動、特にボランティア活動など社会奉仕体験活動、自然体験活動その他の体験活動の充実に努めるものとする。この場合において、社会教育関係団体その他の関係団体及び関係機関との連携に十分配慮しなければならない。

第5章　中学校

　第45条　中学校は、小学校における教育基礎の上に、心身の発達に応じて、義務教育として行われる普通教育を施すことを目的とする。
　第46条　中学校における教育は、前条に規定する目的を実現するため、第21条各号に掲げる目標を達成するよう行われるものとする。
　第47条　中学校の修業年限は、3年とする。
　第48条　中学校の教育課程に関する事項は、第45条及び第46条の規定並びに次条において読み替えて準用する第30条第2項の規定に従い、文部科学大臣が定める。
　第49条　第30条第2項、第31条、第34条、第35条及び第37条から第44条までの規定は、中学校に準用する。この場合において、第30条第2項中「前項」とあるのは「第46条」と、第31条中「前条第1項」とあるのは「第46条」と読み替えるものとする。

第8章　特別支援教育

　第81条　幼稚園、小学校、中学校、高等学校及び中等教育学校においては、次項各号のいずれかに該当する幼児、児童及び生徒その他教育上特別の支援を必要とする幼児、児童及び生徒に対し、

文部科学大臣の定めるところにより、障害による学習上又は生活上の困難を克服するための教育を行うものとする。
2　小学校、中学校、高等学校及び中等教育学校には、次の各号のいずれかに該当する児童及び生徒のために、特別支援学級を置くことができる。
　一　知的障害者
　二　肢体不自由者
　三　身体虚弱者
　四　弱視者
　五　難聴者
　六　その他障害のある者で、特別支援学級において教育を行うことが適当なもの
3　前項に規定する学校においては、疾病により療養中の児童及び生徒に対して、特別支援学級を設け、又は教員を派遣して、教育を行うことができる。

第7章　中等教育学校

　第63条　中等教育学校は、小学校における教育の基礎の上に、心身の発達及び進路に応じて、義務教育として行われる普通教育並びに高度な普通教育及び専門教育を一貫して施すことを目的とする。
　第64条　中等教育学校における教育は、前条に規定する目的を実現するため、次に掲げる目標を達成するよう行われるものとする。
　一　豊かな人間性、創造性及び健やかな身体を養い、国家及び社会の形成者として必要な資質を養うこと。
　二　社会において果たさなければならない使命の自覚に基づき、個性に応じて将来の進路を決定させ、一般的な教養を高め、専門的な知識、技術及び技能を習得させること。
　三　個性の確立に努めるとともに、社会について、広く深い理解と健全な批判力を養い、社会の発展に寄与する態度を養うこと。
　第65条　中等教育学校の修業年限は、6年とする。
　第66条　中等教育学校の課程は、これを前期3年の前期課程及び後期3年の後期課程に区分する。
　第67条　中等教育学校の前期課程における教育は、第63条に規定する目的のうち、小学校における教育の基礎の上に、心身の発達に応じて、義務教育として行われる普通教育を施すことを実現するため、第21条各号に掲げる目標を達成するよう行われるものとする。
2　中等教育学校の後期課程における教育は、第63条に規定する目的のうち、心身の発達及び進路に応じて、高度な普通教育及び専門教育を施すことを実現するため、第64条各号に掲げる目標を達成するよう行われるものとする。
　第68条　中等教育学校の前期課程の教育課程に関する事項並びに後期課程の学科及び教育課程に関する事項は、第63条、第64条及び前条の規定並びに第70条第1項において読み替えて準用する第30条第2項の規定に従い、文部科学大臣が定める。

第70条　第30条第2項、第31条、第34条、第37条第4項から第17項まで及び第19項、第42条から第44条まで、第59条並びに第60条第4項及び第6項の規定は中等教育学校に、第53条から第55条まで、第58条及び第61条の規定は中等教育学校の後期課程に、それぞれ準用する。この場合において、第30条第2項中「前項」とあるのは「第64条」と、第31条中「前条第1項」とあるのは「第64条」と読み替えるものとする。
2　（略）
第71条　同一の設置者が設置する中学校及び高等学校においては、文部科学大臣の定めるところにより、中等教育学校に準じて、中学校における教育と高等学校における教育を一貫して施すことができる。

6. 学校教育法施行規則（抄）
(昭和22年5月23日文部省令第11号　一部改正平成20年3月28日文部科学省令第5号)

第5章　中学校
第75条　中学校（併設型中学校を除く。）においては、高等学校における教育との一貫性に配慮した教育を施すため、当該中学校の設置者が当該高等学校の設置者との協議に基づき定めるところにより、教育課程を編成することができる。
2　前項の規定により教育課程を編成する中学校（以下「連携型中学校」という。）は、第87条第一項の規定により教育課程を編成する高等学校と連携し、その教育課程を実施するものとする。
第76条　連携型中学校の各学年における各教科、道徳、総合的な学習の時間及び特別活動のそれぞれの授業時数並びに各学年におけるこれらの総授業時数は、別表第四に定める授業時数を標準とする。
第77条　連携型中学校の教育課程については、この章に定めるもののほか、教育課程の基準の特例として文部科学大臣が別に定めるところによるものとする。

第6章　高等学校
第1節　設備、編制、学科及び教育課程
第87条　高等学校（学校教育法第71条の規定により中学校における教育と一貫した教育を施すもの（以下「併設型高等学校」という。）を除く。）においては、中学校における教育との一貫性に配慮した教育を施すため、当該高等学校の設置者が当該中学校の設置者との協議に基づき定めるところにより、教育課程を編成することができる。
2　前項の規定により教育課程を編成する高等学校（以下「連携型高等学校」という。）は、連携型中学校と連携し、その教育課程を実施するものとする。
第88条　連携型高等学校の教育課程については、この章に定めるもののほか、教育課程の基準の特例として文部科学大臣が別に定めるところによるものとする。

第7章　中等教育学校並びに併設型中学校及び併設型高等学校
第1節　中等教育学校
　第107条　次条第1項において準用する第72条に規定する中等教育学校の前期課程の各学年における各教科、道徳、総合的な学習の時間及び特別活動のそれぞれの授業時数並びに各学年におけるこれらの総授業時数は、別表第4に定める授業時数を標準とする。

　第108条　中等教育学校の前期課程の教育課程については、第50条第2項、第55条から第56条まで及び第72条の規定並びに第74条の規定に基づき文部科学大臣が公示する中学校学習指導要領の規定を準用する。この場合において、第55条から第56条までの規定中「第50条第1項、第51条又は第52条」とあるのは、「第107条又は第108条第1項において準用する第72条若しくは第74条の規定に基づき文部科学大臣が公示する中学校学習指導要領」と、第55条の2中「第30条第1項」とあるのは「第67条第1項」と読み替えるものとする。
2　中等教育学校の後期課程の教育課程については、第83条及び第85条から第86条までの規定並びに第84条の規定に基づき文部科学大臣が公示する高等学校学習指導要領の規定を準用する。この場合において、第85条中「前2条」とあり、並びに第85条の2及び第86条中「第83条又は第84条」とあるのは、「第108条第2項において準用する第83条又は第84条の規定に基づき文部科学大臣が公示する高等学校学習指導要領」と、第85条の2中「第51条」とあるのは「第67条第2項」と読み替えるものとする。

　第109条　中等教育学校の教育課程については、この章に定めるもののほか、教育課程の基準の特例として文部科学大臣が別に定めるところによるものとする。

　第113条　第43条から第49条まで（第46条を除く。）、第54条、第57条第58条、第59条から第71条まで（第69条を除く。）、第82条、第91条及び第94条の規定は、中等教育学校に準用する。
2　（略）
3　第81条、第89条、第92条、第93条、第96条から第100条まで、第101条第2項、第102条、第103条第1項及び第104条第2項の規定は、中等教育学校の後期課程に準用する。この場合において、第96条中「第85条、第85条の2又は第86条」とあるのは「第108条第2項において読み替えて準用する第85条、第85条の2又は第86条」と、「第83条又は第84条」とあるのは「第108条第2項において準用する第83条又は第84条の規定に基づき文部科学大臣が公示する高等学校学習指導要領」と読み替えるものとする。

第2節　併設型中学校及び併設型高等学校の教育課程及び入学
　第114条　併設型中学校の教育課程については、第5章に定めるもののほか、教育課程の基準の特例として文部科学大臣が別に定めるところによるものとする。
2　併設型高等学校の教育課程については、第6章に定めるもののほか、教育課程の基準の特例として文部科学大臣が別に定めるところによるものとする。

　第115条　併設型中学校及び併設型高等学校においては、中学校における教育と高等学校における教育を一貫して施すため、設置者の定めるところにより、教育課程を編成するものとする。

第117条　第107条及び第110条の規定は、併設型中学校に準用する。

附　則

この省令は、平成20年4月1日から施行する。ただし、第50条、第51条及び別表第1の改正規定は平成23年4月1日から、第72条、第73条、第76条、第107条、別表第2及び別表第4の改正規定は平成24年4月1日から施行する。

別表第4
（第76条、第107条、第117条関係）

区　　分		第1学年	第2学年	第3学年
各教科の授業時数	国　　語	140	140	105
	社　　会	105	105	140
	数　　学	140	105	140
	理　　科	105	140	140
	音　　楽	45	35	35
	美　　術	45	35	35
	保 健 体 育	105	105	105
	技 術・家 庭	70	70	35
	外　国　語	140	140	140
道徳の授業時数		35	35	35
総合的な学習の時間の授業時数		50	70	70
特別活動の授業時数		35	35	35
総授業時数		1015	1015	1015

備考

一　この表の授業時数の一単位時間は、50分とする。

二　特別活動の授業時数は、中学校学習指導要領（第108条第1項において準用する場合を含む。次号において同じ。）で定める学級活動（学校給食に係るものを除く。）に充てるものとする。

三　各学年においては、各教科の授業時数から70を超えない範囲内の授業時数を減じ、文部科学大臣が別に定めるところにより中学校学習指導要領で定める選択教科の授業時数に充てることができる。ただし、各学年において、各教科の授業時数から減ずる授業時数は、一教科当たり35を限度とする。

中等教育学校並びに併設型中学校及び併設型高等学校の教育課程の基準の特例を定める件
(平成10年文部省告示第154号　一部改正：平成11年3月29日文部省告示第59号　一部改正：平成16年3月31日文部科学省告示第60号　一部改正：平成20年3月28日文部科学省告示第31号)

1　中等教育学校並びに併設型中学校及び併設型高等学校における中高一貫教育(中学校における教育及び高等学校における教育を一貫して施す教育をいう。以下同じ。)において特色ある教育課程を編成することができるよう次のように教育課程の基準の特例を定める。
　一　中等教育学校の前期課程又は併設型中学校において、学校教育法施行規則別表第4備考第3号の規定により各教科の授業時数を減ずる場合は、その減ずる時数を当該各教科の内容を代替することのできる内容の選択教科の授業時数に充てること。
　二　中等教育学校の後期課程又は併設型高等学校の普通科においては、生徒が高等学校学習指導要領(平成11年文部省告示第58号)第1章第2款の4及び5に規定する学校設定科目及び学校設定教科に関する科目について修得した単位数を、合わせて30単位を超えない範囲で中等教育学校又は併設型高等学校が定めた全課程の修了を認めるに必要な単位数のうちに加えることができること。
　三　中等教育学校並びに併設型中学校及び併設型高等学校における指導については、次のように取り扱うものとすること。
　　イ　中等教育学校の前期課程及び併設型中学校と中等教育学校の後期課程及び併設型高等学校における指導の内容については、各教科や各教科に属する科目の内容の内相互に関連するものの一部を入れ替えて指導することができること。
　　ロ　中等教育学校の前期課程及び併設型中学校における指導の内容の一部については、中等教育学校の後期課程及び併設型高等学校における指導の内容に移行して指導することができること。
　　ハ　中等教育学校の後期課程及び併設型高等学校における指導の内容の一部については、中等教育学校の前期課程及び併設型中学校における指導の内容に移行して指導することができること。この場合においては、中等教育学校の後期課程及び併設型高等学校において当該移行した指導の内容について再度指導しないことができること。
2　中等教育学校並びに併設型中学校及び併設型高等学校における中高一貫教育においては、6年間の計画的かつ継続的な教育を施し、生徒の個性の伸長、体験学習の充実等を図るための特色ある教育課程を編成するよう配慮するものとする。
　　附　則
　　この告示は、平成24年4月1日から施行する。

連携型中学校及び連携型高等学校の教育課程の基準の特例を定める件

(平成16年文部科学省告示第61号　一部改正：平成20年3月28日文部科学省告示第31号)

1　連携型中学校及び連携型高等学校における中高一貫教育(中学校における教育と高等学校における教育との一貫性に配慮して施す教育をいう。以下同じ。)において特色ある教育課程を編成することができるよう次のように教育課程の基準の特例を定める。
　　一　連携型中学校において、学校教育法施行規則別表第4備考第3号の規定により各教科の授業時数を減ずる場合は、その減ずる時数を当該各教科の内容を代替することのできる内容の選択教科の授業時数に充てること。
　　二　連携型高等学校の普通科においては、生徒が高等学校学習指導要領(平成11年文部省告示第58号)第1章第2款の4及び5に規定する学校設定科目及び学校設定教科に関する科目について修得した単位数を、合わせて30単位を超えない範囲で連携型高等学校が定めた全課程の修了を認めるに必要な単位数のうちに加えることができること。
2　連携型中学校及び連携型高等学校における中高一貫教育においては、6年間の計画的かつ継続的な教育を施し、生徒の個性の伸長、体験学習の充実等を図るための特色ある教育課程を編成するよう配慮するものとする。

　　附　則
　　この告示は、平成24年4月1日から施行する。

別表第2

(第73条関係)

区　　分		第1学年	第2学年	第3学年
各教科の授業時数	国　　語	140	140	105
	社　　会	105	105	140
	数　　学	140	105	140
	理　　科	105	140	140
	音　　楽	45	35	35
	美　　術	45	35	35
	保健体育	105	105	105
	技術・家庭	70	70	35
	外国語	140	140	140
道徳の授業時数		35	35	35
総合的な学習の時間の授業時数		50	70	70
特別活動の授業時数		35	35	35
総授業時数		1015	1015	1015

備考
　　一　この表の授業時数の一単位時間は、50分とする。
　　二　特別活動の授業時数は、中学校学習指導要領で定める学級活動(学校給食に係るものを除く。)に充てるものとする。

第8章 特別支援教育

　第138条　小学校若しくは中学校又は中等教育学校の前期課程における特別支援学級に係る教育課程については、特に必要がある場合は、第50条第1項、第51条及び第52条の規定並びに第72条から第74条までの規定にかかわらず、特別の教育課程によることができる。

　第140条　小学校若しくは中学校又は中等教育学校の前期課程において、次の各号のいずれかに該当する児童又は生徒（特別支援学級の児童及び生徒を除く。）のうち当該障害に応じた特別の指導を行う必要があるものを教育する場合には、文部科学大臣が別に定めるところにより、第50条第1項、第51条及び第52条の規定並びに第72条から第74条までの規定にかかわらず、特別の教育課程によることができる。

　一　言語障害者
　二　自閉症者
　三　情緒障害者
　四　弱視者
　五　難聴者
　六　学習障害者
　七　注意欠陥多動性障害者
　八　その他障害のある者で、この条の規定により特別の教育課程による教育を行うことが適当なもの

　第141条　前条の規定により特別の教育課程による場合においては、校長は、児童又は生徒が、当該小学校、中学校又は中等教育学校の設置者の定めるところにより他の小学校、中学校、中等教育学校の前期課程又は特別支援学校の小学部若しくは中学部において受けた授業を、当該小学校若しくは中学校又は中等教育学校の前期課程において受けた当該特別の教育課程に係る授業とみなすことができる。

　　附　則
　この省令は、平成20年4月1日から施行する。ただし、第50条、第五51条及び別表第1の改正規定は平成23年4月1日から、第72条、第73条、第76条、第107条、別表第2及び別表第4の改正規定は平成24年4月1日から施行する。

7. 教育職員免許法（抄）　（昭和24年5月31日法律147号　改正平成19年6月27日法律96号　改正平成19年6月27日法律98号）

第1章　総則
（この法律の目的）
　第1条　この法律は、教育職員の免許に関する基準を定め、教育職員の資質の保持と向上を図ることを目的とする。

(定義)
　　第2条　この法律で「教育職員」とは、学校教育法（昭和22年法律第26号）第1条に定める幼稚園、小学校、中学校、高等学校、中等教育学校及び特別支援学校（以下「学校」という。）の主幹教諭、指導教諭、教諭、助教諭、養護教諭、養護助教諭、栄養教諭及び講師（以下「教員」という。）をいう。
2　この法律で「所轄庁」とは、大学附置の国立学校（学校教育法第2条第2項に規定する国立学校をいう。以下同じ。）又は公立学校の教員にあつてはその大学の学長、大学附置の学校以外の公立学校の教員にあつてはその学校を所管する教育委員会、私立学校の教員にあつては都道府県知事をいう。
3　この法律で「自立教科等」とは、理療（あん摩、マッサージ、指圧等に関する基礎的な知識技能の修得を目標とした教科をいう。）、理学療法、理容その他の職業についての知識技能の修得に関する教科及び学習上又は生活上の困難を克服し自立を図るために必要な知識技能の修得を目的とする教育に係る活動（以下「自立活動」という。）をいう。
4　この法律で「特別支援教育領域」とは、学校教育法第72条に規定する視覚障害者、聴覚障害者、知的障害者、肢体不自由者又は病弱者（身体虚弱者を含む。）に関するいずれかの教育の領域をいう。

(免許)
　　第3条　教育職員は、この法律により授与する各相当の免許状を有する者でなければならない。
2　前項の規定にかかわらず、主幹教諭（養護又は栄養の指導及び管理をつかさどる主幹教諭を除く。）及び指導教諭については各相当学校の教諭の免許状を有する者を、養護をつかさどる主幹教諭については養護教諭の免許状を有する者を、栄養の指導及び管理をつかさどる主幹教諭については栄養教諭の免許状を有する者を、講師については各相当学校の教員の相当免許状を有する者を、それぞれ充てるものとする。
3　特別支援学校の教員（養護又は栄養の指導及び管理をつかさどる主幹教諭、養護教諭、養護助教諭、栄養教諭並びに特別支援学校において自立教科等の教授を担任する教員を除く。）については、第1項の規定にかかわらず、特別支援学校の教員の免許状のほか、特別支援学校の各部に相当する学校の教員の免許状を有する者でなければならない。
4　中等教育学校の教員（養護又は栄養の指導及び管理をつかさどる主幹教諭、養護教諭、養護助教諭並びに栄養教諭を除く。）については、第1項の規定にかかわらず、中学校の教員の免許状及び高等学校の教員の免許状を有する者でなければならない。

第2章　免許状
(種類)
　　第4条　免許状は、普通免許状、特別免許状及び臨時免許状とする。
2　普通免許状は、学校（中等教育学校を除く。）の種類ごとの教諭の免許状、養護教諭の免許状及び栄養教諭の免許状とし、それぞれ専修免許状、1種免許状及び2種免許状（高等学校教諭の免許

状にあつては、専修免許状及び1種免許状)に区分する。
3　特別免許状は、学校(幼稚園及び中等教育学校を除く。)の種類ごとの教諭の免許状とする。
4　臨時免許状は、学校(中等教育学校を除く。)の種類ごとの助教諭の免許状及び養護助教諭の免許状とする。
5　中学校及び高等学校の教員の普通免許状及び臨時免許状は、次に掲げる各教科について授与するものとする。
　一　中学校の教員にあつては、国語、社会、数学、理科、音楽、美術、保健体育、保健、技術、家庭、職業(職業指導及び職業実習(農業、工業、商業、水産及び商船のうちいずれか一以上の実習とする。以下同じ。)を含む。)、職業指導、職業実習、外国語(英語、ドイツ語、フランス語その他の外国語に分ける。)及び宗教
　二　高等学校の教員にあつては、国語、地理歴史、公民、数学、理科、音楽、美術、工芸、書道、保健体育、保健、看護、看護実習、家庭、家庭実習、情報、情報実習、農業、農業実習、工業、工業実習、商業、商業実習、水産、水産実習、福祉、福祉実習、商船、商船実習、職業指導、外国語(英語、ドイツ語、フランス語その他の外国語に分ける。)及び宗教
6　小学校教諭、中学校教諭及び高等学校教諭の特別免許状は、次に掲げる教科又は事項について授与するものとする。
　一　小学校教諭にあつては、国語、社会、算数、理科、生活、音楽、図画工作、家庭及び体育
　二　中学校教諭にあつては、前項第1号に掲げる各教科及び第16条の3第1項の文部科学省令で定める教科
　三　高等学校教諭にあつては、前項第2号に掲げる各教科及びこれらの教科の領域の一部に係る事項で第16条の4第1項の文部科学省令で定めるもの並びに第16条の3第1項の文部科学省令で定める教科
　　第4条の2　特別支援学校の教員の普通免許状及び臨時免許状は、一又は二以上の特別支援教育領域について授与するものとする。
2　特別支援学校において専ら自立教科等の教授を担任する教員の普通免許状及び臨時免許状は、前条第2項の規定にかかわらず、文部科学省令で定めるところにより、障害の種類に応じて文部科学省令で定める自立教科等について授与するものとする。
3　特別支援学校教諭の特別免許状は、前項の文部科学省令で定める自立教科等について授与するものとする。
(授与)
　　第5条　普通免許状は、別表第1若しくは第2に定める基礎資格を有し、かつ、大学若しくは文部科学大臣の指定する養護教諭養成機関において別表第1、第2若しくは第2の2に定める単位を修得した者又は教育職員検定に合格した者に授与する。ただし、次の各号のいずれかに該当する者には、授与しない。
　一　18歳未満の者
　二　高等学校を卒業しない者(通常の課程以外の課程におけるこれに相当するものを修了しな

い者を含む。）。ただし、文部科学大臣において高等学校を卒業した者と同等以上の資格を有
　　　すると認めた者を除く。
　　三　成年被後見人又は被保佐人
　　四　禁錮以上の刑に処せられた者
　　五　第10条第1項第2号又は第3号に該当することにより免許状がその効力を失い、当該失効
　　　の日から3年を経過しない者
　　六　第11条第1項から第3項までの規定により免許状取上げの処分を受け、当該処分の日から
　　　3年を経過しない者
　　七　日本国憲法施行の日以後において、日本国憲法又はその下に成立した政府を暴力で破壊す
　　　ることを主張する政党その他の団体を結成し、又はこれに加入した者
2　特別免許状は、教育職員検定に合格した者に授与する。ただし、前項各号の一に該当する者に
　は、授与しない。
3　前項の教育職員検定は、次の各号のいずれにも該当する者について、教育職員に任命し、又は
　雇用しようとする者が、学校教育の効果的な実施に特に必要があると認める場合において行う推薦
　に基づいて行うものとする。
　　一　担当する教科に関する専門的な知識経験又は技能を有する者
　　二　社会的信望があり、かつ、教員の職務を行うのに必要な熱意と識見を持つている者
4　第6項で定める授与権者は、第2項の教育職員検定において合格の決定をしようとするときは、
　あらかじめ、学校教育に関し学識経験を有する者その他の文部科学省令で定める者の意見を聴かな
　ければならない。
5　臨時免許状は、普通免許状を有する者を採用することができない場合に限り、第1項各号の一
　に該当しない者で教育職員検定に合格したものに授与する。ただし、高等学校助教諭の臨時免許状
　は、次の各号の一に該当する者以外の者には授与しない。
　　一　短期大学士の学位又は準学士の称号を有する者
　　二　文部科学大臣が前号に掲げる者と同等以上の資格を有すると認めた者
6　免許状は、都道府県の教育委員会（以下「授与権者」という。）が授与する。
（免許状の授与の手続等）
　第5条の2　免許状の授与を受けようとする者は、申請書に授与権者が定める書類を添えて、
　授与権者に申し出るものとする。
2　特別支援学校の教員の免許状の授与に当たつては、当該免許状の授与を受けようとする者の別
　表第1の第3欄に定める特別支援教育に関する科目（次項において「特別支援教育科目」という。）
　の修得の状況又は教育職員検定の結果に応じて、文部科学省令で定めるところにより、一又は二以
　上の特別支援教育領域を定めるものとする。
3　特別支援学校の教員の免許状の授与を受けた者が、その授与を受けた後、当該免許状に定めら
　れている特別支援教育領域以外の特別支援教育領域（以下「新教育領域」という。）に関して特別
　支援教育科目を修得し、申請書に当該免許状を授与した授与権者が定める書類を添えて当該授与権

者にその旨を申し出た場合、又は当該授与権者が行う教育職員検定に合格した場合には、当該授与権者は、前項に規定する文部科学省令で定めるところにより、当該免許状に当該新教育領域を追加して定めるものとする。
(略)
(効力等)
　第9条　普通免許状は、すべての都道府県（中学校及び高等学校の教員の宗教の教科についての免許状にあつては、国立学校又は公立学校の場合を除く。以下本条中同じ。）において効力を有する。
2　特別免許状は、その免許状を授与した授与権者の置かれる都道府県においてのみ効力を有する。
3　臨時免許状は、その免許状を授与したときから3年間、その免許状を授与した授与権者の置かれる都道府県においてのみ効力を有する。
　第9条の2　教育職員で、その有する相当の免許状（主幹教諭（養護又は栄養の指導及び管理をつかさどる主幹教諭を除く。）及び指導教諭についてはその有する相当学校の教諭の免許状、養護をつかさどる主幹教諭についてはその有する養護教諭の免許状、栄養の指導及び管理をつかさどる主幹教諭についてはその有する栄養教諭の免許状、講師についてはその有する相当学校の教員の相当免許状）が2種免許状であるものは、相当の1種免許状の授与を受けるように努めなければならない。

第3章　免許状の失効及び取上げ
(失効)
　第10条　免許状を有する者が、次の各号のいずれかに該当する場合には、その免許状はその効力を失う。
　一　第5条第1項第3号、第4号又は第7号に該当するに至つたとき。
　二　公立学校の教員であつて懲戒免職の処分を受けたとき。
　三　公立学校の教員（地方公務員法（昭和25年法律第261号）第29条の2第1項各号に掲げる者に該当する者を除く。）であつて同法第28条第1項第1号又は第3号に該当するとして分限免職の処分を受けたとき。
2　前項の規定により免許状が失効した者は、すみやかに、その免許状を免許管理者（当該免許状を有する者が教育職員である場合にあつてはその者の勤務する学校の所在する都道府県の教育委員会、当該者が教育職員以外の者である場合にあつてはその者の住所地の都道府県の教育委員会をいう。以下同じ。）に返納しなければならない。
(以下　略)

8. 中学校学習指導要領（抄）

第1章 総 則
第1 教育課程編成の一般方針

1 各学校においては、教育基本法及び学校教育法その他の法令並びにこの章以下に示すところに従い、生徒の人間として調和のとれた育成を目指し、地域や学校の実態及び生徒の心身の発達の段階や特性等を十分考慮して、適切な教育課程を編成するものとし、これらに掲げる目標を達成するよう教育を行うものとする。

学校の教育活動を進めるに当たっては、各学校において、生徒に生きる力をはぐくむことを目指し、創意工夫を生かした特色ある教育活動を展開する中で、基礎的・基本的な知識及び技能を確実に習得させ、これらを活用して課題を解決するために必要な思考力、判断力、表現力その他の能力をはぐくむとともに、主体的に学習に取り組む態度を養い、個性を生かす教育の充実に努めなければならない。その際、生徒の発達の段階を考慮して、生徒の言語活動を充実するとともに、家庭との連携を図りながら、生徒の学習習慣が確立するよう配慮しなければならない。

2 学校における道徳教育は、道徳の時間を要(かなめ)として学校の教育活動全体を通じて行うものであり、道徳の時間はもとより、各教科、総合的な学習の時間及び特別活動のそれぞれの特質に応じて、生徒の発達の段階を考慮して、適切な指導を行わなければならない。

道徳教育は、教育基本法及び学校教育法に定められた教育の根本精神に基づき、人間尊重の精神と生命に対する畏敬(い)の念を家庭、学校、その他社会における具体的な生活の中に生かし、豊かな心をもち、伝統と文化を尊重し、それらをはぐくんできた我が国と郷土を愛し、個性豊かな文化の創造を図るとともに、公共の精神を尊び、民主的な社会及び国家の発展に努め、他国を尊重し、国際社会の平和と発展や環境の保全に貢献し未来を拓(ひら)く主体性のある日本人を育成するため、その基盤としての道徳性を養うことを目標とする。

道徳教育を進めるに当たっては、教師と生徒及び生徒相互の人間関係を深めるとともに、生徒が道徳的価値に基づいた人間としての生き方についての自覚を深め、家庭や地域社会との連携を図りながら、職場体験活動やボランティア活動、自然体験活動などの豊かな体験を通して生徒の内面に根ざした道徳性の育成が図られるよう配慮しなければならない。

その際、特に生徒が自他の生命を尊重し、規律ある生活ができ、自分の将来を考え、法やきまりの意義の理解を深め、主体的に社会の形成に参画し、国際社会に生きる日本人としての自覚を身に付けるようにすることなどに配慮しなければならない。

3 学校における体育・健康に関する指導は、生徒の発達の段階を考慮して、学校の教育活動全体を通じて適切に行うものとする。特に、学校における食育の推進並びに体力の向上に関する指導、安全に関する指導及び心身の健康の保持増進に関する指導については、保健体育科の時間はもとより、技術・家庭科、特別活動などにおいてもそれぞれの特質に応じて適切に行うよう努めることとする。また、それらの指導を通して、家庭や地域社会との連携を図りながら、日常生活において適

切な体育・健康に関する活動の実践を促し、生涯を通じて健康・安全で活力ある生活を送るための基礎が培われるよう配慮しなければならない。

第2 内容等の取扱いに関する共通的事項

1　第2章以下に示す各教科、道徳及び特別活動の内容に関する事項は、特に示す場合を除き、いずれの学校においても取り扱わなければならない。

2　学校において特に必要がある場合には、第2章以下に示していない内容を加えて指導することができる。また、第2章以下に示す内容の取扱いのうち内容の範囲や程度等を示す事項は、すべての生徒に対して指導するものとする内容の範囲や程度等を示したものであり、学校において特に必要がある場合には、この事項にかかわらず指導することができる。ただし、これらの場合には、第2章以下に示す各教科、道徳及び特別活動並びに各学年、各分野又は各言語の目標や内容の趣旨を逸脱したり、生徒の負担過重となったりすることのないようにしなければならない。

3　第2章以下に示す各教科、道徳及び特別活動並びに各学年、各分野又は各言語の内容に掲げる事項の順序は、特に示す場合を除き、指導の順序を示すものではないので、学校においては、その取扱いについて適切な工夫を加えるものとする。

4　学校において2以上の学年の生徒で編制する学級について特に必要がある場合には、各教科の目標の達成に支障のない範囲内で、各教科の目標及び内容について学年別の順序によらないことができる。

5　各学校においては、選択教科を開設し、生徒に履修させることができる。その場合にあっては、地域や学校、生徒の実態を考慮し、すべての生徒に指導すべき内容との関連を図りつつ、選択教科の授業時数及び内容を適切に定め選択教科の指導計画を作成するものとする。

6　選択教科の内容については、課題学習、補充的な学習や発展的な学習など、生徒の特性等に応じた多様な学習活動が行えるよう各学校において適切に定めるものとする。その際、生徒の負担過重となることのないようにしなければならない。

7　各学校においては、第2章に示す各教科を選択教科として設けることができるほか、地域や学校、生徒の実態を考慮して、特に必要がある場合には、その他特に必要な教科を選択教科として設けることができる。その他特に必要な教科の名称、目標、内容などについては、各学校が適切に定めるものとする。

第3 授業時数等の取扱い

1　各教科、道徳、総合的な学習の時間及び特別活動(以下「各教科等」という。ただし、1及び3において、特別活動については学級活動(学校給食に係るものを除く。)に限る。)の授業は、年間35週以上にわたって行うよう計画し、週当たりの授業時数が生徒の負担過重にならないようにするものとする。ただし、各教科等(特別活動を除く。)や学習活動の特質に応じ効果的な場合には、夏季、冬季、学年末等の休業日の期間に授業日を設定する場合を含め、これらの授業を特定の期間に行うことができる。なお、給食、休憩などの時間については、学校において工夫を加え、適切に定めるものとする。

2　特別活動の授業のうち、生徒会活動及び学校行事については、それらの内容に応じ、年間、学

期ごと、月ごとなどに適切な授業時数を充てるものとする。
3　各教科等のそれぞれの授業の1単位時間は、各学校において、各教科等の年間授業時数を確保しつつ、生徒の発達の段階及び各教科等や学習活動の特質を考慮して適切に定めるものとする。なお、10分間程度の短い時間を単位として特定の教科の指導を行う場合において、当該教科を担当する教師がその指導内容の決定や指導の成果の把握と活用等を責任をもって行う体制が整備されているときは、その時間を当該教科の年間授業時数に含めることができる。
4　各学校においては、地域や学校及び生徒の実態、各教科等や学習活動の特質等に応じて、創意工夫を生かし時間割を弾力的に編成することができる。
5　総合的な学習の時間における学習活動により、特別活動の学校行事に掲げる各行事の実施と同様の成果が期待できる場合においては、総合的な学習の時間における学習活動をもって相当する特別活動の学校行事に掲げる各行事の実施に替えることができる。

第4　指導計画の作成等に当たって配慮すべき事項

1　各学校においては、次の事項に配慮しながら、学校の創意工夫を生かし、全体として、調和のとれた具体的な指導計画を作成するものとする。
　　一　各教科等及び各学年相互間の関連を図り、系統的、発展的な指導ができるようにすること。
　　二　各教科の各学年、各分野又は各言語の指導内容については、そのまとめ方や重点の置き方に適切な工夫を加えるなど、効果的な指導ができるようにすること。
2　以上のほか、次の事項に配慮するものとする。
　　一　各教科等の指導に当たっては、生徒の思考力、判断力、表現力等をはぐくむ観点から、基礎的・基本的な知識及び技能の活用を図る学習活動を重視するとともに、言語に対する関心や理解を深め、言語に関する能力の育成を図る上で必要な言語環境を整え、生徒の言語活動を充実すること。
　　二　各教科等の指導に当たっては、体験的な学習や基礎的・基本的な知識及び技能を活用した問題解決的な学習を重視するとともに、生徒の興味・関心を生かし、自主的、自発的な学習が促されるよう工夫すること。
　　三　教師と生徒の信頼関係及び生徒相互の好ましい人間関係を育てるとともに生徒理解を深め、生徒が自主的に判断、行動し積極的に自己を生かしていくことができるよう、生徒指導の充実を図ること。
　　四　生徒が自らの生き方を考え主体的に進路を選択することができるよう、学校の教育活動全体を通じ、計画的、組織的な進路指導を行うこと。
　　五　生徒が学校や学級での生徒によりよく適応するとともに、現在及び将来の生き方を考え行動する態度や能力を育成することができるよう、学校の教育活動全体を通じ、ガイダンスの機能の充実を図ること。
　　六　各教科等の指導に当たっては、生徒が学習の見通しを立てたり学習したことを振り返ったりする活動を計画的に取り入れるようにすること。
　　七　各教科等の指導に当たっては、生徒が学習内容を確実に身に付けることができるよう、学

校や生徒の実態に応じ、個別指導やグループ別指導、繰り返し指導、学習内容の習熟の程度に応じた指導、生徒の興味・関心等に応じた課題学習、補充的な学習や発展的な学習などの学習活動を取り入れた指導、教師間の協力的な指導など指導方法や指導体制を工夫改善し、個に応じた指導の充実を図ること。
八　障害のある生徒などについては、特別支援学校等の助言又は援助を活用しつつ、例えば指導についての計画又は家庭や医療、福祉等の業務を行う関係機関と連携した支援のための計画を個別に作成することなどにより、個々の生徒の障害の状態等に応じた指導内容や指導方法の工夫を計画的、組織的に行うこと。特に、特別支援学級又は通級による指導については、教師間の連携に努め、効果的な指導を行うこと。
九　海外から帰国した生徒などについては、学校生活への適応を図るとともに、外国における生活経験を生かすなどの適切な指導を行うこと。
十　各教科等の指導に当たっては、生徒が情報モラルを身に付け、コンピュータや情報通信ネットワークなどの情報手段を適切かつ主体的、積極的に活用できるようにするための学習活動を充実するとともに、これらの情報手段に加え視聴覚教材や教育機器などの教材・教具の適切な活用を図ること。
十一　学校図書館を計画的に利用しその機能の活用を図り、生徒の主体的、意欲的な学習活動や読書活動を充実すること。
十二　生徒のよい点や進歩の状況などを積極的に評価するとともに、指導の過程や成果を評価し、指導の改善を行い学習意欲の向上に生かすようにすること。
十三　生徒の自主的、自発的な参加により行われる部活動については、スポーツや文化及び科学等に親しませ、学習意欲の向上や責任感、連帯感の涵養等に資するものであり、学校教育の一環として、教育課程との関連が図られるよう留意すること。その際、地域や学校の実態に応じ、地域の人々の協力、社会教育施設や社会教育団体等の各種団体との連携などの運営上の工夫を行うようにすること。
十四　学校がその目的を達成するため、地域や学校の実態等に応じ、家庭や地域の人々の協力を得るなど家庭や地域社会との連携を深めること。また、中学校間や小学校、高等学校及び特別支援学校などとの間の連携や交流を図るとともに、障害のある幼児児童生徒との交流及び共同学習や高齢者などとの交流の機会を設けること。

事項索引

【アルファベット】

apathy student　*48*
Begegnung（出逢い）論　*121*
CAI（computer-assisted instruction）　*148*
catching-up 政策　*144*
Kommunication（交わり）論　*11*
Kommunikation（交わり）思想　*121*
PTA　*86*
rapport：ラポールまたはラポート　*63*
student apathy 現象　*48*

【あ行】

愛好会　*120*
間実存論（Interexistentialismus）　*11*
新しい学力観　*36, 102*
新しいキャリア支援組織　*47*
アパシー（apathy）　*48*
生き方・在り方　*18*
生き方・在り方の指導　*25*
イギリスのパブリック・スクール　*160*
生きる力　*18*
生きる力の育成　*134*
育成的進路指導　*28*
畏敬の念（die Ehrfurcht）　*15*
一斉教授法　*147*
異年齢集団　*118*
異年齢集団による学習　*129*
茨城県教育委員会　*101*
インターネット　*150*
現存在（Dasein）　*17*
運動遠足　*162*

運動会の起源　*92*
運動系の「部活」　*120*
演劇　*16*
遠足（旅行）・集団宿泊的行事　*96*
遠足運動　*92*
落ちこぼし　*138*
恩寵（die Gnade）　*13*

【か行】

改正男女雇用機会均等法（通称）　*25*
開放制の原則　*174*
開放制の教員養成の原則　*182*
カウンセリング・マインド　*171*
課外活動（extra-curricular activities）
　119
科学技術立国　*103*
係活動　*74*
核家族化　*8*
各教科　*5, 143*
学業練習会　*162*
学芸会のルーツ　*94*
学芸的行事　*95*
学士課程教育　*40*
学習指導要領　*5, 108*
学習発表会　*94, 162*
学制　*161*
確認指標例　*185*
学力向上フロンティアプラン　*138*
学力重視路線　*103*
学力低下論争　*37, 136*
課題達成機能（task performance function）

事項索引　*219*

学科課程　*142*
学級王国　*79*
学級活動　*72*
学級集団　*75*
学級新聞（クラス通信）　*75*
学級文化　*75*
学級文化づくり　*76*
学級崩壊現象　*77*
学校完全週5日制　*151*
学校教育現場の荒廃　*2*
学校教育相談（カウンセリング）　*58*
学校教育の再生　*140*
学校教育法　*5*
学校教育法施行規則　*5, 143*
学校行事　*90*
学校行事等　*5*
学校の自己点検・自己評価　*37*
学校の人間化　*4*
学校評議員制度の導入　*37*
学校問題解決支援チーム　*84*
観察法　*63*
関心・意欲・態度　*102*
完全習得学習（マスタリー・ラーニング）
　148
観点別評価　*130*
寛容効果（generosity effect）　*56*
儀式的行事　*95*
技術・家庭科　*24*
帰宅部組　*123*
技能教科　*142*
気分（Stimmungen）　*14*
キャリア（career）　*40*

　153
キャリア・デザイン　*49*
キャリア・マインドの育成　*47*
キャリア教育（career education）　*39, 40*
キャリア教育プログラム（career education program）　*40*
キャリア高度化プラン　*46*
キャリア授業科目　*46*
教育課程（curriculum：カリキュラム）　*142*
教育課程審議会（略称『教課審』）
　36, 152
教育課程における「新しい評価方法」　*130*
教育課程の3領域　*133*
教育観と教育方法　*145*
教育基本法　*93*
教育再生会議　*178*
教育実習　*186*
教育職員免許法　*36*
教育相談員（学校カウンセラー）　*64*
教育勅語　*93*
教育勅語奉読　*93*
教育の人間化　*102*
教育病理現象の多発化　*38*
教員免許更新制　*177*
教員養成審議会　*36*
教科以外の活動（extra-curricular activities）
　142
教科横断的　*126*
教科横断的な指導　*126*
教科外課程　*142*
教科外教育活動　*7*
教科課程　*142*
教科指導　*142*
教科練習会　*94, 162*

共感的方法　62
共感的理解　58
狭義の生徒指導　32
教師の資質能力　168
教師の燃え尽き（バーンアウト）現象　52
教師の燃え尽き問題　52
教授者（教師）中心の授業　144
教職実践演習（仮称）　175
教職大学院制度　176
教職に関する科目　172
協働　110
共同意識（共同感）　18
共同感　16
教養教育　40
キレル子ども　78
近代学校教育制度　2
近代教育学の父　145
勤労生産・奉仕的行事　96
苦情対応マニュアル　85
クライエント（来談者）　63
クラブ活動　116, 118
グループ学習　129
クレーマー問題　79
経験　113
経験主義的な教育観　144
芸術的表現教科　142
形成的評価　148
系統学習の指導法　143
健康安全・体育的行事　95
検査法　65
現実（die Wirklichkeit）　16
現職研修の体系や機会　171
現地調査（フィールドワーク）　186

校外学習　128
行軍　92
高度産業化社会　118
高度情報化　8
校務分掌　34
五月病　48
国際理解教育　128
心の教育　36
心のふれあい　121
御真影拝礼　93
個性理解　62
国家総動員法　23
国旗・国歌法　99
国旗掲揚・国歌斉唱の問題　98
個と集団との適正な関係　111
個別教授　147
個別諸現象の人間学的解釈の原理　4
コミュニケーション能力　106
コミュニケーション能力の育成の問題　111
コミュニケーションの不成立　111

【さ行】
採用段階　172
座学中心　128
参宮旅行　93
自"子"中心主義　82
自我の発見　12
自己表現力　112
市場原理主義　86
自然体験やボランティア活動　128
実存　13
児童会・生徒会活動　106
児童会集会活動　107

事項索引　*221*

指導力不足教員　*173, 180*
社会階層格差説　*103*
社会性の育成　*31, 110*
社会測定的技法に関わる検査　*69*
社会的存在（social being）　*110*
修学旅行のルーツ　*162*
自由研究　*164*
就職協定の廃止　*25*
集団維持機能（group maintenance function）　*153*
集団決定能力　*111*
自由面接法　*64*
主観性（Subjektivität）　*13*
祝祭　*14*
祝典　*14*
受験戦争　*6*
主体性と自主性　*7*
主知主義的教育観　*143*
準拠集団（reference group）　*154*
少子化　*8*
生の形式（Lebensformen）　*14*
消費者中心主義（consumerism）　*81*
情報化社会　*8*
初期効果（primary effect）　*56*
職業教育　*40*
職業指導（vocational guidance）　*23*
職業指導主事　*24*
職業指導の創始者　*23*
職業的社会人　*40*
所属集団（membership group）　*154*
自律促進教育チーム　*84*
人格の完成　*143*
新キャリア教育プラン　*44*

新教育運動　*160*
新行動主義心理学の学習理論　*148*
真の学力　*140*
心理検査　*69*
進路指導主事　*26*
進路適性検査　*69*
スキル・トレーニング　*186*
スクールリーダー　*176*
ステレオタイプ（stereo-type）　*56*
生の再創造（re-creation）　*122*
性格検査　*69*
生活が陶冶する　*160*
生活教育の思想　*160*
生活の充実向上　*106*
精神的高揚　*17*
生徒・教師の信頼関係（ラポール）　*74*
生徒会役員会　*107*
生徒競争遊戯会　*92*
生徒総会　*107*
生徒の自己理解　*54*
生徒理解　*52*
生の蘇り　*17*
世界史の未履修問題　*19*
世間　*110*
絶対評価　*130*
全員参加　*155*
全教育課程にわたって　*30*
全人的な力　*126*
全日本教職員連盟　*86*
先輩－後輩の関係　*123*
専門教育　*40*
総合学習　*36*
総合的な学習の時間（総合学習）　*37*

総合的な学習の時間の新設　*126*
相対評価　*130*
相談面接法　*64*
荘重さ（die Feierkeit）　*14*
訴訟費用互助基金　*86*
訴訟費用保険　*86*

【た行】
大学の一般教育　*40*
大学の教職課程の役割　*172*
体験重視　*134*
第3の教育改革　*36*
第15期中央教育審議会の第1次答申　*22*
対症療法的生徒指導　*27*
対比効果（contrast effect）　*55*
代表委員会活動　*107*
他者の発見　*12*
脱学校論（deschooling）　*3*
脱ゆとり路線　*103*
多忙化　*138*
鍛錬運動会　*92*
知識偏重の詰め込み教育　*6*
知能検査　*69*
注意欠陥・多動性障害（ADHD）　*52, 78*
中学校学習指導要領解説—特別活動編—　*113*
中等後教育（post-secondary education）　*39*
超越性（die Transzendenz）　*11*
調査法　*65*
調査面接法　*64*
聴取技術　*65*
長途遠足　*92, 162*

直観教授　*145*
詰め込み式の「注入教育」　*144*
出逢い（Begegsung）の概念　*10*
ティーチング・アシスタント（TA）　*186*
ティーム・ティーチング　*78, 149*
適性検査　*69*
出口指導　*28*
哲学的人間学理論　*121*
道具の原理（das Organon-Prinzip）　*4*
同好会　*120*
道徳　*5*
当番活動　*74*
陶冶（Bildung）　*10*
都教委　*84*
特性・因子説（パーソンズモデル）　*22*
特別活動のねらい　*132*
特別活動の4領域　*132, 152*
特別教育活動　*5, 151*
徒歩旅行　*14*
共属感情　*16*
内容教科　*142*

【な行】
為すことによって学ぶ　*134*
ニート（NEET）　*25*
日本教職員組合（日教組）　*99*
日本職業指導学会　*24*
日本進路指導学会　*24*
日本の公教育　*161*
日本版デュアルシステム　*44*
入試地獄　*6*
人間が自己となること（Die Selbstwerdung）　*13*

人間関係の希薄化，自己中心主義化　109
人間形成的生徒指導　27
人間の社会化（socialization）　3
人間の歴史的生（Leben）　14
ネオ・リベラリズム（：新自由主義）　3
ネチケット（netiquette）　150
ネチズン（netizen）　150
ノイホーフ　160
望ましい集団活動　155

【は行】
パーソナル・コンピュータ（パソコン）　150
拝金主義　81
バズ・セッション　112
発達理論　26
バッテリー方式　69
華やいだ行列　16
パネルディスカッション　112
ハロー効果（halo effect）　56
万歳奉祝　93
反社会的行動　57
引きこもり　9
ピサ（PISA）調査　37
非社会的行動　57
必修クラブ廃止　117
独りっ子　109
日の丸・君が代訴訟　99
標準化面接法　64
開かれた問いの原理（das Prinzip der offenen Frage：未決の問いの原理）　5
ファカルティ・ディヴェロップメント（FD）　183
部活動　116

部活離れ　120
付随学習　148
不適応行動　57
フリーター　25
フリーター再教育プラン　44
フリートーキング　112
古里学習　135
ブレーンストーミング　112
プログラム学習　148
プログラム駆動症候群（PDS: Program Drive Syndrome）　61
プロジェクト・メソッド　148
兵式体操　92
ペーパー・ティーチャー　180
ヘリコプターペアレント（helicopterparent）　81
ベル・ランカスター・システム　147
ヘルバルト学派　147
偏差値至上主義　6
法的拘束力　164
ポートフォリオ法と作品法　65
ホームルーム活動　72
北海道教育委員会（道教委）　101
北海道教職員組合（道教組）　101
ボランティア活動　108
本来的自己保持（Selbstbesitz）　11

【ま行】
学びからの逃走説　103
学びのすすめ　138
マルチメディア化　8
マルチメディアの導入　150
民主主義のあり方　112

6つの人格特性　*156*
瞑想性　*18*
免許更新講習　*177*
面接法　*64*
目的意識の育成　*31*
モンスターペアレント（怪物保護者）　*8, 79*
モンスターペイシェント　*80*
問題解決学習　*144*
問題解決学習の指導法　*143*
文部科学省初等中等教育局教職員課　*173*
文部省『生徒指導の手引』（1989）　*26*

【や行】

役割演技（ロールプレイング）　*186*
ゆとりと生きる力　*36*
ゆとり路線の転換　*37*
ゆとり路線方式　*102*
ユニバーサル・アクセスの段階　*39*
用具教科　*142*
養成段階　*172*
欲望肥大化社会　*81*

4段階教授説　*146*
四当五落　*6*
四無主義　*48*

【ら行】

ライブドア事件　*61*
ラベリング：レッテル貼り　*56*
ラポール（親和・信頼）関係　*59*
リサイクル運動　*135*
領域　*94, 152*
臨教審　*168*
臨時教育審議会　*168*
輪舞　*16*
連合運動会　*92, 161*
連帯感　*18*

【わ行】

若者の仕事館　*45*
ワンストップサービスセンター（ジョブカフェ）　*45*
人間学的な還元の原理　*4*

人名索引

【アルファベット】
Aristotle　*110*
D. ベル　*147*
J. ランカスター　*147*

【あ行】
市川伸一　*137*
イリッチ（Illich, I）　*3*
エーブナー（Ebner, F., 1882-1931）　*11*

【か行】
笠原嘉　*48*
苅谷剛彦　*137*
キルパトリック（Kilpatrick, W. H., 1871-1963）　*148*
グァルディーニ（Guardini, R.）　*12*
クライツ（Crites, J. O.）　*26*
コメニウス（Comenius, J. A., 1592-1670）　*145*

【さ行】
坂本昇一　*27*
サルトル（Sartre, Jean-Paul, 1905-1980）　*5*
志水宏吉　*137*
シュタインビュッヒェル（Steinbüchel, Th., 1888-1949）　*10*
スーパー（Super, D. E.）　*26*
スキナー（Skinner, B. F., 1904-1990）　*148*
仙崎武　*28*

【た行】
ツィラー（Ziller, T., 1817-1882）　*147*
ディースターヴェーク（Diesterweg, F. A. W., 1790-1866）　*146*
遠山敦子文部科学大臣　*137*
トフラー（Toffler, A.）　*8*
トリューブ（Trüb, H.）　*10*
トロウ（Trow, M.）　*39*

【な行】
長尾彰夫　*137*

【は行】
パーソンズ（Parsons, F.）　*22, 26*
ハウスクネヒト（Hausknecht, E., 1853-1927）　*147*
ブーバー（Buber, M., 1878-1965）　*10*
ブルーム（Bloom, B. S., 1913-）　*148*
プレッスナー（Pressner, H.）　*5*
ペスタロッチ（Pestalozzi, J. H., 1746-1827）　*145, 160*
ベル（Bell, D.）　*8*
ヘルバルト（Herbart, J. F., 1776-1841）　*145, 146*
ボルノウ（Bollnow, O. F., 1903-1991）　*4, 121*
本田由紀　*137*

【ま行】
マーランド（Marland, S. P.）　*40*
松原達哉　*65*

三森創　*61*

ムスターカス（Moustakas, C.）　*10*

【や行】

ヤスパース（Jaspers, K., 1883-1969）
　　　　　　　　　　　11, 121

【ら行】

ライマー（Reimer, E.）　*3*

ライン（Rein, W.）　*147*

ランゲマイヤー（Langemeyer, B.）　*11*

ルソー（Rousseau, J. J., 1712-1778）　*145*

ローゼンツヴァイク（Rosenzweig, F., 1886-1929）　*11*

ロジャース（Rogers, C. R.）　*63*

【わ行】

和田秀樹　*137*

■著者紹介

加澤　恒雄　（かざわ　つねお）
東北大学大学院教育学研究科博士課程単位取得満期退学
現在広島工業大学工学部教授

主な著書、訳書等
『工業英語の理論と実践』（編著）広島大学高等教育研究開発
　センター、2002 年
『学校教師の探求』（共著）学文社、2002 年
『キャリア・ガイダンス──進路選択の心理と指導』（共著）
　学術図書出版社、2003 年
『新しい教育の探求』（共著）川島書店、2003 年
『ペタゴジーからアンドラゴジーへ──教育の社会学的・実践
　的研究』大学教育出版、2004 年
『21 世紀における新しい教育実習の探求──教育実習の体系
　化を目指して』（編著）学術図書出版社、2005 年
『新しい生徒指導・進路指導──理論と実践』（共編著）、ミ
　ネルヴァ書房、2007 年、他
C. カー著『アメリカ高等教育の大変貌』（共訳）玉川大学出
　版部、1996 年
E. ボイヤー著『大学教授職の使命』（共訳）玉川大学出版部、
　1997 年、他

教育人間学的視座から見た
「特別活動と人間形成」の研究
─新しい教育学研究への試み─

2009 年 5 月 10 日　初版第 1 刷発行

■著　者 ── 加澤恒雄
■発行者 ── 佐藤　守
■発行所 ── 株式会社　大学教育出版
　　　　　　〒700-0953　岡山市南区西市 855-4
　　　　　　電話 (086) 244-1268　FAX (086) 246-0294
■印刷製本 ── サンコー印刷㈱
■装　丁 ── ティーボーンデザイン事務所

© Tsuneo Kazawa 2009, Printed in Japan
検印省略　　落丁・乱丁本はお取り替えいたします。
無断で本書の一部または全部を複写・複製することは禁じられています。
ISBN978-4-88730-918-0